古典文獻研究輯刊

二十編

潘美月・杜潔祥 主編

第 5 冊

程瑤田《通藝錄》考據學研究

焦紅梅 著

國家圖書館出版品預行編目資料

程瑤田《通藝錄》考據學研究／焦紅梅 著 -- 初版 -- 新北市：
花木蘭文化出版社，2015〔民 104〕
目 2+200 面；19×26 公分
（古典文獻研究輯刊 二十編；第 5 冊）
ISBN 978-986-404-086-5（精裝）
1.（清）程瑤田 2.考據學
011.08   103027397

ISBN-978-986-404-086-5

9 789864 040865

古典文獻研究輯刊
二十編　第五冊   ISBN：978-986-404-086-5

程瑤田《通藝錄》考據學研究

作　　者　焦紅梅
主　　編　潘美月　杜潔祥
總 編 輯　杜潔祥
副總編輯　楊嘉樂
編　　輯　許郁翎
企劃出版　北京大學文化資源研究中心
出　　版　花木蘭文化出版社
社　　長　高小娟
聯絡地址　235 新北市中和區中安街七二號十三樓
　　　　　電話：02-2923-1455／傳眞：02-2923-1452
網　　址　http://www.huamulan.tw 信箱 hml810518@gmail.com
印　　刷　普羅文化出版廣告事業
初　　版　2015 年 3 月
定　　價　二十編 24 冊（精裝）台幣 42,000 元

程瑤田《通藝錄》考據學研究

焦紅梅　著

作者簡介

焦紅梅，女，河北邢臺人，1986 年生。2011 年 7 月畢業於河北師範大學，獲文學碩士學位。
2014 年 7 月畢業於暨南大學，獲文學博士學位。專業爲漢語言文字學，研究方向爲訓詁學。現
爲首都師範大學附屬中學大興南校區教師。

提　　要

　　《通藝錄》是程瑤田畢生著作的匯集，其中所收大多數是考據文章。本書以《通藝錄》爲研
究對象，在全面、深入研讀其著作的基礎上對程瑤田的考據成就予以總結，以求系統地展示程
氏考據學面貌，進而科學客觀地評價其學術地位。

　　論文主要分爲六個部分：第一章介紹程瑤田的生平與著作。第二章分析程氏治考據的思想
基礎——實證觀和變通觀。第三章詳述《通藝錄》一書的考據內容，程氏所考涉及制度、地理、
名物和詞語，還包括分析句讀和校勘文本。第四章歸納程氏治考據的方法，根據考據內容的不同，
分別爲詞義考證的方法、名物考證的方法、制度考證的方法、地理考證的方法和文本校勘的方
法。第五章概括其考據特色，主要表現爲：專注疑難，深入研究；文獻目驗，互爲參照；廣徵博引，
旁搜曲證；推崇許鄭，反對株守；繪圖製表，直觀明了；實事求是，多聞闕疑。第六章總結程
氏考據學的成就與不足，並評價其在考據學史上的地位。

目

次

緒　論

第一節　本課題研究現狀

　　程瑤田是清代乾嘉時期皖派的代表人物之一。他治學領域廣泛，於義理、訓詁、象數、名物、制度、天文、地理、曆算、聲律、金石、書法、篆刻等無不探究，所撰《通藝錄》凡二十五種，五十五卷，近百萬言。關於程瑤田的研究，最早散見於一些學術史或思想史研究的著作中。梁啓超在《清代學術概論》中闡述清代的經史考證之學時論及程氏並予以充分肯定：「典章制度一科，在清代亦爲絕學……而焦循有《群經宮室圖》，程瑤田有《通藝錄》，貫通諸經焉。」〔註 1〕在其另一部著作《中國近三百年學術史》中對程氏亦有評價，認爲程氏「純粹是戴東原一派的學風，專做窄而深的研究，所選的題目或者是很小的，但在這個題目的範圍內，務把資料搜齊。類書式的案而不斷，他們是不肯的，但判斷總下得極審愼。所以他們所著雖多屬小篇，但大率都極精銳」。〔註 2〕梁啓超概論程氏治學特點，王國維則高度評價了程瑤田的學術地位，他在《周代金石文韻讀序》一文中指出：「自漢以後，學術之盛，莫過於近三百年。此三百年中，經學史學皆足以陵駕前代。然其尤卓絕者，則曰小學。小學之中，如高郵王氏、棲霞郝氏之於訓故，歙縣程氏之於名物，金壇段氏之於說文，皆足以上掩前哲」。〔註 3〕王國維認

〔註 1〕　梁啓超《清代學術概論》，上海古籍出版社，2005 年，第 44 頁。
〔註 2〕　梁啓超《中國近三百年學術史》三，《梁啓超論清學史二種》，復旦大學出版社，1985 年。
〔註 3〕　王國維《周代金石文韻讀序》，《觀堂集林》卷八，中華書局，1959 年，第 394 頁。

爲程瑤田的學術成就可與王念孫、段玉裁比肩而立，他們在各自的治學領域皆是領軍人物。在《國學叢刊序》一文中，他對程氏著作《通藝錄》可謂推崇備至：「天道剝復，鐘美本朝，顧閻濬其源，江戴拓其宇，小學之奧啓於金壇，名物之賾理於《通藝》」。〔註4〕錢穆論及程瑤田側重分析其義理思想，他的《中國近三百年學術史》中有一節專論「戴學與程瑤田」，把程瑤田與戴震放在一起，認爲二者論學思想有相近之處，但同時也看到了二者思想之異，並指出稍後的凌廷堪、焦循之論說與程氏相近，因此認爲「欲求東原與里堂、次仲議論思想轉接處，不可不治易疇」。由此可知程氏義理思想獨特的學術地位。

後來學者在相關著作中論及程瑤田時觀點基本一致，都認爲程氏的主要成就在於名物，同時兼顧義理。如張舜徽的《清人文集別錄》中概述了程瑤田之學術，將程瑤田與王念孫並舉，認爲程氏名物之學具有孤深造詣；同時指出程氏無門戶之見，學兼漢宋，治考據亦不廢義理。〔註5〕劉蕙孫《中國文化史稿》第八章第五節第四小節「清代的考據之學」對程瑤田作了簡短介紹，認爲程氏「繼承並發展了江永的名物度數之學，不爲前古注疏家所局限，旁徵博引，證以實物……特別是《考工創物小記》，於『鳧氏爲鐘』、『桃氏爲劍』等編於鐘、劍，每一部位名稱，均考得詳詳細細。現在凡是研究古器物學的，尚要以此書爲根據」；同時談到了程氏的性理思想「是已經認識到存在先於意識了」。〔註6〕黃愛平《樸學與清代社會》第二章第三節「戴震與皖派學者：樸學的高峰」中把程瑤田作爲皖派學者之一來介紹，認爲程氏治學「尤精禮制、名物以及地理」，考證「均援據經文，反覆詳究，必得其解而後已」。關於程氏的義理思想，認爲「表現出一定的樸素唯物主義的色彩」。〔註7〕洪湛侯《徽派樸學》論述徽派學者及著作時評價了程瑤田及其《通藝錄》，認爲程氏的研究體現了義理、考據、辭章並重的特點，並且非常有代表性。作者總結了程氏治學的四個特點：「考證名物大都精當；研究轉語多有發明；閱讀傳注，時有訂正；雖重考證，不廢義理」。〔註8〕以上是著作中涉及到的關於程瑤田的論述，基本上都是總論性的介紹與評價。此外，有兩

〔註4〕王國維《王國維遺書》第四冊，上海古籍書店，1983年，第17頁。
〔註5〕張舜徽《清人文集別錄》卷七，中華書局，1963年。
〔註6〕劉蕙孫《中國文化史稿》，文化藝術出版社，1990年，第562頁。
〔註7〕黃愛平《樸學與清代社會》，河北人民出版社，2003年，第66～67頁。
〔註8〕洪湛侯《徽派樸學》，安徽人民出版社，2005年，第94～98頁。

篇研究論文亦屬此類。一是程觀林（1988）《程瑤田及其〈通藝錄〉探略》，二是吳孟復《博學宏儒程瑤田》，兩篇論文都是關於程瑤田的整體研究，但側重點有所不同。前者對程氏的生平、學風、學德、治學方法、研究內容等作了簡略的介紹，目的在於引起學術界對程瑤田學術的重視；後者結合乾嘉學術背景，更爲深入地分析和評價了程瑤田。吳孟復認爲博學宏儒首數程氏，因其「合考據與詞章，以經學爲理學」，眞正做到了「義理、考據、詞章不可偏廢」。他指出程氏卓越之處在於二事：一是訓詁上「轉語」之發現；二是由訓詁入哲理，且發明唯物之思想。此外也注意到了程氏「兼經師與人師，有教無類，誨人不倦」。〔註9〕

　　現今尚無專著就程氏作專門研究。對程瑤田研究的論文，多是就其研究的某一方面進行闡述，而且數量不多。下面按研究內容分類綜述。

一、關於程瑤田的漢學成就與治學特點的研究

　　這方面的研究目前所知有三篇論文：程觀林（1994）《程瑤田的科研課題和治學特點——兼論如何對待徽州文化研究》，莊華峰（2000）《程瑤田的漢學成就與治學精神》，朱昌榮（2011）《程瑤田樸學成就探析》。這三篇論文均認爲程氏的漢學成就主要在名物考證與詞源研究兩個方面，其治學特點主要表現爲：質疑的精神，實事求是的態度，多樣的研究方法等。此外，姚淦銘（1994）《論王國維對程瑤田學術的承繼》雖然以王國維爲切入點，但同時也總結了程瑤田的治學特點。

二、關於程瑤田生平與著述的研究

　　關於程瑤田生平的研究，有羅繼祖先生的《程易疇先生年譜》和朱芳圃先生的《程瑤田年譜初稿》。羅繼祖先生於1931年開始編輯程瑤田年譜，於1936年將之刊入《願學齋叢刊》中。該年譜現作爲附錄收入安徽古籍叢書《程瑤田全集》中。是譜以程瑤田一生的學術建樹爲主體，記載了其家世、交遊、行止及學術活動等，總體而言記述較爲簡單；然作爲第一部程瑤田年譜，其開創之功，不可磨滅。朱芳圃先生於1943年撰《程瑤田年譜初稿》，載於當時的河南大學《學術叢刊》第一期，可惜該年譜現已無處覓得。

〔註9〕吳孟復《博學宏儒程瑤田》，《安徽教育學院學報》，1993年第2期。

關於《通藝錄》佚稿的研究，有龍松（1996）《程瑤田〈蓮飲集〉的發現》和諸偉奇（2008）《程瑤田佚稿考述》兩篇。龍松係張尙穩的筆名，他在整理安徽省博物館文獻資料時發現了《蓮飲集》，於是撰文介紹該詩集的版本形態及內容。之後，安徽省古籍辦公室的諸偉奇對程瑤田的佚稿——《周禮札記》、《蓮飲集》及九篇佚文，就佚稿的內容、價值和版本形態、流傳狀況作了綜合考述。

此外，黃淑美（1993）《〈九穀考〉撰期初探》就程瑤田《九穀考》一文的成書年代作了考證。認爲《九穀考》完成於乾隆四十五年（1780）至乾隆五十年（1785）間，從而否定了羅繼祖先生的撰於乾隆三十九年（1774）之說。

三、關於程瑤田義理思想的研究

冠於《通藝錄》之首的《論學小記》及緊隨其後的《論學外篇》集中體現了程瑤田的義理學思想，也足見義理在程氏心目中的重要地位。對程氏義理思想的關注，錢穆啓其端，認爲程氏的義理思想有承前啓後之地位，前文已論述之。後之學者，研究程氏義理學基本上沿襲了錢穆的看法。目前爲止，相關研究成果不多。

大陸方面，較早的有陳冠明（1996）《論程瑤田的理學思想》一文，文章對程瑤田的性善說、氣質、命、情、意、心等思想作了概述，認爲程氏理學有其一套系統的理論，對宋明理學既有繼承亦有發明，而且在當代有一定的影響。張壽安（2001）《程瑤田的義理學——從理則到物則》詳論程瑤田的義理態度、性善說以及物則理論，旨在闡明程氏在徽州義理學發展中的關鍵地位。單智偉（2011）《考據學風下程瑤田的義理學》對程瑤田的人性論和認識論作了闡述，亦提出了程氏義理思想的學術地位問題。蘭敏（2011）《程瑤田義理思想研究》認識到了以前研究之不足，即過多地注重程瑤田義理思想的過渡作用，而忽略了對他思想本身的研究。文章認爲程氏在批判宋明理學的基礎之上，形成了獨具特色的「心」和「情」的核心義理思想及「內外兼修」的修養功夫。以上研究都毫不例外地將程瑤田與戴震的理學思想作比較。

臺灣方面，相關研究有：鮑國順《程瑤田讓教思想述要》（1991），《程瑤

田誠意說疏釋》（1993），《程瑤田的心性論》（1994）；李金鶚（1997）《程瑤田及其義理思想研究》。這些論文衹知其目，具體內容無從查看。

四、關於程瑤田訓詁成就的研究

學界對程瑤田訓詁學成就的研究一般局限於《果蠃轉語記》，探討其轉語理論。較早的研究是殷孟倫先生的《〈果蠃轉語記〉疏證》，載於 1943 年的《四川大學文學集刊》，疏證前的敘說又單獨成文載於 1949 年的《學原》第 9 期。殷孟倫先生首論《果蠃轉語記》一文的發現及流傳情況，繼而從語義和聲韻兩個角度具體分析諸同源詞，最後就《果蠃》全文一一疏證。之後有房建昌（1983）《程瑤田與〈果裸轉語記〉》，林開甲（1990）《讀〈果裸轉語記〉》，劉茜（2011）《〈果蠃轉語記〉研究》。對《果蠃轉語記》的研究一般是從兩個層面展開，一是學術史層面，一是學術層面。學術史層面，主要介紹程氏《果蠃轉語記》的內容、理論和方法，以及學術貢獻和不足。學術層面，對程瑤田繫聯的諸多同源詞從語音或語義角度分類整理，或探討詞與詞之間各種各樣的關係。

此外，張煦侯（1980）《程瑤田的訓詁學》以《九穀考》爲例分析程氏的訓詁方法及音義觀，並希望學界「多多發掘這位學者在訓詁學上的貢獻」。王玉麟（1996）《程瑤田本草名物訓詁淺論》專門就程瑤田考證本草名物的方法作了討論，主要有三點：「目驗實物，察考方俗」、「辨析源流，旁搜曲證」、「慎言語轉，注重取證」。

五、關於程瑤田其他學科成就的研究

程瑤田《通藝錄》所涉領域極廣，名物、禮制、天文、地理、植物、動物、聲律、金石、書法等無所不包，因此許多學科對程瑤田都有所研究，如考古學，有翟屯建（1986）的《程瑤田與金石考古》；歷史地理學有楊向奎（1989）的《讀程瑤田的〈禹貢三江考〉》；農史學，有張亮（1993）的《程瑤田爲什麼說稷是高粱——讀〈九穀考〉筆記》；禮學，有李金鶚（2002）的《程瑤田禮學研究》，張秀玲（2005）的《程瑤田〈儀禮喪服文足徵記〉研究》，此外還有一篇對程瑤田研究作補正的論文，即商承祚（1938）的《程瑤田桃氏爲劍考補正》（此文載於耿素麗、胡月平（2009）選編的《三禮研究》第 1 冊）；書法，有朱樂朋（2011）的《程瑤田與書法》；等等。

下面，我們說一說至今有關程氏研究存在的問題：

一、總體而言，學界對程瑤田的研究還較薄弱。程氏的學術成就與其所獲得的關注是不平衡的。程瑤田學兼漢宋，博雅宏通，義理、考據、辭章並重。他的義理學思想在乾嘉理學史上有繼往開來之功，其考據之學足以上掩前哲，其學人之詩亦頗得時人稱讚。然而這些成就長期以來並沒有得到學界充分的重視。

二、程瑤田最大的成就在考據學。王國維對其考據之學推崇備至，認為程瑤田與段玉裁、王念孫同為乾嘉樸學鉅子。然治段、王之學者眾，治程學者屈指可數，到目前為止尚無對程瑤田考據學的專門研究。程瑤田的考據學淵源、學術背景，具體的考據方法、成就、不足，對後世的影響及其學術地位都有待深入研究。

三、現有研究成果，或是對程瑤田作概論式的評價，或是作舉例性質的論述，失之於泛泛而論。微觀上缺乏通體研究，宏觀上理論總結不足。這就要求我們深入研讀其著作，全面分析其內容，從中提煉出精華並上昇到理論高度，進而科學客觀地評價其學術成就與地位。

有鑒於此，本書結合乾嘉時期社會學術背景，在全面、深入研讀其著作的基礎上試圖對程瑤田的考據成就予以總結，以求系統地展示程氏考據學面貌，進而科學客觀地評價其學術地位。

第二節　本課題研究意義

本課題的研究意義主要有五：

一、對程瑤田考據學進行研究可以填補程瑤田研究的空白

程瑤田是清代學術名家，他一生著述不輟，治學領域寬廣，成果豐富。然而關於程瑤田的研究總體而言還較薄弱，迄今為止，相關研究論文僅有十餘篇，研究專著則付之闕如。就現有研究成果來看，關注點主要在其治學特點、生平與著述、義理學思想、訓詁成就和其他學科成就這五個方面，還沒有專門從考據學角度進行研究的文章，然程氏成就最顯者乃是其考據學。本書從考據學視角進行探討可以填補程瑤田研究的空白。

二、對程瑤田考據學進行研究可以為乾嘉考據學研究增添基礎性研究成果

乾嘉年間是考據學的全盛時期，因此乾嘉考據學一直為學者們所重視，

研究成果層出不窮。目前乾嘉考據學的研究主要集中在乾嘉考據學的成因、學術流派、史學成就以及與之相關的漢宋之爭等這幾個方面。學者們在這一領域取得了許多成就，但也存在一些問題。比較明顯的問題是重複研究多，理論創新少，基礎研究不紮實。多數文章祇是因循前人的思路泛泛而論，並沒有對乾嘉學者的著述進行細緻的研讀和精微的考察。本書以程瑤田一人為研究對象，全面深入研讀其著作，從具體的材料出發，用實證的方法，探討其考據學成就，可以為乾嘉考據學研究增添基礎性的研究成果。

三、對程瑤田考據學進行研究可以為考據學方法論體系的完善提供參考

梁啟超云：「凡欲一種學術之發達，其第一要件，在先有精良之研究法。」〔註10〕正因為乾嘉學者已掌握科學而嚴密的考據方法，所以這一時期的考據學達到了全盛，因此對乾嘉學者的考據方法進行全面系統地總結與歸納具有重要的意義。程瑤田作為乾嘉考據大師之一，對他的考據學進行研究可以為考據學方法論體系的完善提供參考，同時有利於學術的傳承，亦大有裨益於今天的考證工作。

四、對程瑤田考據學進行研究可以為訓詁學理論建設提供有價值的觀點和補充豐富的素材

訓詁學發展到清代達到了鼎盛，清代學者對訓詁之學有了更多的理性認識，他們的研究已有了相當的理論高度，同時還將訓詁學理論運用到名物典制的考證之中，從而也推動了考據之學的科學化。程瑤田重視小學，認為「夫讀書之難，難在識字，弗知其字，弗通其義也」，並以小學為考證之工具。程氏雖然沒有系統地闡釋訓詁理論，但在考證過程中時有訓詁精義闡發，比如關於事物命名的觀點、對因聲求義方法的認識等，這些觀點正是其進行考證的理論基礎。本書從程瑤田大量考證之中提煉出其關於訓詁的一些認識，可以為訓詁學理論建設提供有價值的觀點和補充豐富的材料。

五、對程瑤田考據學進行研究可以為清代學術史的研究提供參考

在清代學術史上，考據學絕對是濃墨重彩的一筆，而程瑤田的考據學就處在這一筆的醒目位置，在清代學術史上應該有其一席之地。然而歷來的學術史著作要麼完全忽略，要麼把程氏放在附屬的位置，簡而言之。程瑤田師承江永，友於戴震，與王念孫、段玉裁亦多學術往來。程氏學術影響及於焦循、凌廷堪乃至王國維，不論其考據之學還是其義理之學在清代學術史上都

〔註10〕梁啟超《清代學術概論》，上海古籍出版社，2005年，第24頁。

有承上啓下之作用。本書系統研究程瑤田的考據學,可以爲清代學術史的研究提供可資借鑒的參考。

第一章　程瑤田的生平與著作

第一節　程瑤田的生平

　　程瑤田字易田，號葺荷、葺翁、葺郎，亦稱讓泉過客。年五十，別字伯易；年六十，改字易疇。晚年以讓名堂，因稱讓堂老人，又稱壽丈人、寶薑道人。生於雍正三年（1725），卒於嘉慶十九年（1814），享年九十。乾嘉時期皖派代表人物之一。

　　程瑤田籍徽州府歙縣。徽州乃「程朱闕里」、文獻之邦，是儒風獨茂之區，風俗醇厚，英賢輩出，堪稱「東南鄒魯」。同時徽州又以商賈之鄉而享譽九州，業儒和服賈是徽州人從事的兩項主要事業。據許承堯《歙事閒譚》載：「歙之業鹾於淮南北者，多縉紳巨族。其以急公議敘入仕者固多，而讀書登第，入詞垣擁膴仕者，更未易僕數，且名賢才士往往出於其間，則固商而兼士矣……斯其人文之盛，非若列肆居奇肩擔背負者能同日語也。」〔註1〕程瑤田先世自明初以來，聚族居於歙縣西南之荷花池。程家世代經營鹽業，父祖皆樂善好施、奉身節儉、寬以待人。祖父程正印，字仲章，「好行善事，施棺槨數十年」〔註2〕，「故死之日，無論識與不識，咸稱道不置云」〔註3〕。父程兆龍，字友夔，「居恒好購良方，製藥施人，喪不能斂、鰥不能婚者，助之，至再三不倦」〔註4〕。地域文化的薰陶以及家族先輩的濡染造就了程

〔註1〕　許承堯《歙事閒譚》卷十八《歙風俗禮教考》，第603頁。
〔註2〕　許承堯《歙縣志》卷十六《雜記·拾遺》，第13頁。
〔註3〕　程瑤田《修辭餘鈔》，《程瑤田全集》第三冊，黃山書社，2008年，第347～348頁。
〔註4〕　許承堯《歙縣志》卷九《人物志·義行》，第61頁。

瑤田敦厚之品性，使其道德與文章同為後世推重。程氏生於文公之鄉，故對朱子相當敬重；長於禮讓之家，故最重禮讓，一生奉行，死而後已。

　　程瑤田生活的乾嘉時期，政局穩定，經濟繁榮，安定的社會環境極大地促進了文化與學術的繁盛。考據是這一時期的標籤。考據學在乾嘉時期的興盛，有兩方面的原因：一是學術自身的嬗變規律。兩千年來學者們治理儒學的方式不外乎兩種——考據和義理。宋明時期理學是顯學，宋至明初獨尊朱學，明代中葉王陽明心學成為學術中堅。然而明末以後，理學盛極而衰，理學清算運動悄然而起。明末清初的學者們認識到了理學的空疏誤國，繼而尋找到了新的治學路徑——回歸傳統，復興經學。於是實事求是、學宗漢儒的風氣逐漸形成，到乾嘉時期漢學成為正宗。二是外在的社會政治因素。清代文化政策的轉變為考據學的興盛提供了有利的環境。就理學與經學的關係，清聖祖主張融理學於經學，所以清聖祖既說：「朱子注釋群經，闡發道理，凡所著作及編纂之書，皆明白精確，歸於大中至正。」〔註5〕又說：「治天下以人心風俗為本，欲正人心、厚風俗，必崇尚經學。」〔註6〕高宗即位後，更是提倡務實，號召學者「篤志研經，敦崇實學」。在文化政策上表現為科舉取士標準的轉變——由專意性理詞章到重視經術。乾隆三十八年開館修《四庫全書》，當時的考據學家匯集四庫館，從而將考據學推向了全盛。在這樣的時代背景下，程瑤田的篤志治經可以說是時代所趨。

　　程瑤田雖生活在漢學大盛、理學衰退的時期，但他治學不廢義理，考據、義理乃至詞章並重，因此吳孟復稱其為「博學宏儒」，且認為是首屈一指。程瑤田以考據名家，戴震自謂尚遜其精密；其義理之學，焦循、凌廷堪多有繼承。程氏少時即以詩文名於新安，劉大櫆評其詩曰：「五言得力於淵明，最為高妙；七言從古樂府來；律詩取徑宋人；絕句逼真江西宗派，尤近涪翁矣。」〔註7〕而程氏之博學尚不止於此三端。程瑤田工書，清人李斗云：「尤精鐵筆、書法，步武晉唐，皆為其學問所掩，以是世無知者。」〔註8〕能篆刻，汪啓淑索程氏所刻章，編入《飛鴻堂印譜》，但因「不欲擅場，故人無

〔註5〕《清聖祖實錄》卷249，康熙五十一年正月丁巳條。轉引自《乾嘉學派研究》15頁。

〔註6〕《清聖祖實錄》卷258，康熙五十三年四月乙亥條。轉引自《乾嘉學派研究》15頁。

〔註7〕程瑤田《蓮飲集·諸家評論》，《程瑤田全集》第四冊，黃山書社，2008年，第148頁。

〔註8〕馬宗霍《書林藻鑒》，文物出版社，1984年，第220頁。

知之者」。〔註9〕善畫，《李慈銘日記》中載盛昱曾收藏程先生之墨蘭。亦是製墨行家，翁方綱云：「程易疇父子造墨極工，先後見餉數挺，賦贈二首。」〔註10〕程瑤田的一生，可分為五個時期：

（一）少年時期（雍正三年至乾隆十三年，一歲至二十四歲）

程瑤田生於雍正三年八月二十五日，小名千兒，以生而有文在手曰田，故名曰「瑤田」。程氏少時即有「聖賢之志」，且有豁達的天命觀。《歙縣志》卷七《人物志・儒林傳・程瑤田》載：少入塾，師曰：「盍言爾志？」曰：「無志。窮達由天命。窮為匹夫，不得曰非吾志而卻之也；達為卿相，不得曰吾志不及此而逃之也。」聞者起曰：「是聖賢之志也。」則曰：「讀書不當師聖賢耶？」〔註11〕後來，程氏授徒時所著《教學恒言》首條即「一日立志，要以聖賢為必可學。」程瑤田少時質魯，「讀書百遍或不能成誦」，然其為學之勤無人堪比，「平居雞鳴而起，然燈達旦，夜分就寢，數十年如一日」〔註12〕。乾隆六年，程氏年十七歲，始應童子試，不售。乾隆十年，程氏從塾師汪廷龍於竹園山漸鴻堂學制藝。這一時期，程氏與洪性鉌、江衡、汪隨、汪肇溁定交，此四人乃程氏《五友記》中所記五友之四。

（二）諸生時期（乾隆十三年至乾隆三十五年，二十四歲至四十六歲）

乾隆十三年秋，程瑤田補諸生，汪二為、洪性鉌、程杞亦於是年入泮。程氏二十四歲至四十六歲為紫陽書院諸生，歷經二十三年，九應鄉試始中舉人。諸生時期，程瑤田交遊之師友對他一生的學術思想都有重大的影響。

受業之師有四：一是方楘如、方粹然父子。方楘如，號樸山，曾受業於毛奇齡，「古文奧勁，有筆力，時與方苞並稱」。〔註13〕方粹然乃樸山先生第二子也。乾隆十五年，程瑤田年二十六，與仲弟光瑩同受業於方粹然，習時文。其時方楘如主紫陽講席，教授諸生時文，程氏得聞其緒論。方楘如極稱程瑤田文筆高古。二是江永。江永學識淵博，尤精於三禮之學，主張以訓詁通義理。乾隆十八年江永館於歙縣西溪，二十二年館於方矩家，因此程瑤田

〔註9〕程瑤田《刻章小傳稿草》，《程瑤田全集》第三冊，黃山書社，2008年，第392頁。

〔註10〕翁方綱《復初齋詩集》卷三十二。

〔註11〕民國修《歙縣志》，載《程瑤田全集》第四冊，黃山書社，2008年，第217頁。

〔註12〕《歙縣志・儒林・程瑤田》，載《程瑤田全集》第四冊，黃山書社，2008年，第217頁。

〔註13〕《清史列傳》卷71，中華書局，1987年。

有機會向他學習三禮、音韻、天文曆算、朱子義理等。當時與程同學的尚有戴震、金榜、鄭牧、汪梧鳳、汪肇龍等。江永一生篤信朱子，在對朱學的弘揚與維護方面，程瑤田受江永的影響極深。後來程氏於禮學造詣頗深，亦當得力於此時。三是劉大櫆。乾隆二十六年，劉大櫆任黟縣教諭，程瑤田得師事劉大櫆學習古文法。同遊者有汪梧鳳、吳紹澤等。「黟地近吾歙，吾數乃得師事先生，數聞論議。」〔註 14〕後劉大櫆去官居歙，程氏與之且夕相從，詩文唱酬，兼論古今是非。程瑤田深得桐城派之古文義法，並將之應用於考據，創獲頗豐。四是俞宗。乾隆三十四年與俞宗交，程氏從俞宗學鼓琴，琴藝遂精，後據己彈琴之所得，著《琴音記》和《聲律小記》。交遊之友，最深者乃戴震。在程瑤田的學術生涯中，戴震是一個不可忽視的人物。程氏《五友記》所記五友之五乃戴震。乾隆十四年，程氏初識戴震，時程氏年二十五，戴氏二十七。戴震出其所校《太傅禮》，程氏讀後，大爲歎服，遂與之定交。自此與戴震交垂三十年，故「知東原最深」〔註 15〕。戴震於程瑤田，亦師亦友。二人治學思想皆淵源於江永，治學領域甚爲相近。程氏嘗從戴震學習準望之法，撰成《準望圖記》；受戴震影響究心於水地，撰成《禹貢三江考》；其理學思想則直接承自戴震而有所修正。居京都應試期間，戴震爲其邀譽，程氏得識京城達官名儒。

這一時期，程瑤田爲稻粱謀，連年奔走在外。「庚辰以後，連歲遊揚州，壬午夏又自揚州策蹇過鳳陽，往來濠、滁間……癸未歲居夏口……」〔註 16〕程氏遊揚期間所作詩錄爲《廣陵吟稿》，居住鳳陽時所作詩錄爲《濠上吟稿》，遊歷湖北、河南時所作詩錄爲《楚遊吟稿》。

（三）舉人時期（乾隆三十五年至乾隆五十三年，四十六歲至六十四歲）

乾隆三十五年，程瑤田舉於鄉。之後七試南宮，不第。五十三年大挑，得選嘉定縣學教諭。「自辛卯（按：三十五年）計偕入都，七赴禮闈，至是（按：五十三年）南歸者凡五次。」從乾隆三十五年到五十三年計一十八年，其中約十二年的時間程氏淹留京師。在京期間，程氏的交遊圈擴大，與錢大昕、丁杰、孔繼涵、盧文弨、戴震、朱筠、邵晉涵、程晉芳、紀昀、姚鼐、

〔註 14〕汪梧鳳《送劉海峰先生歸桐城序》，《松溪文集》，第 6 頁。
〔註 15〕程瑤田《五友記》，《程瑤田全集》第三冊，黃山書社，2008 年，第 316 頁。
〔註 16〕程瑤田《蓮飲集·楚遊吟稿·半肩行李吟》，《程瑤田全集》第三冊，黃山書社，2008 年，第 115 頁。

汪元亮、汪中、翁方綱、桂馥等時相過從，談藝論學，彼此商榷古義、詩文唱酬，凡古文奇字、鐘鼎、古銅戈、古劍、水地、音律、訓詁、名物、書畫、篆印等皆在討論之列。這一時期，程氏的學術視野和學術涵養更加深廣。此外，朝廷開館修《四庫全書》，這使程氏的學術方向更傾向於考據學。乾隆四十五年，王念孫入都應考，始與程氏交。是年，程氏五十六歲，王氏三十七歲。王氏云：「先生長於余十九歲，而為忘年交。同在京師，則晨夕過從；南北索居，則尺牘相通，相與商榷古義者四十餘年。」〔註17〕居京期間，有三年時間，程瑤田居武邑何思溫家課其二子。在武邑，程氏作《九穀考》。乾隆四十五年，程瑤田年五十六，至此時，程氏著作已刻者有《琴音記》、《濠上吟》及時文《蓮飲集》。

（四）官嘉定縣學教諭時期（乾隆五十三年至乾隆五十六年，六十四歲 ～六十七歲）

程瑤田司教嘉定，乾隆五十三年十月到官，五十六年七月解組。程氏秉鐸嘉定，稟承立學育才之聖意，整飭士習，榜其署中之堂曰讓，刻朱子《白鹿洞教條》於讓堂之屏，教以人倫之法則，且「以身率教，廉潔自持」。在任三年，重修嘉定文廟兩廡及明倫堂，學中百廢俱舉，士習為之一變。引疾辭歸之日，嘉定諸君子及弟子賦詩、作文、寫圖以贈別。錢大昕贈詩云：「本是經人師，原無溫飽志。」王鳴盛贈詩云：「官惟當湖陸，師則新安程。一百五十載，卓然兩先生。」對程瑤田推重之至。

（五）辭官里居時期（乾隆五十六年至嘉慶十九年，六十七歲～九十歲）

程瑤田辭官歸歡後，授徒靈山方氏，故友之子亦多從之學。嘉慶元年，舉孝廉方正。里居期間，專心於著述。晚年失明，猶口授其孫寫定《琴音記續篇》。此時的程瑤田與王念孫、凌廷堪、段玉裁、阮元、焦循多書信往來。阮元撫浙，嘉慶七年，重修杭州孔子廟，校錄禮器樂器而考定之，請程氏至杭贊襄之。嘉慶八年，年七十九，所著《通藝錄》刻成。年八十九，遭長子喪。越歲，九十壽誕，以心喪未除，不受賀。是年九月，卒於家。

程瑤田生於雍正三年，卒於嘉慶十九年，生活的年代正值乾嘉考據學興盛期，然其治學不主一端，於義理、訓詁、象數、名物、制度、天文、地理、

〔註17〕王念孫《果贏轉語記跋》，《程瑤田全集》第三冊，黃山書社，2008年，第505頁。

曆算、聲律、金石、書法、篆刻等無不探究，可謂博學也。少時以詩文名於新安，後乃專意治經，以考據名於海內。他的科舉仕宦之途並不順遂，九應鄉試，七應會試，屢躓場屋，而「恬淡自如，安素樂天，人多稱其長者」。〔註18〕生平以著述爲事，終以學術安身立命。王念孫謂：「先生立身之醇，爲學之勤，持論之精，所見之卓，一時罕有其匹。」〔註19〕

第二節　程瑤田的著作

　　程瑤田一生著作匯編於一書，名曰《通藝錄》。今所見存最早匯編本，爲嘉慶八年刊本，程氏時年七十九歲。嘉慶本收正目十九種，附錄七種，未成書三種。正目十九種爲《論學小記》、《論學外篇》、《宗法小記》、《儀禮喪服文足徵記》、《釋宮小記》、《考工創物小記》、《磬折古義》、《溝洫疆理小記》、《禹貢三江考》、《水地小記》、《解字小記》、《聲律小記》、《九穀考》、《釋草小記》、《讀書求解》、《數度小記》、《九勢碎事》、《釋蟲小記》、《修辭餘鈔》；附錄七種爲《讓堂亦政錄》、《樂器三事能言》、《琴音記原本》、《濠上吟》、《蓮飲集》、《藤笈編》、《非能編》；未成書三種爲《儀禮經注疑直》、《說文解字會極》、《古今體詩》。嘉慶本目錄，我們稱爲「《通藝錄》原目」。《通藝錄》之目次爲程瑤田手訂，「其書題皆爲親手書，而每書目次首行下方皆標有『通藝錄第幾』等字」。〔註20〕

　　道光年間，阮元學海堂輯《皇清經解》，據此本選輯十三種，分別是《宗法小記》，《儀禮喪服文足徵記》，《釋宮小記》，《考工創物小記》，《磬折古義》，《溝洫疆理小記》，《禹貢三江考》，《水地小記》，《解字小記》，《聲律小記》，《九穀考》，《釋草小記》，《釋蟲小記》。

　　一九三三年，《安徽叢書》據嘉慶八年刻本影印，除收嘉慶本正目十九種及附錄中的《讓堂亦政錄》、《樂器三事能言》兩種外，又補收《蓮飲集濠上吟稿》、《果臝轉語記》及《儀禮經注疑直》三種，共二十四種。這個本子，就是《安徽叢書》本。《安徽叢書》本目錄，我們稱爲「《通藝錄》今目」。

〔註18〕汪啓淑《續印人傳》卷五。

〔註19〕王念孫《果臝轉語記跋》，《程瑤田全集》第三冊，黃山書社，2008 年，第 505 頁。

〔註20〕洪汝闓《通藝錄原目》，《程瑤田全集》第一冊，黃山書社，2008 年，第 6 頁。

二〇〇八年，黃山書社刊行《程瑤田全集》。該全集爲點校本，包括《通藝錄》以及後來發現的《蓮飲集詩鈔》和《周禮札記》。其中，《通藝錄》以《安徽叢書》本爲底本，《蓮飲集詩鈔》及《周禮札記》以清稿本爲底本。《安徽叢書》本《通藝錄》今目爲二十四種，全集本的《通藝錄》目錄爲二十三種，未收《蓮飲集濠上吟稿》（因《蓮飲集濠上吟稿》重見於《蓮飲集詩鈔》，故未再單收）。這樣，全集收《通藝錄》二十三種，另收《蓮飲集詩鈔》及《周禮札記》，共二十五種。現將二十五種條列如下：《論學小記》、《論學外篇》、《宗法小記》、《儀禮喪服文足徵記》、《釋宮小記》、《考工創物小記》、《磬折古義》、《溝洫疆理小記》、《禹貢三江考》、《水地小記》、《解字小記》、《聲律小記》、《九穀考》、《釋草小記》、《讀書求解》、《數度小記》、《九勢碎事》、《釋蟲小記》、《修辭餘鈔》、《讓堂亦政錄》、《樂器三事能言》、《果臝轉語記》、《儀禮經注疑直》、《蓮飲集詩鈔》、《周禮札記》。於程氏書，周中孚《鄭堂讀書記》與《四庫提要》每有所述，對於我們瞭解程氏頗有幫助。下面分述這二十五種書的細目及以上二家之評語：

一、《論學小記》

卷首有程瑤田弟子洪戬題識。《論學小記》收文章凡四十篇：《志學篇》、《博文篇》、《慎獨篇》、《立禮篇》、《進德篇》、《主讓篇》、《以厚篇》、《貴和篇》、《大器篇》、《遊藝篇》、《誠意義述》、《述性一》、《述性二》、《述性三》、《述性四》、《述誠一》、《述誠二》、《述情一》、《述情二》、《述情三》、《述命》、《述公》、《述敬》、《述己》、《述義利》、《述名一》、《述名二》、《述術》、《述真》、《述儉一》、《述儉二》、《述儉三》、《述儉四》、《述心》、《述心二》、《述夢》、《述夢二》、《述玄妙》、《述靜》、《論學約指》。周中孚《鄭堂讀書記》云：「是編乃其講論道德性命之文，各立名目，凡四十篇，俱粹然一出於正，其於釋、道兩家亦辭而辟之，然不撿拾宋以後《語錄》一字一句，而無不方軌儒家，所謂『約六經之旨以成文』者也。」〔註21〕《續修四庫全書總目提要》云：「是編論人之性，而多推衍《大學》之義，而歸宿於誠意、慎獨……瑤田以《大學》說《孟子》，以誠意爲功夫，而即以好惡說誠意，蹊徑頗近陽明，而歸極之於格物，意似頗欲調和朱、王而爲之折中，而立說精通圓密，蓋在

〔註21〕周中孚《鄭堂讀書記》，北京圖書館出版社，2007 年，第 712 頁。

東原《孟子字義疏證》之上者也。」〔註22〕

二、《論學外篇》

　　卷首有程瑤田弟子洪轂題識。《論學外篇》收文章凡二十八篇：《示後生小子六事》、《祠堂障壁四事書呈宗老垂示後生》、《擘窠書四字說》、《和厚讓恕四德貫通說》、《慎思致和說》、《讓室卮言》、《覺夢篇》、《敘倫堂約》、《杭州留別洪生受嘉贈言》、《結舌四則書後》、《詒謀說明訓子弟者當以身教也》、《後詒謀說》、《論出告反面》、《無改父道淺說》、《無改父道淺說拾遺》、《方生令安以便面請書法語可遵守者　感觸博弈流弊走筆示之》、《申言葉子戲之流弊》、《申言圍棋之流弊》、《說弈示二吳生》、《博弈不可從爲父祖者開端說》、《寄示培兒二事》、《都門書付培兒》、《與方二生論無廢學書》、《得女婿衛篁署任金華別駕書覆之》、《菊花和詩序》、《講學述》、《顏子不改其樂述》。

　　周中孚《鄭堂讀書記》云：「《外篇》凡二十八篇，襍集所撰文之最淺近者，故以『外篇』別之。然於世教三致意焉，義在訓後生小子，而言重辭複之不憚煩者。其所專注，乃在爲人父祖者當先有以正其範也，深得聖人『先正己而後正人』之意，實可以輔《小記》之不及云。」〔註23〕《續修四庫全書總目提要》云：「是篇所收諸文，雖不如內篇擘治性理之精，然闡述人之敦品立行，於世教三致意焉……其所專注，在小子宜知退讓、有畏懼、讀經書、治性情、絕博弈、謹小慎微，而尤在爲人父祖者，當先有以正其模範……循是編而善誘之，庶幾乎古人養蒙於正之道矣。」〔註24〕

三、《宗法小記》

　　《宗法小記》乃程瑤田論述《禮記》中宗法之文，凡十三篇：《宗法表》、《庶姓述》、《世次順數說》、《庶子不祭明宗說》、《庶子不祭表》、《程五典立後議》、《庶子不爲長子三年述》、《宗法述》、《嘉定石氏重修族譜敘》、《杭州橫塘胡氏族譜敘》、《江西吉贛南鄒氏五修族譜敘》、《宗法表支庶旁行邪上及祖遷宗易提要圖》、《宗法表補義》。

〔註22〕中國科學院圖書館整理，《續修四庫全書總目提要》（稿本）第 12 冊，齊魯書社，1996 年，第 115～116 頁。
〔註23〕周中孚《鄭堂讀書記》，北京圖書館出版社，2007 年，第 712 頁。
〔註24〕中國科學院圖書館整理，《續修四庫全書總目提要》（稿本）第 12 冊，齊魯書社，1996 年，第 118～119 頁。

　　周中孚《鄭堂讀書記》云：「其於大小宗法，經之緯之，昭昭然若揭日月而行於天，如讓堂者，可謂議禮之宗也。」〔註 25〕《續修四庫全書總目提要》則言：「宗法爲國家之基礎，《詩》所謂『宗子維城』是也。宗法解散，宗法遺義常存於家族之間。瑤田所著《宗法表》云：『宗之道，兄道也。大夫士之家，以兄統弟而以弟事兄之道也。』其所爲表義確而言詳，眞能得宗法遺意。讀之可以知宗族制之由來。近來親屬之法改變，讀《宗法小記》不禁有今昔之感。」〔註 26〕

四、《儀禮喪服文足徵記》

　　卷首有阮元的序及程瑤田題識，收文章凡七十三篇：《喪服經傳考定原本上》、《喪服經傳考定原本下》、《喪服通別表》、《本服殤服一貫表》、《成人小功本服及長殤服緦麻表》、《喪服無逸文述》、《喪服經傳無失誤述》、《辯論鄭氏斥子夏喪服傳誤之譌》、《庶子不爲長子三年述》、《正體於上義述》、《爲庶子不爲長子三年不繼祖立表說》、《喪服親屬窮殺述》、《旁治昆弟親屬述》、《報服舉例述》、《降服說》、《據經文決無逆降之例述》、《不杖麻屨章大夫之子條經傳義述》、《大功章大夫之妾條從舊讀說》、《女子子嫁者未嫁者不能同服述》、《妾不體君述》、《公大夫士妾私親服例說》、《妾服發例述》、《兩殤服章發例述》、《再論兩殤服章制禮之由》、《殤服中從上中從下辨》、《殤服經傳中從上下異名同實述》、《臣爲君之祖父母從服期述》、《妻爲夫親從服表》、《女子子在室及適人嫁大夫相爲服舉例說》、《夫之昆弟無服說》、《謂弟之妻爲婦說》、《娣弟姒長說》、《述髽》、《述總》、《翣屛柱楣圖說》、《蔬食素食說》、《小功卒哭可以取婦取妻說》、《喪服小記上下旁殺親畢記》、《練冠易服附殤述》、《君薨世子生哭踊衰杖說》、《殯殮成服杖數日不同說》、《述殯》、《殯朝葬載柩設紼屬引異制述》、《葬北方北首說》、《廟主稱字議》、《葬服考》、《附論題主時服》、《白虎通釋九族義同喪服說》、《族親諸服旁殺一貫表》、《答段若膺大令論小功緦麻兩章中疑義書》、《論緦麻旁殺應報不制報服之義》、《夫之世叔父母大功不報文說》、《兄弟服說》、《兄弟服例表》、《論尊加與至尊之服同非兄弟服之義》、《喪服報例皆報其所施說》、《鄭注夫之諸祖父母條轉寫譌字

〔註 25〕周中孚《鄭堂讀書記》，北京圖書館出版社，2007 年，第 86 頁。
〔註 26〕中國科學院圖書館整理，《續修四庫全書總目提要》（稿本）第 16 冊，齊魯書社，1996 年，第 33 頁。

考》、《姑姊妹女子子服述》、《姑姊妹報惟子不報互見省文說》、《父之姑緦麻服述》、《妻從夫服表微記》、《丈夫婦人稱名緣起記》、《小功之纚謂字記》、《異姓主名述》、《答段若膺大令論爲人後者服其本生親降一等書》、《後世序親議嗣若子降等兩服錯互表》、《論喪服爲人後者若子降等兩例制禮緣起》、《喪服不制高祖玄孫服述》、《喪服窮於緦麻上殺下殺旁殺表》、《喪服窮殺差等生於以三爲五以五爲九表》、《上殺下殺旁殺數世本末源流表》、《上下治旁治推至服窮親殺屬竭姓別戚單表》、《喪服經文服限大例疏證表敘》。

周中孚《鄭堂讀書記》云：「讓堂以『治經不涵泳白文，而惟注之徇，雖漢之經師，一失其趣，即有毫釐千里之謬』，因著是編。合《喪服》全篇經傳，考其義例，據其本文，以疏通而證明之，前二卷爲喪服經傳考定原本，第三卷爲喪服通別表、本服殤服一貫表、成人本服小功長殤服緦麻表，後七卷皆制題繫說，以推闡《喪服》之文，與前三卷相爲通貫，而其義益明。其以《足徵》名者，謂徵之於經傳本文而無不足也。阮雲臺師《序》稱其『精言善解，窮極隱微，明聖人制禮、賢人傳禮之心於千百年後，非好學深思、心知其意，何以能之？所以裨益經學，啓迪後人，非淺鮮也。』其傾倒甚至。考《儀禮·喪服》者，執此一編而有餘矣。」〔註27〕

五、《釋宮小記》

《釋宮小記》收文章凡九篇：《棟梁本義述上》、《棟梁本義述下》、《當阿義述》、《棟宇楣阿榮檐霤辨》、《中霤義述》、《臣入君門述》、《答許積卿論棟橈書》、《夾兩階阰圖說》、《堂階等級庶人亦有廉地之別議》。

周中孚《鄭堂讀書記》云：「乃其所釋宮室制度之義。凡九篇，於名物度數確切證明，蓋實能心知之而筆之書以明之，故雖許、鄭二家之有舛誤者，亦必援周秦古籍以折其中，庶足以厭伏後人之心，而不敢隨而議其後也。」〔註28〕《續修四庫全書總目提要》亦言此書「考證詳博，頗足以發明《爾雅》、《說文》及經、傳、箋注之義。其餘所釋，亦足資參考。惟於中霤謂古屋覆至地，必開上納明，故霤恒入於室。後世制度大備，屋宇軒敞，四旁皆得納明，其霤不入於室而皆外垂，故天子諸侯屋皆四注，有東西南北之霤。世儒言霤，或溷中霤，貽誤後學，不可不辨。泥於中字之義，以爲古者霤恒入室，

〔註27〕周中孚《鄭堂讀書記》，北京圖書館出版社，2007年，第69頁。
〔註28〕周中孚《鄭堂讀書記》，北京圖書館出版社，2007年，第98頁。

非後之東西南北之霤，則未免膠柱鼓瑟矣。」〔註 29〕

六、《考工創物小記》

《考工創物小記》收文章凡六十三篇：《輪人造轂義述》、《轂圍之防捎藪說》、《捎藪異義記》、《復論賢軹爲飾轂之名記》、《轂長眞度出於牙圍說》、《輪綆說》、《牙圍說》、《揉牙說》、《輪轂軑軝說》、《輪人爲輪章句鉤貫》、《軫方象地義述》、《輈人任木義述》、《良輈環灂說》、《軹崇說》、《觀古銅轄求知轂空外端軸末圍徑記》、《輈軓軫轐轂軸互證記》、《輪綆求合轍廣記注異同記》、《轍廣八尺六尺闕疑說》、《再考轍廣八尺當闕疑說》、《馬車三職分任記》、《冶氏爲戈戟考》、《戈戟倨句異形說》、《戈戟橫內柲鑿旁證記》、《句兵雜錄》、《戈體倨句外博義述》、《戈體已倨已句長內短內四病圖說》、《造戈柲記》、《與阮梁伯論戈戟形體橫直名義書》、《續錄戈戟圖考》、《桃氏爲劍考》、《讀墨子因論戈劍流傳今世之由》、《鳧氏爲鐘圖說》、《周周公華鐘圖說》、《虢叔旅作惠叔大族和鐘圖說》、《鄭邢叔作綏賓鐘圖說》、《韗人三鼓圖說》、《璧羨肉好度法述》、《磬氏爲磬圖說》、《磬鼓直懸六證記》、《磬鼓直懸證七記》、《磬鼓直懸證八記》、《矢人爲矢考》、《述爵兼訂梓人鄉衡注》、《一獻三酬一豆說》、《廬法無彈無蜎說》、《廬器圍數說》、《匠人建國考極星述》、《宣欘柯磬折倨句度法述》、《車人爲耒圖說》、《答金輔之論車人倨句度法書》、《廬人刺兵疏證》、《鳧氏爲鐘章句圖說》、《設旋疑義記》、《磬氏爲磬章句圖說》、《鳧氏磬氏二記屬文說》、《韗人三鼓章句圖說》、《杭州府文廟增鑄鎛鐘紀略》、《阮氏作寶和鐘律中夾鐘記》、《答阮中丞論磬股端向人面書》、《磬股與鼓相函同積說》、《倨句矩法通例述》、《阮中丞寄示李尙之考工記鄭氏磬圖第一鄭氏求磬倨句圖第二懸磬圖第三凡三圖率爾書後》、《奉答阮中丞寄示李尙之鄭注磬圖又推論磬股直縣書》。

周中孚《鄭堂讀書記》將《考工創物小記》、《磬折古義》、《溝洫疆理小記》一併論述：「皆其討論《考工記》之文，《創物小記》凡六十三篇，《磬折古義》凡三篇，《溝洫疆理小記》凡二十一篇，三書各以類分，俱有圖以發明之。於制度形體及命名之精意，一字不可假借處，皆反覆考證，俾無遺義。其鄭、賈二氏注禮之精，並爲闡發之；其有小誤，則據經文正之，不復援據

〔註 29〕中國科學院圖書館整理，《續修四庫全書總目提要》（稿本）第 2 冊，齊魯書社，1996 年，第 474 頁。

他說，以經文即左證也。於此知考工一《記》，用配周禮五官，斷非周末以後人所能假託爲之者也。而文章之妙，亦化工之筆，古義未湮。在得其解者，即採取記中實事疏通而證明之，無不一一若合符節。讓堂說經不主故常，故能成一家言也。」〔註30〕《續修四庫全書總目提要》云：「鄭君《考工記注》極其詳實，然於各物之製造法及其尺寸大小，不能原始要終，言之極其細。瑤田《創物小記》參互群書，稽諸勾股方圓之數，得其眞確之形狀，如戈、戟、劍、鐘，皆繪有詳圖，並記度數之廣狹，可按圖以驗器，爲古器物學者必不可少之參考書。鐘鼎彝器之學，晚清雖極其發達，然祇能爲文字之考證，不能爲器物之考證。瑤田此書，可爲古器物學之先導矣。」〔註31〕

七、《磬折古義》

卷首有程瑤田題識，收文章三篇：《磬折說》、《造倨句矩式》、《四六尺考》。最後收錄汪萊的文章《通藝錄考定磬氏倨句令鼓旁綫中縣而縣居綫右解》。

《續修四庫全書總目提要》云：「《考工記》言磬句磬折，鄭氏度直矩解之，致與前後經文不合。瑤田謂磬折不明，由於倨句不明，欲明倨句，先辨矩字，矩有曲有直，倨句之云折，其直矩而爲曲矩，即今木石工所用之曲尺。」〔註32〕

八、《溝洫疆理小記》

《溝洫疆理小記》收文章凡二十一篇：《遂人匠人溝洫異同考》、《井田溝洫名義記》、《遂人匠人溝洫形體記》、《溝洫縱橫相承無奇數說》、《匠人田首之遂不名屋間說》、《遂人溝洫澮川不以間名夫說》、《遂人溝洫圖記》、《匠人溝洫舉隅圖記》、《溝渠異義記》、《稻人溝澮記》、《與丁升衢論時人言溝洫書》、《與吳澂埜論某人言溝洫書》、《圖某甲某乙匠人溝洫綬說形體記》、《論陳及之言匠人溝洫之繆》、《論鄭漁仲言遂人匠人溝洫之繆》、《論王與之黃文叔言

〔註30〕周中孚《鄭堂讀書記》，北京圖書館出版社，2007年，第54～55頁。
〔註31〕中國科學院圖書館整理，《續修四庫全書總目提要》（稿本）第16冊，齊魯書社，1996年，第195頁。
〔註32〕中國科學院圖書館整理，《續修四庫全書總目提要》（稿本）第16冊，齊魯書社，1996年，第195頁。

匠人溝洫之繆》、《通論諸家溝洫繆說之由》、《畎澮異同考》、《阡陌考》、《說間》、《耦耕義述》。

《續修四庫全書總目提要》云：「《孟子》論井田，祇言其大略。井田之法，在於溝洫。溝洫之制，見於《周官》，但《遂人》與《匠人》之言溝洫者，即有異同。瑤田……考知《匠人》、《遂人》雖有異同，實則彼此義互相足。」〔註33〕又云：「是書能苦心研究，詳為條析，駁宋人及近人諸書之非，申鄭注之是，實確有所見，與苟為同異者迥殊。又所為《稻人溝澮記》，則得之目驗，而謂蓄水、上水、蕩水、均水、舍水、寫水等者，至纖至密，非聖人孰能與斯？孫氏《正義》於《稻人》下亦備引其說……是書於溝洫疆理，綜貫古今諸書，解說不憚煩勞，求合經旨，而於《稻人》下，疏解尤為詳明，洵農學家所宜注意也。」〔註34〕

九、《禹貢三江考》

《禹貢三江考》乃程瑤田專論《尚書·禹貢》三江之文，卷首有程氏題識，收文凡二十一篇：《禹貢三江依經說義篇》、《三江辨惑論》、《三江辨惑論二》、《論三江惟主一江乃不破禹貢命名中江北江之義》、《荊州江漢揚州三江異名同實說》、《鄭注三江分於彭蠡為三孔解》、《鄭注三江分於彭蠡於字解》、《東迆北會於匯匯字解》、《論鄭注補南江必於東迆者句之義》、《論導江篇東迆北北字即指謂漢水之義》、《論禹治南條水要害在匯澤為彭蠡之義》、《論禹匯漢水為彭蠡澤以治揚州三江之理》、《論以大江為北江分江水為南江其誤始於酈氏注》、《再論酈注南江之非及不見中江之窮於辭》、《論匯澤為治水一大法》、《論疏河為治水一大法》、《論治水以豬水為洩水地》、《全氏謝山經史問答論三江諸說辨》、《禹貢漢水入海說》、《述濱》、《奉答阮中丞寄示浙江圖考書附及水地管見就正》。

周中孚《鄭堂讀書記》云：「『專涵泳《禹貢》導漢、導江及荊、揚二州諸經文，並鄭注各條，得其端緒而是正之，所以別異於諸說「三江必分三條水」也。但阮雲臺師歷考《初學記》所引，非真鄭注，而本東迆者為南江，鄭犖注立說見《揅經室一集》。誠所謂存什一於千百，一經昌黎氏之張皇幽

〔註33〕中國科學院圖書館整理，《續修四庫全書總目提要》（稿本）第16冊，齊魯書社，1996年，第33頁。

〔註34〕中國科學院圖書館整理，《續修四庫全書總目提要》（稿本）第22冊，齊魯書社，1996年，第290頁。

渺，尋其墜緒，乃如懸之眾間，無不見之而聞之也，從此三江之說學者可無庸置喙於其間矣。如程氏此考，吾師未嘗採錄，蓋以不辨辨之也。」〔註35〕《續修四庫全書總目提要》云：「三江之說，自漢以來異說甚多。酈道元注《水經》，以大江為北江，分江水為南江。由是言水道者必分三江為三條水，謂某江為北，某江為中，某江為南，然皆與經文不合。瑤田據《禹貢》經文考之……惟主一江，乃不破《禹貢》命名中江、北江之義。又據鄭注三江分於彭蠡為三孔之義，謂三江即揚州之一大江，陳義甚為精闢焉」。〔註36〕又云：「三江之名，既依經文是正，後復旁徵博引，或駁諸家之說，或申三江之義，而二千年來傳誤之三江說，一廓而清矣。」〔註37〕

十、《水地小記》

《水地小記》一編，收考論古今王畿水地之文，共七篇：《周官畿內經地考》、《讀鄭氏考工記匠人注》、《灅水考》、《庚水考》、《論朱竹垞氏言京東水地之誤》、《遊盤山記》、《唐故田盤山上方院二大師遺行碑銘並序書後》。

周中孚《鄭堂讀書記》云：「蓋因考《周官》經義，而類及灅水、庚水，俱採自遺經雅記，比事屬辭，拒彼遊談，不憑孤證，所謂非故為好辨也。」〔註38〕《續修四庫全書總目提要》云：「以本經證本經，以本注證本注，得其違背之處，彼此互證，以求其是。其求之不得者，則不妨各存其說，以附多聞闕疑之例。」〔註39〕

十一、《解字小記》

《解字小記》卷首有程瑤田弟子洪印綬的題識，原目次《果臝轉語》四篇有錄無書，今本收文十二篇：《讀書必先解字舉略》、《字林考逸書後》、《看篆樓印譜敘》、《說文引經異同敘》、《說文統系圖跋》、《秀采乎三字義說》、

〔註35〕周中孚《鄭堂讀書記》，北京圖書館出版社，2007年，第173頁。
〔註36〕中國科學院圖書館整理，《續修四庫全書總目提要》（稿本）第11冊，齊魯書社，1996年，第591～592頁。
〔註37〕中國科學院圖書館整理，《續修四庫全書總目提要》（稿本）第16冊，齊魯書社，1996年，第286頁。
〔註38〕周中孚《鄭堂讀書記》，北京圖書館出版社，2007年，第398～399頁。
〔註39〕中國科學院圖書館整理，《續修四庫全書總目提要》（稿本）第16冊，齊魯書社，1996年，第197頁。

《果蠃通義說》、《不字義說》、《記豐潤縣牛鼎呈朱竹君翁覃溪兩太史》、《豐潤牛鼎說示潘二生》、《考定豐潤牛鼎非宋器記》、《阮中丞收藏宋拓本鐘鼎款識冊中京姜鬲寶字考》。

周中孚《鄭堂讀書記》云：「按是書之前，標目凡四卷，其子目則曰《果蠃轉語》，並有門人洪印綬識語，云：『《解字小記》於六書多所發明，而《果蠃轉語》一編，舉二字為緣起，隨其聲而轉之，因聲及聲，亦復即義生義。言聲韻者，於茲有會心焉。』今觀是編，僅載雜文十一篇，與『四卷』及『舉二字為緣起』者不合，殊不可解也。」〔註40〕

十二、《聲律小記》

程瑤田論樂之文匯為《聲律小記》一編，收文五篇：《周官三大樂鄭注圖說》、《琴音記》、《琴音律數同源記》、《與家漁門編修論黃才伯樂典書》、《香研居詞塵敘》。《聲律小記》中附有《琴音記續篇》，卷首有程氏弟子方輈的《敘》，卷末有劉大櫆的《原序》和吳珏的《原跋》，收文五篇：《律度出於徽音之分絲竹同源述》、《史記律書生鐘分十二黃鐘分數以為制律之根至南呂后必立寸法述》、《律有倍半以資旋宮而倍半之理具於制律陰陽上下相生之先述》、《史記律書律數生黃鐘兩條解並正譌》，《附單行本琴音記下篇原紀琴音之數》。

周中孚《鄭堂讀書記》云：「蓋讓堂樂學頗有心得，是編雖卷帙寥寥，而精思闡發，不遺餘力，在近時言琴諸家，可謂不失其宗者矣。」〔註41〕《續修四庫全書總目提要》云：「瑤田邃於算術，所著《琴音記》，由算以得數，由數以得音……音之長、短、輕、重，悉於是定。明於度數，聲律學中之專門藝術也」。〔註42〕

十三、《九穀考》

《九穀考》卷首有程瑤田題識，收文十五篇：《九穀考》、《粱》、《黍》、《稷》、《稻》、《麥》、《大豆小豆》、《麻》、《苽》、《稙稚種稑稼穡》、《銖法起

〔註40〕周中孚《鄭堂讀書記》，北京圖書館出版社，2007年，第233頁。
〔註41〕周中孚《鄭堂讀書記》，北京圖書館出版社，2007年，第125～126頁。
〔註42〕中國科學院圖書館整理，《續修四庫全書總目提要》（稿本）第16冊，齊魯書社，1996年，第217頁。

於黍粟》、《圖黍稷稻粱四穀記》、《辯論黍稷二穀記》、《答秦序唐觀察言南言無黍書》、《與吳殿暘舍人書》。

周中孚《鄭堂讀書記》云:「讓堂以鄭君注《周官》太宰職之九穀,實與《說文》之義相表裏,足正諸家之繆。乃復求之諸經傳中之說,以反覆疏證之。既又博稽農民相沿之誤,驗之播穫之時,參諸五方土宜之同異而論說之,以成是編。凡十四篇,並以其目驗者狀之於圖,而以答秦觀察、吳舍人二書附於後。其書博引繁稱,詞多枝葉,蓋以舊說紛紜舛互,非言重辭複不足以盡其致也。於黍、稷、粱三事尤瞭然如指上漩渦云。」〔註43〕《續修四庫全書總目提要》云:「自此書出,承學之士翕然崇信,而王念孫《廣雅疏證》、段玉裁《說文解字注》,尤主持其說……至吳其濬撰《植物考》,始疑程氏之說。謂『諸儒以俗呼秫,秫為稷之黏秫,而於俗呼穈之米為稷米則斥之;謂晉人以粟為稷為誤,而並以漢人之說稷者為皆不識稷,則自三代迄今,舉無可從,惟俗語為徵信,而俗語之言稷者不足信,獨言秫者為足信,是亦未能折服群旨,而使天下後世俱以高粱為稷,而無敢異議也。余既推黍與稷而審別之,縱不可以稌冒稷,而斷不能信以蜀黍為稷』,其辭甚辨,亦可謂持之有故,言之成理。」

十四、《釋草小記》

卷首有程瑤田弟子洪印綬題識,收文十八篇:《釋藜》、《釋藜二》、《由條說》、《釋蓬》、《釋蓬二》、《釋茶一》、《釋茶二》、《釋萑葦》、《釋茶芀》、《釋芸》、《釋荔》、《芸荔二草應氣述》、《蘺茊蘺江蘺莞曉藋命名同異記》、《芄蘭疏證》、《圖芄蘭花記》、《蔣苫蓲紀譌兼圖草木樨》、《釋芸續考》、《揚州后土祠瓊花始末輯錄》。

周中孚《鄭堂讀書記》云:「皆所著釋草之文,凡十六篇,並繪以圖。所釋多《夏小正》、《月令》、《毛詩》、《爾雅》之所具。一經疏通而證明之,而經義頓明,繆說立見,足以為多識之一助云。」〔註44〕《續修四庫全書總目提要》云:「瑤田為實事求是之學,於《爾雅》之植物尤能細心考究,皆得之於目驗,非鈔撮陳言者比。」

〔註43〕周中孚《鄭堂讀書記》,北京圖書館出版社,2007年,第735頁。
〔註44〕周中孚《鄭堂讀書記》,北京圖書館出版社,2007年,第1019頁。

十五、《讀書求解》

《讀書求解》為程氏所撰之雜文，收文十四篇：《赤厓先生醫案敘》、《釋人敘》、《證類本草書後》、《異脈記》、《紀硯》、《困學紀聞泰定本書後》、《豐潤縣披霞山石幢記》、《改畫記》、《鴒原卷敘》、《周耕匡多集紀程書後》、《松石間書齋記》、《鄭公釣臺圖書後》、《江山臥遊圖卷書後》、《江虎文指書敘》。

周中孚《鄭堂讀書記》將《讀書求解》和《修辭餘鈔》並為一處，云：「皆其所著雜文，其所以分為二編者，蓋由所著之先後耳。讓堂撰文甚富，其可以編入經解雜著者，已隨類分附，不為重出，故所存止此。雖應酬之作居多，而文體亦殊雅潔無俗氛，知其詩書之澤深矣。」〔註45〕

十六、《數度小記》

《數度小記》乃程瑤田推測天文之書，收文七篇：《周髀矩數圖注》、《周髀用矩述》、《言天疏節示潘二生》、《星盤命宮說》、《四卯時天圖規法記》、《日躔宮度出地說》、《七尺日仞說》。

周中孚《鄭堂讀書記》云：「讓堂善算法，天文、曆律之書術，皆能通究。此其一端之流露，亦皆精覈無比，可謂善言天者矣。」〔註46〕《續修四庫全書總目提要》云：「生平精治經學，兼及曆算，嘗謂儒者治經、考古，皆莫離乎書、數二事……此書大要，在圖注《周髀》，純宗中法，無所發明……其算理雖無可取，而其考究實學之精神，則足多焉……蓋以經師兼治數學，能明其義，已屬難能，固不必深求之也。」〔註47〕

十七、《九勢碎事》

《九勢碎事》是程瑤田論書法、碑帖之作，收文六篇：《書勢五事》、《書勢纂言》、《論書示瑞兒》、《論書示露孫》、《論贋書帖子》、《吳澂埜編修藏舊揚原石夏承碑跋》。

周中孚《鄭堂讀書記》云：「是編首載《書勢五事》、《書勢纂言》二篇，次為石刻拓本題跋十三篇，此本於其跋《蘭亭》諸刻十二篇，皆有錄無書，

〔註45〕周中孚《鄭堂讀書記》，北京圖書館出版社，2007年，第1422頁。
〔註46〕周中孚《鄭堂讀書記》，北京圖書館出版社，2007年，第837頁。
〔註47〕中國科學院圖書館整理，《續修四庫全書總目提要》（稿本）第31冊，齊魯書社，1996年，第659～660頁。

止存《原石夏承碑跋》一篇。又其目錄標一『上』字，則是編尚有下卷，疑其未刊刻也。『九勢』者，漢蔡中郎邕有《九勢訣》，載宋陳思《書苑精華》。讓堂是編，以論書法爲主，故取以名書耳。」〔註48〕

十八、《釋蟲小記》

《釋蟲小記》收文六篇：《螟蛉果蠃異聞記》、《蜜蜂紀略》、《鸜鵒吐雛辨》、《蛞蝓蝸牛正譌記》、《改正爾雅蕍殺牝牡轉寫譌記》、《馬齒記》。

周中孚《鄭堂讀書記》云：「皆其所作釋蟲之文，凡六篇，間繫以圖。其格物之精，用心之細，由其讀書能旁穿變通，故能別黑白而定一尊也。」〔註49〕《續修四庫全書總目提要》云：「是書名《釋蟲小記》，而闌入《釋畜》之夏羊，殊爲名實不副……瑤田於一名一物，無不旁徵博引，考之古義而合，證之目驗而亦合，可謂苦心孤詣。又謂簡策之陳言，其在人口中者，雖經數千百年，有非兵燹所能劫、易姓改物所能變者，則其能存簡策中之所亡，亦固不少，尤爲宏通之論。至於因螟蛉而得蜘蛛壁錢抱繭之異聞；因蛞蝓而知《爾雅》之專載蚹蠃，原以蝸牛包蜒蚰，而非獨逸之；因《爾雅》之牝牡互譌，而知今之校《說文》者不改牡蕍之譌，崇信《爾雅》互譌之本，而反輒改牝殺之不譌，實爲有裨經義，雖寥寥數頁，亦治經者不可少之書也。」

十九、《修辭餘鈔》

《修辭餘鈔》收文五十四篇：《重修武邑縣文廟儒學碑記》、《項君祠堂碑記》、《重繪鄭公釣臺圖記》、《五友記》、《何聖容主事逸事記》、《黃忠節公留碧處小記》、《太平十寺始建浮圖年月記》、《重建太平十寺塔頂記》、《張擇端清明上河圖記》、《趙子昂畫記》、《趙子昂生卒記》、《新成讓堂記》、《讓泉記》、《後讓泉記》、《刻杜門程生小名千兒二章記》、《丞隱記》、《記歊粥啖餅》、《趙子昂碑刻紀年碎錄》、《徽州府建文昌神祠議》、《徽州府建文昌神祠議二》、《江山臥遊圖書後爲方湛厓作》、《江山臥遊圖己酉卷書後》、《困學紀聞論四始五際書後》、《海波險客圖跋尾》、《述約示兒子培理墾》、《三十六宮說》、《書先考妣素行示後人》、《端孝先生行略》、《河西寓公敘略》、《吳漫公

〔註48〕周中孚《鄭堂讀書記》，北京圖書館出版社，2007年，第490～491頁。
〔註49〕周中孚《鄭堂讀書記》，北京圖書館出版社，2007年，第1021頁。

事略》、《先季弟觀文事略》、《族叔母吳宜人孝行紀略》、《亡室行略》、《露孫啓殯奠文》、《金櫃山墓誌》、《雲岫先生墓誌銘》、《皇清太學生焦君墓誌銘》、《百歲俞母江太君家傳》、《葉節母汪安人傳》、《魏母劉孺人傳》、《劉節母房太孺人傳》、《家獻可孝廉家傳》、《尚書可解輯粹敘》、《輯逸子書三種敘》、《方晞原詩敘》、《胡左元時文序》、《古巢印學敘》、《吳仰唐刻章敘》、《刻章小傳稿草》、《蓮飲集自敘》、《藤笈編自敘》、《非能編自敘》、《奉辭壽生日啓》、《八十生日豫示兒子文》。

　　《續修四庫全書總目提要》云：「瑤田篤志治經，文其餘事，然辭氣淵雅，集中如《張擇端清明上河圖記》、《趙子昂生卒記》、《趙子昂碑刻紀年碎錄》、《〈困學紀聞〉論四始五際書後》，尤資考證。」〔註50〕

二十、《讓堂亦政錄》

　　程瑤田官嘉定縣學教諭時所爲之文章悉收入《讓堂亦政錄》，卷首有程氏題識，程氏謂：「任內治事，凡辭翰、疏記，都爲一編，曰《亦政錄》。」其以「亦政錄」爲名，蓋取孔子「是亦爲政」之語。此編包括四部分，一是爲政之聯扁、告示、看語、公牘，收文有九；二是雜著，收文有七：《重修有書院緣起》、《募捐南翔鎮育嬰堂經費引》、《嘉定鐘樓鑄鐘捐簿序》、《嘉定令於君改任震澤德政詩序》、《嘉定文廟重建兩廡暨修儒學明倫堂記》、《嘉定廩生王有香丁本生父喪議》、《黃忠節公臨干祿字書墨蹟書後》；三是《教學恒言》；四是古今體詩五十七首。末附《嘉定贈別詩文》，則程氏告歸之時嘉定人贈行之詩文匯編。

　　《續修四庫全書總目提要》云：「瑤田之學，雖以考據見稱，而於義理，鑽研極精……而官教諭也，亦廉潔自持，以身率教，而示諭諸生以敦行篤學爲務，請褒節烈，發幽揚隱，皆其犖犖大端；至若重修當湖書院、募捐南翔鎮育嬰堂經費、募捐嘉定鐘樓鑄鐘、重修嘉定文廟兩廡暨修儒學明堂，又輯《教學恒言》，教士以立志、立品、立誠、立業，處家孝親敬兄，此雖庸言，而頗有益於身心，治考據者，多不能躬行實踐，若瑤田者，可謂篤行君子矣。」

〔註50〕中國科學院圖書館整理，《續修四庫全書總目提要》（稿本）第 36 冊，齊魯書社，1996 年，第 181 頁。

二十一、《樂器三事能言》

程瑤田曾於《考工記》所記鐘、磬、鼓三事專為議論，解說「間」字，論倨句之法，正從來注家之誤。嘉慶七年，是時阮元撫浙，重修杭州府學，需校錄禮器、樂器而考定之，延請程氏至杭而問之。於是程瑤田裒集曩所論《考工記》鐘、磬、鼓之文為一編，曰《樂器三事能言》，並就阮元此舉續作三文記之，附於《樂器三事能言》卷末，為《補編》。全集中於《樂器三事能言》一編僅錄存目，未錄原文，因其中文章《溝洫疆理小記》和《考工創物小記》中已有，卷首留有程氏題識。存目二十一篇，補編三篇。存目：《鳧氏為鐘圖說》、《鳧氏為鐘章句圖說》、《設旋疑義記》、《周周公華鐘圖說》、《虢叔旅作惠叔大族和鐘圖說》、《鄭邢叔作綏賓鐘圖說》、《磬氏為磬圖說》、《磬鼓直懸六證記》、《磬鼓直懸證七記》、《磬鼓直懸證八記》、《磬氏為磬章句圖說》、《鳧氏磬氏二記屬文說》、《韗人三鼓圖說》、《韗人三鼓章句圖說》、《說間》、《戈體倨句外博義述》、《戈體已倨已句長內短內四病圖說》、《宣櫑柯磬折倨句度法述》、《車人為耒圖說》、《與阮梁伯論戈戟形體橫直名義書》、《答金輔之論車人倨句度法書》。補編：《杭州府文廟增鑄鎛鐘紀略》、《阮氏作寶和鐘律中夾鐘記》、《答阮中丞論磬股端和人面書》。

《續修四庫全書總目提要》云：「書中各篇，皆考釋《周禮·考工記》『鳧氏為鐘』、『磬氏為磬』、『韗人三鼓』諸事，為之製圖，並解說章句，疏通證明，辯論精審。其中最重要者，厥為解說『間』字及辯論倨句之法⋯⋯皆發前人所未發。」〔註51〕

二十二、《果臝轉語記》

《果臝轉語》原在《解字小記》之中，嘉慶刻本《通藝錄·解字小記》子目載《果臝轉語》四篇，而皆有錄無書。據《釋草小記》洪印綬識語：「《果臝轉語》將授梓，先生以卷帙繁重，令少遲緩之。」王念孫跋亦稱程氏作《果臝轉語》，未及付梓而歿。則《果臝轉語》一記當時已成書，而實未付刻。民國時尹石公於北平得其稿本一篇，《安徽叢書》據其稿收入，單列一編為《果臝轉語記》。文末附有王念孫《果臝轉語記跋》，洪汝闓《果臝轉語記校記》。

〔註51〕中國科學院圖書館整理，《續修四庫全書總目提要》（稿本）第 16 冊，齊魯書社，1996 年，第 751 頁。

《續修四庫全書總目提要》云：「嘗謂『雙聲、疊韻之不可爲典要，而唯變所適也，聲隨形命，字依聲立，屢變其物而不易其名，屢易其文而弗離其聲，物不相類也，而名或不得不類；形不相似，而天下之人皆得以是聲形之，亦遂靡或弗似也』，於是立『果贏』二字爲綱，凡與『果贏』二字聲音相近者，皆匯列之，曰『轉語小記』。原夫中土最古之語言，本有復音，及後文字析成一形一聲時，而復音字日漸消失，惟轉語中尚有復音之存在，是以欲求古音系之狀態，捨轉語而莫由，然自來學者之治音韻，注意於單字單音者多，研及轉語者少，而程氏是書，實乃習轉語者發凡起例之論述。」〔註52〕

二十三、《儀禮經注疑直》

《通藝錄》原目「未成書」項載有此目，可知當時此書爲未寫定之稿。民國十八年，江夏徐恕以舊藏《儀禮經注疑直》殘稿八冊，寄與吳承仕，屬爲校訂。吳承仕重加輯錄，釐爲五卷，收入《安徽叢書》，卷首有吳承仕的《序錄》。吳承仕《序錄》云：「尋程君撰著行世者有《通藝錄》，而《疑直》獨希見稱述。意其端居治《禮》，時有發正，即隨事錄於簡端，名之『疑直』者，取《曲禮》『疑事毋質，直而勿有』之義也。後來《通藝錄》全部刊成，年已七十有九，《疑直》所列諸義，有已採入《通藝錄》各篇中者……又有同說一事，而兩義並列，前後相違者……然則此編爲平時致力之書，非禮堂寫定之作，居然可知。」

《續修四庫全書總目提要》云：「是書蓋有二術，一曰校字，二曰說義，……近採顧炎武……及同時好友如戴震、金榜、汪肇龍、方晞原、汪中、段玉裁、劉台拱、阮元、汪竹香諸家說義，以辨中失，並自下己意，規正鄭賈及儒先舊說，以申經注之義。」〔註53〕

二十四、《周禮札記》

《周禮札記》爲程瑤田早年研治《周禮》之讀書札記，始《天官・內司

〔註52〕中國科學院圖書館整理，《續修四庫全書總目提要》（稿本）第12冊，齊魯書社，1996年，第457頁。

〔註53〕中國科學院圖書館整理，《續修四庫全書總目提要》（稿本）第24冊，齊魯書社，1996年，第460頁。

服》止《春官‧司几筵》，是未完之稿，亦非寫定之書。此書乃程瑤田佚稿，係民國許承堯舊藏，後其家人捐予安徽博物館。《全集》據稿本點校收入。《札記》主要取材於《周禮注疏》，其他徵引程子、朱子、吳澄等前賢之說者，亦間有之。

二十五、《蓮飲集》

《通藝錄》原目「附錄」項載有《濠上吟》、《蓮飲集》，皆有錄無書。《安徽叢書》收有《蓮飲集濠上吟稿》，然僅錄詩八首。上世紀九十年代，張尙穩董理安徽博物館文獻時發現了《蓮飲集》稿本，《全集》據稿本點校收入。該書首列方粹然序，次自序，再次爲諸名家對程詩的評論。程氏《自序》中說明了《蓮飲集》命名之緣由：「客有酌予以蓮飲者，冥冥然綠色可愛，然而無質也……余方錄余所爲詩歌及今時文，無以名其集，因取而名之，而書之以爲敘。」全書四卷，第一卷爲《廣陵吟稿》，收錄其居住廣陵時所作之詩，計七十一首；第二卷爲《濠上吟稿》，收錄其居住鳳陽時所作之詩，計四十九首；第三卷爲《楚遊吟稿》，收錄其遊歷湖北、河南（古爲楚地）時所作之詩，計六十一首；第四卷爲《池上吟稿》，收錄其回歸故里（歙縣荷池）時所作之詩，計九十四首。

程瑤田所爲時文，曾先後編成《蓮飲集》、《藤笈編》、《非能編》三種。此三種今皆不見，唯三書敘文幸存於《修辭餘鈔》中。時文《蓮飲集》凡五十八首，於乾隆三十二年錄成，時四十三歲，是年作敘，並以「蓮飲」爲名。自乾隆三十五年上京應試，至四十五年歸歙，期間所爲時文百首，都爲一卷，用李昌谷「白藤交穿織書笈」之句，名其書爲《藤笈編》。《非能編》收錄自乾隆四十五年至六十年之時文，於六十年開雕，時七十一歲。

第二章　程瑤田考據學思想基礎

　　程瑤田考據學思想基礎有二：一是實證觀；二是變通觀。此二者決定其考據的態度和方法，成就了其求真求實的考據之學

第一節　實證觀

　　實證觀，表現為實事求是、無徵不信，這是清代考據學的基本思想。程瑤田治考據即以實證為指導思想：是則是，非則非，不苟同亦不苟異，此為實事求是；凡立一說，必有所本，反對臆斷和空論，強調言必有徵、孤證不立，此為無徵不信。

一、實事求是

　　實事求是，顏師古曰「務得事實，每求真是也」，一語道出實事求是的內涵。於事實中求真是，是清代乾嘉學者治學最鮮明的特點。錢大昕論戴震之學曰：「實事求是，不偏主一家」，此評價亦適用於程瑤田。程氏治考據實事求是，不立門戶，唯是是從，這主要表現在：

　　（一）不迷信漢唐注疏，不迷信前人成說。程氏治考據雖然往往從注疏入手，但又不局限於注疏，更不會囿於成說，而能夠在涵泳經文之中，獨立思考。程氏常言「說經不主故常，乃考訂之權衡」，「讀書之難，雖以康成經師，而毫釐之差，未始不謬以千里者也」，「治經不涵泳白文，而惟注之徇，雖漢之經師，一失其趣，即有毫釐千里之謬」。程氏寄阮元書亦嘗論及這一思想，程氏云：「漢經師之說經也，亦或有所見，偶別於原經指趣，頗不相入。

然苟持之有故，言之成理，自可成一家言。《易》之為書，不可典要，知者見知，仁者見仁，皆是物也。而後人或誤解漢人文義，則是注既失經趣，讀注者又違注義，疑誤後人，可勝言哉！」是知程氏治考據以求是為旨歸。

（二）客觀對待同時代學者之研究成果，於其是者則吸收借鑒，於其非者則直言不諱。程氏考據中每援時人之說，例如：

1、《周禮・考工記・輪人》：「望而眂其輪，欲其幎爾而下迆也；進而眂之，欲其微至也。無所取之，取諸圜也。」鄭注：「輪，謂牙也。幎，均致貌也。進，猶行也。微至，至地者少也，非有他也，圜使之然也。」程氏考「進」義，引江永之說云：

> 注以進為行，余則以為望，乍望之也。進，近察之也。江先生《周禮疑義舉要》亦以遠近言，引《鮑人》「望而眂之」、「進而握之」，乃確證也。至地者少，圜使之然，非指牙厚切地者言，牙厚有杅有侔，不皆微至也。（《考工創物小記・輪人為輪章句鉤貫》）

2、《說文》：「穤，稻紫莖不黏也。讀若靡。」程瑤田考「穤」，引王念孫說云：

> 高郵王懷祖念孫語余云：「《說文》：『穤，讀若靡。』『靡』為『黁』字之譌。穤，扶沸切。黁，房末切。故穤得讀若黁，以形相邇而譌為『靡』。」諒哉斯言也。余檢《廣韻》，二字同切，足以證之矣。（《九穀考・稻》）

3、程氏考輨、軝，引戴震說云：

> 據《說文》：「軝，車輨也。」「輨，轂端沓也。」輨有管束之義，沓有重疊之義，而設於轂端，又謂之鍊錔者，鍊錔聲同輨軝。而《廣雅》錧錔字亦從金，其為束轂端鐵無疑矣。吾友戴東原云「以鐵為管約轂外兩端」是也。（《考工創物小記・輪轂軝軹說》）

4、程氏考稷，認為稷為賤者所常食，引金榜之說以證，其文曰：

> 《良耜》之詩，箋云：「豐年之時，雖賤者猶食黍。」疏云：「賤者食稷耳。」金輔之榜云：「《大戴禮》：『無祿者稷饋，稷饋者無尸。』注云：『庶人無常牲，故以稷為主，無牲宜饋黍，黍者，食之主也。』不饋黍而饋稷，正賤者食稷之一證。」（《九穀考・稷》）

當然，時人之說若明顯有誤，程氏會毫不客氣地批評；若觀點不同，難

下定論，則闕疑以俟考。例如：

1、考論磬折古義，程氏明確指出戴震之誤：

> 昔吾友戴東原之解鄭注，說小異。其言曰：「設鼓內九寸爲句，取方九寸爲股，求得弦尺二寸七分有奇。一矩有半爲尺三寸半，大於所求之弦，張句股就之。」案此所謂一矩有半者，以弦之長言之。夫弦之長，安得謂之一矩有半？未諦也。（《磬折古義·磬折說》）

2、程氏論溝洫制度，嚴正指出時人言溝洫之謬：

> 至近世某甲之爲澮也，九澮縱橫於同中，四面環川於同外，井以溝加一夫而爲十，成以澮加百夫而爲千，是皆冒黃文叔之說也。溝長一井，成包九洫，則冒鄭漁仲之說也。其所冒者，先已不能自全其說，則冒之者可知矣。某乙之爲澮也，主乎九澮在一同中，謂之同間。而洫間於兩成，溝間於兩井，不用同間之例，豈得謂之能自全其說乎？既有東川，又有南川，川有二法，又豈得謂之能自全其說乎？（《溝洫疆理小記·通論諸家溝洫繆說之由》）

3、程氏考轍廣，參考江永之說，但又存在疑問，於是存而不論：

> 江先生《群經補義》說「中庸」一條云：「車同軌，謂車之制度同，則軌廣八尺亦同耳，非謂軌之廣狹有不同，則車杌杌不能行也。兵車乘車之輪六尺六寸，軌固是廣八尺；若田車之輪六尺三寸，則軌必狹矣；人所牽輓之輂輦，則軌又必狹矣。同塗往來，縱橫邪出，皆可行，非謂車必同軌而後可行也。若使皆行軌中，則轍深泥高，反軋杌難行矣。」先生此論，先得我心。蓋曾居北方，久之見得如此。然余居北方，或有言某處車不能到京，爲不合轍也。然則不合轍亦不能行，先生所言縱橫邪出皆可行者，郊野之地則然，若至城郭都聚，必合轍乃可行也。然則今日之車，亦隨地自爲軌轍，古人造車合轍之語，亦言其方常所往往來之地，雖千有餘里，無不相合也。然以此推之，安知古人爲數等車，不當有數等轍法乎？古今異宜，無所依據，闕疑可也。（《考工創物小記·轍廣八尺六尺闕疑說》）

（三）勇於承認己誤，不覆己過。例如程氏考定戟之形制，初以未見古戟，僅據《考工記》文擬而圖之。後來見古戟之實物，推翻以前的觀點，云：「戟圖余所擬者，大誤；仍之不刪者，欲令治經者知考覈之難也。」於是撰

文正己昔日之誤。〔註1〕又如程氏常辨認古器銘文，偶有誤讀，若發現錯誤必定改正。嘉慶三年，宋葆淳出示尹將戈拓本，其文本作「尹將用旅金作寶用」，程氏誤讀「寶」爲「吉」。至嘉慶七年，程氏在阮元處見宋拓本《鐘鼎款識》，認知銘文「寶」字，發現以往之誤，遂改正，並撰文以說明。〔註2〕又如程氏論宗法之世次，指出世次要下數，不能上數，即始祖爲一世祖，依次往下爲二世祖、三世祖等，不可倒數。然而他的這一觀點也是經歷了由非到是的一個變化，程氏云：「吾昔嘗不然之，謂可上數之，亦可下數之。乃由今以觀，則固不可以上數之矣。」〔註3〕

以上爲程氏實事求是思想之明證。

二、無徵不信

顧頡剛論清代漢學云：「清朝的學者所以勝過前人，全在徵實這一點。」〔註4〕徵實，即無徵不信，每論一事必舉證，尤不能以孤證自足，必取之甚博，而後乃可著於篇。程瑤田治考據強調「拒彼遊談，不憑孤證」，即言必有徵，孤證不立。比如他運用因聲求義的方法，不專憑一聲之轉，而是要求有確切的證據。以考灅水爲例，其文曰：

> 《畿輔通志》引《薊州志》云：「淋河源出遵化州，合湯河、清水河，流至淋河莊入境，東南流至夏官屯，合沽河。此河本名黎河，因『淋』、『黎』二字聲相似，今遂爲淋河。」蓋以薊之淋河，爲即遵化之黎河也。是說吾未敢遽信之。案：黎河至薊州，淋河水乃自口外北來入之，淋自有其主名也。「黎」、「淋」雖一聲之轉，未有確據，安得憑臆見合而一之耶？（《水地小記·灅水考》）

因此程氏提出：「音語相轉，是考字要義。然必旁舉數事，證之使確，乃可定其說。不然，何字無音，何音無轉，舉可比而同之也哉？」程氏此論可謂卓見。清代訓詁最大的成績是因聲求義，而最大的弊端亦是由因聲求義而

〔註1〕 程瑤田《考工創物小記·冶氏爲戈戟考》，《程瑤田全集》第二冊，黃山書社，2008年，第65頁。

〔註2〕 程瑤田《考工創物小記·續錄戈戟圖考》，《程瑤田全集》第二冊，黃山書社，2008年，第135頁。

〔註3〕 程瑤田《宗法小記·世次順數說》，《程瑤田全集》第一冊，黃山書社，2008年，第158頁。

〔註4〕 顧頡剛《清代漢學家治學精神與方法》，載汪學群編《清代學問的門徑》，中華書局，2009年，第341頁。

起，即濫用音轉。程瑤田敏銳地指出這一問題，並提出了解決的辦法，由此可見程氏言必有徵的治學思想。又如考蜀黍，《穀譜》一書記載「蜀黍」曰：「蜀黍，一名高粱，一名蜀秫，一名蘆粟，一名木稷，一名荻粱。以種來自蜀，形類黍稷，故有諸名。」程氏考證云：

> 余每遇蜀人輒叩之，則云：彼土最宜稻、高粱，惟高岡種之。專用以造酒，謂其味潲，民俗不食。夫苟爲彼地之種，其民安得不食？今乃苦其味潲，而不以作飯，而直隸、山東、山西、河南、陝西爲種之。來自彼地者，反爲賤者之常食，此事之必不然者也。且「種來自蜀」之說，考之傳記，未有確證，知其爲臆說，不足憑矣。
>
> （《九穀考・稷》）

程氏不盲目信從書本記載，不迷信成說，而是強調要有確證。此爲實事求是，此爲言必有徵。此外，程氏治學始終堅持孤證不立的原則，他認爲：「孤證固疑，不可爲典要。」例如，程氏考證《周禮・考工記》「㡛氏」一篇中「間」字的含義，首先徵於《周禮》本書，然後徵於《儀禮》。爲何又徵於《儀禮》？程氏解釋云：「凡《儀禮》見『間』字五十有三，皆足以徵余之說。以《儀禮》徵《周禮》，於義爲近，以數十事徵數事，於證非孤矣。」〔註5〕是不以孤證立論也。

程瑤田治考據最重實證，多方尋求證據，以證成其說。語必博證，證必多例。在程氏看來，以下幾種爲可徵之據：

徵之本經。程氏云：「涵泳其文，厥義自見。」〔註6〕又云：「群經之完善者既無脫簡，非有爛文，雖復大音聲希，豈類艱言文淺？綴學之士，慧辯填胸，主其先入，以莠亂苗，過矣。斯文未墜，古義難湮，卒亦安能忍而與之終古哉！」〔註7〕曾撰《儀禮喪服文足徵記》一篇，程氏解其命名之義曰：「余以『足徵』名此編，亦徵之於其本文而無不足也。」〔註8〕又如考定《禹貢》三江，曰：「將經文字咀句嚼而讀之，義自見矣。」〔註9〕「今欲考定三江，

〔註5〕　程瑤田《溝洫疆理小記・說間》，《程瑤田全集》第二冊，黃山書社，2008年，第389頁。

〔註6〕　程瑤田《考工創物小記・輪人造轂義述》，《程瑤田全集》第二冊，黃山書社，2008年，第6頁。

〔註7〕　程瑤田《磬折古義》，《程瑤田全集》第二冊，黃山書社，2008年，第287頁。

〔註8〕　程瑤田《儀禮喪服文足徵記・喪服經傳考定原本下》，《程瑤田全集》第一冊，黃山書社，2008年，第230頁。

〔註9〕　程瑤田《禹貢三江考・論導江篇東迆北北字即指謂漢水之義》，《程瑤田全集》

要當取經文讀之。」〔註10〕

　　徵之群經雅記。程氏云:「採之遺經雅記,因而比事屬辭,拒彼遊談,不憑孤證,言之不足,且長言之。」〔註11〕又云:「凡此皆徵之群經雅記,而斷『牝』、『牡』二字後人轉寫易於互譌也。」〔註12〕

　　徵之故老相傳之語。程氏云:「凡吾平日之所讀書以尚論古人者,一旦履其地焉,訪諸故老之所傳聞,可以證經,可以考史,可以訂諸子百家纂述之得失。嚮之疑者於是乎析,惑者於是乎解,皆將有以紀之焉。」〔註13〕又云:「夫簡策之陳言,固有存人口中之所亡者也;而其在人口中者,雖經數千百年,有非兵燹所能劫,易姓改物所能變。則其能存簡策中之所亡者,亦固不少。」〔註14〕其考七里香云:「惟七里香之名,沈括以爲芸草,謂葉類豌豆,不謂木也。而時珍襲之以爲山礬之木,不知今之農民,猶呼芸草爲七里香。夫固亙古沿今,世易而名不亡,所謂『禮失求諸野』者也。」〔註15〕又如考藜,程氏云:「然則細葉之藜,以余所見蓋三種,其不同若是,乃知博物之難,未可以輕心掉之。語云:『耕當問奴,織當問婢。』何地何人,非余之師資也哉?」〔註16〕

　　徵之目驗。程氏云:「陳言相因,不如目驗。」〔註17〕例如考芸之花色,程氏曰:「宋明以來著錄者多,但曰白花,此非目驗不能知也。」〔註18〕

　　　　　第二冊,黃山書社,2008年,第425頁。
〔註10〕程瑤田《禹貢三江考·禹貢三江依經説義篇》,《程瑤田全集》第二冊,黃山書社,2008年,第404頁。
〔註11〕程瑤田《磬折古義·磬折説》,《程瑤田全集》第二冊,黃山書社,2008年,第316頁。
〔註12〕程瑤田《釋蟲小記·改正〈爾雅〉翰毅牝牡轉寫互譌記》,《程瑤田全集》第三冊,黃山書社,2008年,第298頁。
〔註13〕程瑤田《讀書求解·周耕厓冬集紀程書後》,《程瑤田全集》第三冊,黃山書社,2008年,第196頁。
〔註14〕程瑤田《釋蟲小記·螟蛉蜾蠃異聞記》,《程瑤田全集》第三冊,黃山書社,2008年,第281頁。
〔註15〕程瑤田《釋草小記·釋芸續考》,《程瑤田全集》第三冊,黃山書社,2008年,第163頁。
〔註16〕程瑤田《釋草小記·釋藜二》,《程瑤田全集》第三冊,黃山書社,2008年,第112頁。
〔註17〕程瑤田《釋蟲小記·螟蛉蜾蠃異聞記》,《程瑤田全集》第三冊,黃山書社,2008年,第280頁。
〔註18〕程瑤田《釋草小記·蒔苜蓿紀譌兼圖草木樨》,《程瑤田全集》第三冊,黃山書社,2008年,第154頁。

第二節　變通觀

《周易》有言曰：「窮則變，變則通，通則久。」程瑤田以此爲治學的指導思想，在他的考據文章中隨處可見其靈活變通的思想痕跡。正是由於有這種變通的思想，因此程氏常言「不可爲典要，惟變所適」，即任何事情沒有一個固定不變的標準，要依據不同情況作不同處理。可以說這是程氏治考據一以行之的宗旨。

程氏治《儀禮》，多次強調禮窮則變，變則通，乃制禮之精義。程氏具有科學的歷史發展觀，他認識到時代不同，禮樂亦不同，因此要「惟變所適」。程氏云：

> 嗚呼！五帝不相沿樂，三王不相襲禮，殊時異世，豈必雷同。夫子繫《易》不云乎：「不可爲典要，惟變所適。」惟禮亦然。夫子去周公五百有餘歲，而論爲邦則曰行夏時，乘殷輅，服周冕，樂則《韶舞》，曷嘗貴沿襲哉？故今之禮，必有非古人所能限者。然則「以三爲五，以五爲九」，豈非周公制喪服上殺、下殺、旁殺之權衡哉？而至於高祖、玄孫，則有萬不能制服之勢。周公非自亂其例也，曰時，曰稱，曰宜。禮之善物，窮則變，變則通，上觀千古，下觀千古，其道一而已矣。（《儀禮喪服文足徵記·喪服不制高祖玄孫服述》）

在這種變通觀的指導下，程氏治禮學創獲良多，多發前人所未發。例如考論喪服，《儀禮·喪服》一篇專言喪服制度，上至祖禰，下至子孫，旁及昆弟，俱列其服制。然而經文中亦有空之不見其服者，有人據此認爲《喪服》有逸文，程氏不以爲然。他指出此乃禮窮則變之義：

> 夫從祖昆弟之子緦麻，則從父昆弟之子當小功，而從父昆弟之孫殺之當緦麻，經乃空之不見其服；從父昆弟之子小功，則昆弟之孫亦小功，而昆弟之曾孫殺之亦當緦麻，經亦空之不見其服。所以然者，以曾孫止於緦麻，而旁殺之，不能更服昆弟之曾孫緦麻，又殺之，亦不能服從父昆弟之孫緦麻矣。禮窮則變。空之者，所以通其窮也。（《儀禮喪服文足徵記·喪服無逸文述》）

又如《儀禮·喪服》「緦麻」章：「緦麻三月者。傳曰：緦者，十五升抽其半有事其縷無事其布曰緦。」程氏論緦服之製作，認爲是禮窮而通。云：

十五升抽其半，不得名之曰七升半也，蓋七升半之縷，粗於八升。此總之縷，其細直同十五升，但去其半，不同其密而疏耳。所以然者，治其縷細如絲，不得不同於十五升，而十五升則朝服升數，故必抽其半，則縷同而升數不同。此窮則變，變則通之義也。（《儀禮喪服文足徵記‧喪服經傳考定原本下》）

程氏考車制，亦可見其靈活變通的思想。其論輪緥之數，則云：「大凡製器，尺寸贏縮，其差數，輒三分之而或取其大，或取其少，其通率也，亦不必爲典要也。」論軓、轄、軑三物之名義，則云：

軹非即轄，亦非即轄頭軓，蓋貫轄空而繫之，別一物也。僕立馬前監駕，而曰「已駕」，是已設轄矣，乃復展軹者，蓋視其繫之軑，驗其固否也。因軑與軹同貫於轄，故曰展軹……蓋展軹即展轄，其實乃展軑也。晏子曰：「終年爲車，無一尺之軹，則不可以馳。」又即以軑爲軹也。數名聚於一所，而相爲用，可互借而名之。古人惟變所適類如此，強生分別，後人之固也。（《考工創物小記‧觀古銅轄求知轂空外端軸末圍徑記》）

程氏考植物亦如此，其論「秀」義，云：

《太傅禮‧少閒》篇云：「苟本正，則華英必得其節以秀孚矣。」《內經‧四氣調神大論》云：「使華英成秀。」據《爾雅》：「榮而不實謂之英，不榮而實謂之秀。」英、秀二字義固殊矣。然當春時萬物以榮，則雖不榮而實者，其未成秀之先，生意勃發之始，亦得謂之華英。此《太傅禮》、《內經》之文所以於物之秀者並以華英言之。余以謂物類稱名有不可爲典要者，往往而是，然皆物理自然之大致，古人因其勢而任之，無所更易於其間，而變通之義於是乎在。（《解字小記‧秀柔孚三字義說》）

程瑤田論果贏轉語，其弟子洪印綬作題識，就程氏言聲韻之方法作一總結，從中亦可見程氏變通觀念。洪氏云：

夫雙聲疊韻之字，遽數之不能終其物。而就「果贏」二字能轉之者，亦遽數之不能終其物也。先生是編之言聲韻也，謂聲不能無古今之流變，韻不能無東西南北之懸殊，大致不可典要，惟變所適而已。故曰雙聲不可以聲拘，疊韻不得以韻限。蓋方言之不齊，天

下之人之口不可以相齊也；亦剛柔強弱，自然而然，莫之致而至者。
即一人之聲音，復有輕重疾徐、長言促節之不可以自齊也，而況於
天下之大，上下千百年之遠者乎！（《解字小記・題識》）

第三章　程瑤田《通藝錄》考據內容

　　程瑤田《通藝錄》考據內容十分豐富。概括起來，主要包括以下幾個方面：一、考證制度；二、考證地理；三、考證名物；四、考證詞語；五、分析句讀；六、校勘文本。分述如下：

第一節　考證制度

　　程瑤田所考制度主要涉及三個方面：宗法制度、喪服制度和溝洫制度，分別見於《宗法小記》、《儀禮喪服文足徵記》和《溝洫疆理小記》三篇文章中。《宗法小記》據《禮記》考證宗法制度，《儀禮喪服文足徵記》據《儀禮》考證喪服制度，《溝洫疆理小記》據《周禮》考證溝洫制度。

一、宗法制度

　　程瑤田《宗法小記》專論宗法制度，其考證內容主要包括：考天子諸侯有無宗法，論說庶子不祭之制，解「庶子不爲長子三年」之義等。

　　例如，關於天子諸侯有無宗法的問題，從古至今一直存在爭論。這一爭論實際上源於毛亨、鄭玄對《詩》的不同注釋。《詩·大雅·公劉》：「食之飲之，君之宗之。」毛傳：「爲之君，爲之大宗也。」鄭箋：「宗，尊也。公劉雖去邰國來遷，群臣從而君之尊之，猶在邰也。」《詩·大雅·板》：「價人維藩，大師維垣，大邦維屏，大宗維翰。」毛傳：「王者，天下之大宗。」鄭箋：「大宗，王之同姓之適子也。」依毛傳，可以說天子諸侯有宗法，天子爲天下之大宗。依鄭箋，可以說天子諸侯無宗法。孔穎達疏以鄭箋爲長，

孔氏引孫毓云：「又國君不統宗，故有大宗小宗。安得爲之君，復爲之大宗乎？箋說爲長。」清代學者如萬斯大、毛奇齡也宗主鄭說。當然也有學者如陳立持相反的意見，認爲宗法通於天子諸侯。

記載周代宗法的經典是《禮記》，其《大傳》中有一段話專釋大小宗之法：「君有合族之道，族人不得以其戚戚君，位也……別子爲祖，繼別爲宗，繼禰者爲小宗。有百世不遷之宗，有五世則遷之宗。百世不遷者，別子之後也；宗其繼別子者，百世不遷者也。宗其繼高祖者，五世則遷者也。尊祖故敬宗。敬宗，尊祖之義也。」程瑤田宗主鄭說，他就這一問題作了專門考證，其依據就是《大傳》經文。程氏疏釋經文曰：

> 宗之道，兄道也。大夫士之家，以兄統弟而以弟事兄之道也。「別子爲祖」，祖，始也，爲後世子孫之所共尊之，以爲吾家始於是人也。「繼別爲宗」，宗，主也。繼別者，一人而爲群弟之所主者也。由是繼別者，與其群弟皆各爲其子之禰，而其子則各有一人爲適，繼其禰以各爲其庶弟之所宗，是之謂小宗。而諸繼禰之宗，其爲繼別之子所自出者，猶是繼別之宗也。眾小宗各率其弟而宗之，世世皆然。蓋繼別爲宗，百世不遷之宗也。若夫諸侯小宗者，自後世而溯之，則同父之適兄曰繼禰之宗，同祖之適兄曰繼祖之宗，同曾祖之適兄曰繼曾祖之宗，同高祖之適兄曰繼高祖之宗。我之高祖，吾父之曾祖；則吾父之高祖，於我爲姓別於上，而於是戚單于下矣。戚單于下，斯不同其小宗，所謂「五世則遷」之宗也。而彼繼別者爲收族之大宗，則一族之人所同於別子之適兄也。尊祖故敬宗；宗之者，兄之也。故曰「宗之道，兄道也」。若吾既君之矣，則不敢兄之。故君有合族之道，雖天子有宗廟之禮，以序昭穆。是故繫姓綴食，百世不通其昏姻。而族人則不敢以其戚戚君，雖諸侯之昆弟皆以君道事之，而不得以之爲兄而宗之也……諸侯之子稱公子，公子不得禰先君，先君不得禰之，於今君安得兄之？此宗法之通其窮者也，此自卑而別於尊之義也，此別子之名所由起也。（《宗法小記·宗法表》）

案：程瑤田通過疏釋《禮記·大傳》經文提出「宗之道，兄道也」，反駁了天子諸侯有宗法的觀點。程氏又著《宗法表》，以明大小宗之法。以爲《書》言「中宗」、「高宗」，《詩》言「君之宗之」，皆與宗法無與。指出「蓋宗

之言尊也，凡有所尊，皆可曰宗」，不可一概以宗法例之。其說甚是。關於這一問題，金景芳已有詳細論述。〔註1〕他贊同程氏對「宗」字意義的概括，即「宗之言尊也，凡有所尊，皆可曰宗」，指出不要一看到宗字，便以為是宗法的宗。

二、喪服制度

程瑤田《儀禮喪服文足徵記》專考喪服制度，其考證內容主要包括：考高祖玄孫是否有服，考兄弟服，論說《喪服》經傳無失誤，考不見其人不為制服，辨《禮記・雜記》「大功之末」指向，釋《禮記・雜記》「之末」義，論「弁、絰葛而葬」通言於上下，考「庶子不為長子三年」之「庶子」所指，考妾服，述夫之昆弟無服，考殤服等。例如，論不見其人不為制服：

《喪服》未記高祖、玄孫之服，程瑤田指出高祖、玄孫本來無服，並考證了不為此二者制服之原因。程氏云：

> 應制服而不制，以喪服年月之限限之也。喪服之限：三年也，期年也，九月也，五月也，三月也。皆稱其情之悲哀而立其文以飾之也。今制齊衰三月之服以服曾祖，則曾祖居服窮之限矣。曾祖居服限之窮，高祖遂出服限之外，此經所以不制高祖服也……若夫玄孫得備禮於高祖，高祖之年百有四十歲矣，而謂得見之乎？不見其人，不為制服，此《喪服》之精義也。今即以曾祖為曾孫緦麻言之，曾孫成人乃為服緦，曾祖已在百有十歲外矣。老者之執親喪也，七十惟衰麻在身，飲酒食肉處於內，則曾祖之為曾孫服緦亦存其名已耳。「百年曰期頤」……頤養之恐未能盡，而奚暇以曾孫之緦服繩之乎？至於萬不可見之玄孫而必為之制高祖之服，不亦僇乎？況不見其人，不為制服。
>
> 是例也，吾於《喪服》經文中得一確證焉。姑、姊妹適人者大功，其在室期，男女同也。父之姑在《緦麻》章，不見「適人者」三字，或曰此必在室服也。夫在室男女同，豈於父之姑而有異乎？此人無在室服，但有適人服，故不必著「適人者」字也。夫父之姑何以遂無在室服也？女二十而嫁，男三十有室。兄妹年相差或十年以長，其又長至二十年止矣。比其嫁也，得見昆弟之子十歲者有之，

〔註1〕金景芳《論宗法制度》，《東北人民大學人文科學學報》，1956年，第2期。

安所更得見昆弟之孫哉？故父之姑得見昆弟之孫者必在適人之後，言告歸寧之日。是故姑、姊妹、女子子、女孫并見殤服，從在室正服降一等也。父之姑不見殤服，亦可決其無在室服也。《喪服》不見「適人者」字，要見在室無服，明此經不見其人不爲制服之例也。（《儀禮喪服文足徵記・喪服不制高祖玄孫服述》）

案：程瑤田認爲高祖玄孫無服，原因在於——不見其人，不爲制服。他指出這是《喪服》制服的一個原則，也是其精義所在。程氏別舉「父之姑」例以證之。程說是也。

又如，論「弁、絰葛而葬」通言於上下：

《禮記・檀弓》：「弁、絰葛而葬，與神交之道也，有敬心焉。」此句講舉行葬禮時要戴素弁，並紮上葛作成的絰，這是與神明相交的禮節，表示對神的敬心。因爲居喪時戴喪冠、紮麻絰，穿衰裳，這是純凶服。葬時不可穿純凶之服，要變服。鄭注、孔疏皆認爲，祇有天子、諸侯纔有變服而葬，大夫以下葬不變服。至於原因，孔疏言是「敬心未生」。陸佃認爲卿大夫以下有變服而葬之禮。陸氏曰：「弁、絰葛而葬，卿大夫以下禮。知然者，以下『周人弁而葬，殷人哻而葬』知之也。」程瑤田贊同陸氏之說，又證之曰：

《王制》：「夏后氏收而祭」，「殷人哻而祭」，「周人弁而祭。」《檀弓》：「周人弁而葬，殷人哻而葬。」蓋葬與祭同服。或疑《王制》言祭服，下繼之以養老，又曰「凡三王養老」，則某氏某人，似指三王言，不得下通。然《士冠禮》之陳服也曰爵弁服，皮弁服，緇布冠。其《記》又曰：「委貌，周道也。章甫，殷道也。毋追，夏后氏之道也。周弁，殷哻，夏收，三王共皮弁素積。」於士禮之言皮弁也，而曰「三王」，則所謂某氏某人者統辭也。《檀弓》曰「夏后氏殯於東階上」，「殷人殯於兩楹間」，「周人殯於西階上」，又曰某也「殷人也」，是統辭之明徵矣。

《喪大記》曰大夫、士「既卒哭，弁絰帶，金革之事無闢也」。注云：「變喪服而弔服者，輕可以即事也。」據此，則弁絰，在《司服》雖見君爲臣服弔服，在《弁師》雖見王之弁絰，諸侯之弁絰，然亦兼見孤、卿、大夫之弁絰。然則弁絰本弔服，而君爲臣之服，即以弔服服之，大夫、士既卒哭而從金革，亦即可服弔服以即事，是弁絰通於大夫、士。（《儀禮喪服文足徵記・葬服考》）

案：程氏考證兼顧語言使用事實及文獻記載史實，其說在理可信。

三、溝洫制度

　　程瑤田《溝洫疆理小記》專考溝洫制度，其考證內容主要包括：疏解《遂人》、《匠人》溝洫形制異同，辨鄭注「九澮而川周其外」之誤，辨南畝東畝溝洫縱橫，考《稻人》溝澮之制，考畎澮異同，論鄭漁仲言遂人匠人溝洫之謬等。

　　例如，疏解《周禮》之《遂人》、《匠人》二篇溝洫形制異同。此二篇言溝洫皆有遂、溝、洫、澮、川五名，然名雖一，而含義不同。《遂人》曰：「凡治野，夫間有遂，遂上有徑；十夫有溝，溝上有畛；百夫有洫，洫上有塗；千夫有澮，澮上有道；萬夫有川，川上有路，以達於畿。」《匠人》云：「匠人為溝洫，耜廣五寸，二耜為耦。一耦之伐，廣尺深尺，謂之畎。田首倍之，廣二尺深二尺，謂之遂。九夫為井，井間廣四尺深四尺，謂之溝。方十里為成，成間廣八尺深八尺，謂之洫。方百里為同，同間廣二尋深二仞謂之澮。專達於川，各載其名。凡天下之地勢，兩山之間必有川焉，大川之上必有塗焉。」程瑤田疏解曰：

> 《遂人》職云：「凡治野，夫間有遂……」鄭氏注：「以南畝圖之，則遂縱溝橫，洫縱澮橫，九澮而川周其外焉。」案：畝，長畝也。一夫之田，析之百畎，以為百畝。南畝者，自北視之，其畝橫陳於南也。南畝故畎橫，畎流於遂，故遂縱。遂在兩夫之間，故謂之夫間。夫間，東西之間也。其南北之間則溝橫連十夫，故曰十夫有溝……溝經十夫，流入於洫，洫之長如溝，縱承十溝，十溝之水皆入焉，故曰百夫有洫也。洫之水入澮，澮長十倍於洫，而橫承十洫之分佈千夫中者，故曰千夫有澮也。澮十之橫貫萬夫之中，十澮之水併入於川，故曰萬夫有川，澮橫川自縱也……

> 「匠人為溝洫……」案：畎在一夫百畝中，物其土宜而為之，南畝畎橫，順其畝之首尾，以行水入於遂，故遂在田首。井田，夫三為屋，三夫田首同枕一遂，遂在屋間，非夫間也。謂之屋者，三夫相連綿如屋然，但疆之以別夫而已，不若《遂人》夫為一遂以受畎水，此所以別夫間而言田首也。而鄭氏猶以「遂者，夫間小溝」釋之。遂非不在夫間而記變其文者，蓋自有義不宜襲用《遂人》之

文矣。遂流井外，溝橫承之。井中無溝，溝當兩井之間，故以井間命之……溝十之，含百井，爲一成。十溝之水，咸入於洫，洫縱當兩成之間，故曰「成間有洫」也……洫十之，含萬井，爲一同。十洫之水，咸入於澮，澮橫當兩同之間，故曰「同間有澮」也。澮達於川，川在山間，命之曰兩山之間，以例澮在同間，洫在成間，溝在井間，其事相同，厥名斯稱矣……形體之端緒不同，標錄自爾殊致矣……

又案：《遂人》、《匠人》兩篇文義，皆互相足者也。夫間有遂，見遂在兩夫之間，兼辭也。十夫有溝，百夫有洫，千夫有澮，萬夫有川，但就小水入大水言之，偏辭也。若以偏辭言遂，則曰一夫有遂矣。以兼辭言溝、洫、澮、川，則必曰二十夫之間、二百夫之間、二千夫之間、二萬夫之間矣。田首謂之遂，偏辭也。井間謂之溝，成間謂之洫，同間謂之澮，兼辭也。其以兼辭言遂，則曰屋間謂之遂矣。以偏辭言溝、洫、澮，則遂在田首，溝在井首，洫在成首，澮在同首。當云：井首謂之溝，成首謂之洫，同首謂之澮矣。惟澮所專達之川，則必曰兩山之間，難舉偏辭，故溯洄相從，澮、洫、溝亦皆以間言之。此古人造言之法，出於自然，治古文者，可求而得之者也。（《溝洫疆理小記·遂人匠人溝洫異同考》）

案：《周禮·地官·遂人》和《考工記·匠人》都記載了溝洫之制，但所記形制不同。賈公彥把《遂人》所述稱爲溝洫法，《匠人》所述稱爲井田法。程瑤田疏解經文，辨明二者溝洫形制之異，且爲圖以明之，又指出兩篇文義互足之處。程說精當，孫詒讓疏《周禮》多引之。程氏所繪圖如下：

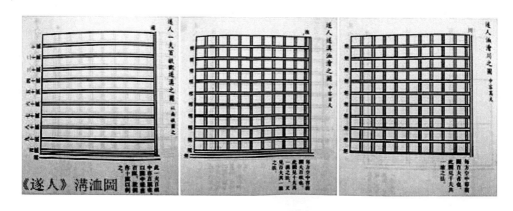

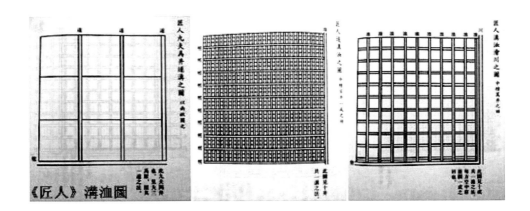

《匠人》溝洫圖

第二節 考證地理

程瑤田之考證亦涉地理，主要考求水名和地名，見於《水地小記》和《禹貢三江考》兩篇文章中。程氏地理考證的內容包括：考灅水名義，考庚水，考石門，考《禹貢》三江等。例如，考灅水名義：

關於灅水，《水經注》卷十四鮑丘水中有載，其文曰：「庚水又西南流，灅水注之。水出右北平俊靡縣，王莽之俊麻也。東南流，世謂之車軬水。又東南流，與溫泉水合。水出北山溫溪，即溫源也……其水南流百步，便伏流入於地下，水盛則通注灅水。又東南逕石門峽，山高嶄絕，壁立洞開，俗謂之石門口……灅水又東南流，謂之北黃水，又屈而為南黃水。又西南逕無終山……藍水注之，水出北山，東流屈而南，逕無終縣故城東……其水又南入灅水，灅水又西南入於庚水。」《水經注》言灅水甚簡略，程瑤田詳考之，云：

灅水自遵化州西北四十五里鯰魚石關外入口，行十許里，俗謂之魏家河，《水經注》所謂「水出右北平俊靡縣，東南流，世謂之車軬水」是也。折而東，匯為龍潭。水伏流十二里，至韓各莊水復見，里諺所謂「魏入韓出」者也。伏流乾河，俗呼大湯河，以其當溫泉之南。北有溫泉……來注之……蓋見伏無常，夏秋瀰漫，乃入灅水，《水經注》所謂「溫泉南流百步，便伏地下，水盛則注灅水」是也。

灅水又東迤南十五里，曰水門口，《水經注》所謂「又東南逕石門峽，俗謂之石門口」是也。灅水至石門口，又過石門而東之，

不遠屈而南也，有水從北來注之……灅水過石門，迤其東崖之北
麓。下有僧僚，架崖而立，曰黎峪庵，今《州志》所謂「黎峪晴雲」
者是也……灅水折而南，出石門峽。峽之兩崖，相望數十丈，高皆
數百仞，競奇獻詭，不可名狀。《水經注》言「山高塹絕，壁立洞
開」。

　　灅水出峽，折而西，經石門西崖之南麓，行十餘里，曰平安
城……灅水逕其南，又折而南，可五六里，有水自東來入之。其水
俗稱黎河，又謂之果河。詢之土人，云源出三屯營，營距此約百里。
案：黎之名，以黎峪證之，為「灅」之方音無疑也。今灅水所經，
其民皆各私之以其地，如魏家河、大湯河者。水之本名「灅」、方
音「黎」者，蓋亡之矣。而《水經注》言「灅水逕石門峽，謂之北
黃水，又屈而南，為南黃水」，是在酈元時已不稱灅水。而灅水之
名方音「黎」者，獨其下流存之，以首受果河於是，果河之注於黎
也，久之遂奪黎水之名矣。（《水地小記·灅水考》）

案：程瑤田據《水經注》詳考灅水之源流脈絡，記其別名俗稱，明名稱之變
　　化。並附《灅水圖》標明山水古今之名（見下），形象直觀，極具參考價
　　值。

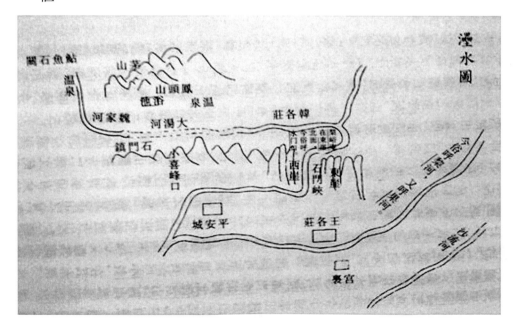

第三節　考證名物

　　程瑤田《通藝錄》考據內容以名物考證爲最多。程氏名物考證涉及的領域非常廣泛，包括兵器、禮器、車制、樂器、農作物、植物、動物、宮室等各個方面。其名物考證的文章主要見於《考工創物小記》、《九穀考》、《釋草小記》、《釋蟲小記》、《釋宮小記》諸篇。《考工創物小記》專考《周禮・冬官》所載名物，其他四篇多增補或糾正《說文》、《爾雅》名物之說。

一、考兵器

　　程瑤田考證的兵器主要有：戈、戟、劍、矢、矛等。例如考劍：

　　古劍之形制載於《考工記・桃氏》，其文曰：「桃氏爲劍。臘廣二寸有半寸，兩從半之。以其臘廣爲之莖圍，長倍之。中其莖，設其後。參分其臘廣，去一以爲首廣，而圍之。」關於古劍各部分名稱——臘、從、莖、後，鄭玄作注一一釋之。臘，鄭云：「臘謂兩刃。」從、莖，鄭玄引鄭司農之說：「（從）謂劍脊兩面殺趨鍔。」「莖謂劍夾，人所握，鐔以上也。」又補充曰：「玄謂莖在夾中者，莖長五寸。」另於「中其莖，設其後」一句，鄭玄釋云：「玄謂從中以郤稍大之也。後大則於把易制。」程瑤田亦考古劍之名實，其說與鄭氏稍異。程氏云：

　　　　「桃氏爲劍，臘廣二寸有半寸。」臘者何？臘之言鬣也，前承劍身而後接於莖，豐中而漸殺焉，以橫趨於兩旁如髮鬣鬣然，故謂之臘。《釋文》臘「一音獵」是也。橫者臘之，廣則中豐者，其從也。劍身間之，故有兩從。從半於廣，故廣二寸有半寸，從則一寸有四分寸之一矣。莖者何？人所握者也。莖之言頸也，在首下，鬣被於其前，望形立名，惟其似也。以臘廣爲之圍，則參分臘廣之一，其莖圍之徑也。「中其莖」者何？當莖長之中也。「設其後」者何？後之言緱也，以繩纏之謂之緱。緱之言喉也，當莖之中設之以之容指，而因以名其所纏之繩。《史記》馮驩有一劍，又蒯緱，說者謂劍把以蒯繩纏之。劍把者，莖也。莖必纏以緱，故知中其莖而設之者在是也。首者何？戴於莖者也。首也者，劍鼻也。劍鼻謂之鐔，鐔謂之珥，又謂之鐶，一謂之劍口。有孔曰口，視其旁如耳然，曰珥，面之曰鼻，對末言之曰首。是故《曲禮》曰「進劍者左首」，

疏云：「首，劍拊鐶也。」而武叔之圍人示公若劍，偏固而授之末，蓋欲盡殺之，故偏爲不知禮而不進首也。（《考工創物小記‧桃氏爲劍考》）

案：程瑤田所考名稱有五，分別是：臘、從、莖、後、首。其中言「莖」之義甚爲精當，「莖之言頸也」。於「從」字，程氏著重釋其得名之義，可補先鄭之說。而釋「臘」則非。程氏認爲臘「前承劍身而後接劍莖」，其實這個部位有專名叫「劍格」，非「臘」也。孫詒讓解「臘」之義云：「臘廣者，中爲一脊，左右兩從，合爲一面，謂之臘。」孫說是也。鄭玄注「臘」爲兩刃，亦未當。又，程氏釋「首」爲「戴於莖者也」，亦是也。但又云「首」之別名有「劍鼻、鐔、珥、鐶、劍口」等，則將諸名混爲一矣。商承祚云：「首之別名僅曰鐶而已矣，爲其形圓也。」〔註2〕至於「鐔」字之義，歷來頗多異解。孫機有專文考論之，認爲「鐔」即爲劍格，指劍身和劍莖連接處。同時還論證了「鐔、劍珥、劍鼻」三者之關係：鐔又謂劍珥。劍鼻則是別一物，與璏同。〔註3〕關於「後」的解釋，程氏認爲「後」即「緱」，指纏繞在莖上的絲繩。此說亦不妥，孫詒讓指出：「設後之處，雖即纏緱之處，然不可謂緱即爲後。」程氏又云：「緱之言喉也，當莖之中設之以之容指，而因以名其所纏之繩。」此說是也，這句話道出了「後」與「緱」的關係。商承祚申述之曰：「莖中環節如喉頭隆起故曰喉，以繩纏之則曰緱，對鋒言之即曰後也。」那麼，「中其莖，設其後」中的「後」當如聞人軍《考工記譯注》所云：「後，指劍莖（即劍柄）上的環狀凸起（箍）。」〔註4〕今附劍各部位名稱圖如下：〔註5〕

〔註2〕商承祚《程瑤田桃氏爲劍考補正》，耿素麗、胡月平選編《三禮研究》第1冊，國家圖書館出版社，2009年5月，第483～498頁。

〔註3〕詳見孫機《漢代物質文化資料圖說》和《中國聖火》二書。孫機《漢代物質文化資料圖說》，132～34頁。孫機《中國聖火》，遼寧教育出版社，1996年，第22～24頁。

〔註4〕聞人軍《考工記譯注》，上海古籍出版社，2008年，第47頁。

〔註5〕李縉雲，於炳文主編《文物收藏圖解辭典》，浙江人民出版社，2002年，第375～377頁。

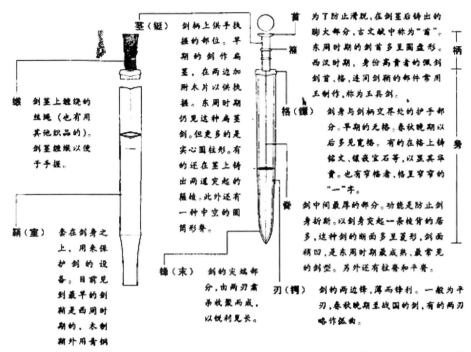

二、考車制

　　程瑤田對車制的考證非常細緻，涉及車的各部位名稱。其考證內容主要有：述輪人造轂，考賢軹，考輪綆，考牙圍，考軫，論轍廣之數，考任正衡任，考鍊與鋼等。例如，考軫：

　　「軫」字兩見於《考工記・總敘》，鄭玄對兩「軫」字注釋不同。「車軫四尺，謂之一等」，鄭玄釋「軫」爲「輿後橫木」。「加軫與轐焉四尺也」，鄭玄釋「軫」爲「輿」。軫究竟爲何物？程瑤田考云：

　　　《記》云：「軫之方也，以象地也。」又云弓長四尺，謂之庇軫，皆指輿之四面而言之。鄭氏注「加軫與轐」之「軫」曰「輿也」，亦不以爲後軫矣。乃注「車軫四尺」之「軫」必曰「輿後橫木」者，以下《記》軫圍之數，取節於六尺六寸車廣之軫，不取節於四尺四寸隧深之軫。而車廣之軫顯然可見者，又在輿後，故鄭氏特著後軫以曉人，則首解「軫」字，不得與後文互異。然《記》於軫圍，則曰「六分其廣」；《記》於軸圍，則曰「五分其軫間」。軫間，左右

兩軫之間，即車廣也。《記》不以輿後橫木爲軫也，則所謂六分其廣者，猶言六分其軫間也。《記》曷嘗專以輿後橫木爲軫乎？故曰「軫間」，指車兩畔以包其中，通車前後而言之；曰「車廣」，指車中以見兩畔，亦通車前後而言之也。況《記》明言「軫方象地」，則軫之爲輿，又安得顯悖於經？故注於「加軫」之「軫」，復注之曰「輿也」，使人默會作注之法，有互相發明之微旨，不得以辭害意也……又案：鄭氏以輿下三面材爲軓，而以輿後之橫者爲軫……余紬繹《記》文及鄭氏注，竊謂以三面材並後一面爲軫，則軫與輈之上面齊平，故輈徑、軸半徑和之爲七寸，轐在軫下與軫徑和之亦七寸，《記》所謂「加軫與轐」者宜如此。今欲以轂内端納入輿下，必依鄭氏三面材不呼爲軫而呼爲軓。呼之爲軓，便可登軓於輈上，而輈在軓下，與軸半徑和之，有五寸八分矣，以之納轂，尚餘四分六氂強，再與軓徑和之，爲九寸四分，餘於軫、轐相加之數二寸四分矣。於是將後軫移下於軓二寸四分，故徑二寸七分半，輈踵承之，其徑一寸九分二氂，踵下必虛一分三氂，然後軸半徑二寸二分承之，乃合軫、轐相加七寸之數。而軫、轐二材，勢既相離而不相連，其安轐處，必内移而入輿下七寸，上切輿底板，與後軫之下垂高低相錯而互藏者，一寸五分半。然則轐高通有五寸八分，而入算者，當除其互藏之數，止四寸二分半耳。其軫、軓二材，高下差參縱橫而相函者，僅得一寸二分，恐難堅固，因圖以觀之。(《考工創物小記・軫方象地義述》)

案：程瑤田首先解釋了鄭玄於兩「軫」字釋義不同之原因——上下文的需要。程說是也。鄭玄以輿下三面材爲軓，以輿後之橫者爲軫。程瑤田通過分析《記》文中「軫間」的說法和計算各部件的具體尺寸得出結論，認爲軫是通輿下四面材言之，不專指輿後木也。程說近是，然而不夠全面。《說文》:「軫，車後橫木也。」段玉裁注:「合輿下三面之材，與後橫木而正方。故謂之軫……渾言之，四面曰軫。析言之，輢軾所樹曰軓，輢後曰軫。又析言之，軾前曰軓。」段說是也。《漢語大詞典》「軫」字條第二義項釋「車輿」，誤。汪少華已辨正之。〔註6〕

〔註6〕汪少華《從〈考工記〉看〈漢語大字典〉的釋義失誤》，《傳統文化與現代化》，1997年第3期，90頁。

又如，考賢、軹：

《考工記・輪人》云：「五分其轂之長，去一以爲賢，去三以爲軹。」關於這一句話，鄭司農謂：「賢，大穿也；軹，小穿也。」後鄭申之以數，曰：「玄謂此大穿，徑八寸十五分寸之八，小穿徑四寸十五分寸之四。大穿甚大，似誤矣。大穿實五分轂長去二也，去二則得六寸五分寸之二。凡大小穿皆謂金也。今大小穿金厚一寸，則大穿穿內徑四寸五分寸之二，小穿穿內徑二寸十五分寸之四，如是乃與藪相稱也。」鄭玄改「去一」爲「去二」，如此賢圍、軹圍與藪數乃合。先鄭、後鄭皆以賢、軹爲函軸之孔，程瑤田非之，認爲賢、軹爲飾轂之名。程氏云：

> 此以轂長五分之，飾其一分，而別名曰賢，飾其三分，而別名曰軹。曰去者，去其五分之四。不仍轂名，以飾之必異其名也。留其一分不飾者，不必異名以待置輻也。故曰五分其長，去一去三以爲之也。注據司農說，賢爲大穿，軹爲小穿，穿數必出於圍。上既云「以其圍之防捎其藪」，則當云五分其圍，去一去三以爲之。且賢軹爲穿，則有圍有徑，今所爲者其圍也。據《記》例，凡言圍長廣崇深厚，必見其文以曉人，其不見者，必承上文而言之。今上文言長，必不可不見圍字；而不見圍字者，是其去一者，去其長之一分，去三者，去其長之三分，中留其長之一分以待置輻也。（《考工創物小記・輪人爲輪章句鉤貫》）

又《記》於去一、去三，兩用「以爲」字，下又迭用五「必」字，上下氣脈連屬相貫，望文求義，亦是通言飾轂，斷非判然兩事。故於「爲賢」、「爲軹」下接云「容轂必直」，言治轂之形容……至於飾轂之法，別名之曰「賢」、曰「軹」者，亦自有義。賢古作臤，臤之言堅也……軹本當爲軧。《詩》云：「約軝錯衡。」毛傳云：「長轂之軝。」軝在轂置輻處之外明矣……軝之言氐也，氐之言著也。陳篆施膠施筋而帱之，皆令相依著之事……堅、著互義，蓋賢、軹二文互足矣。轂爲運轉之物，非著之令堅，何以能久？其名其義，斷歸飾轂，以云大小之穿，無乃皮傅。又注云：「大小穿皆謂金也」……如注所謂大小穿之數，則置輻處之藪，其徑有五寸六分八釐六豪六絲強，豈不穿傷輻鑿之深乎？況云去二爲賢，去三爲軹，是賢軹不連金名之；而於既捎之後，更加一寸之金，《記》當明見以曉人，而

乃闕之而不言。然則以金補空，其說太鑿，必不然矣。（《考工創物
小記‧輪人造轂義述》）

案：程瑤田從三個角度考論賢、軹為飾轂之名。一是據上下文：上文言「五
分其轂之長」，則是分轂之長，而非轂之圍，可知賢、軹非指孔；下文有
「容轂必直，陳篆必正，施膠必厚，施筋必數，幬必負幹」數語，言飾
轂所宜，上句與之氣脈相貫，亦是言飾轂。二是據賢、軹名義，二詞俱
有飾轂之義。三是據尺寸，依鄭注，其所論尺寸必改「去一」為「去二」，
然後以金補之，纔能吻合，不免牽強。

三、考禮器

程瑤田《考工創物小記》考禮器一，即璧羨：

璧羨一名見於《周禮》。其《春官‧典瑞》云：「璧羨以起度。」《冬官‧
玉人》云：「璧羨度尺，好三寸，以為度。」關於璧羨之度法，先後鄭及賈
公彥皆據《爾雅》以說之。先鄭釋曰：「羨，徑也。好，璧孔也。《爾雅》曰：
『肉倍好謂之璧，好倍肉謂之瑗，肉好若一謂之環。』後鄭引先鄭說，並補
釋之云：「玄謂羨猶延，其袤一尺，而廣狹焉。」賈公彥申述二鄭曰：「此璧
好三寸，好即孔也，兩畔肉各三寸，兩畔共六寸，是肉倍好也……造此璧之
時，應圓徑九寸，今減廣一寸，以益上下之袤一寸，則上下一尺，廣八寸。」
程瑤田不贊成鄭賈二氏之說，云：

《爾雅‧釋器》：「肉倍好謂之璧，好倍肉謂之瑗，肉、好若一
謂之環。」郭璞注云：「肉，邊；好，孔。好倍肉，孔大而邊小；若
一，孔邊適等。」據經與注，皆謂若璧孔一寸，則邊二寸。合兩邊
及孔，其徑五寸也。瑗孔二寸半，則邊一寸又四分寸之一。合兩邊
及孔，其徑亦五寸也。環孔一寸又三分寸之二，則邊亦一寸又三分
寸之二。合兩邊及孔，其徑亦五寸也。肉好度法甚明矣，而鄭氏不
知《典瑞》及《玉人》所載璧羨之度，與此璧度法不同……賈氏於
是誤釋之，以增成其說……自鄭賈二氏之說出，而《爾雅》肉、好
或倍或一之度法，學者不明其義矣……余曰：璧羨非璧也，其度亦
非出於肉倍好也。以其有肉有好，形似璧而羨焉，故假璧以名之曰
璧羨。《周官‧典瑞》曰「璧羨以起度」，《玉人》曰「璧羨度尺，好
三寸以為度」。曰「起度」，曰「以為度」，蓋造此以度物，猶《周髀

算經》所用之折矩也。度尺好三寸，羨之則其廣必狹於袤，當得八寸。或漢時尚有此物，鄭氏目驗而知之也……所謂璧羨……與璧、瑗、環三事肉、好倍一之度法兩不相謀矣。（《考工創物小記・璧羨肉好度法述》）

案：程氏認爲璧羨與璧，二事也。璧羨之用在於度物，其度尺，好三寸，廣八寸，肉廣二寸半，肉表三寸半，呈橢圓形。其肉好度法與璧之肉倍好無與，不當以《爾雅》之説衡量之。

四、考樂器

《考工創物小記》考樂器有二：一是考樂鐘，二是考磬。以考樂鐘爲例：

《周禮・考工記・鳧氏》專門記載古樂鐘之制，云：「鳧氏爲鐘。兩欒謂之銑，銑間謂之于，于上謂之鼓，鼓上謂之鉦，鉦上謂之舞，舞上謂之甬，甬上謂之衡。鐘縣謂之旋，旋蟲謂之幹。鐘帶謂之篆，篆間謂之枚，枚謂之景。于上之攠謂之隧。十分其銑，去二以爲鉦。以其鉦爲之銑間，去二分以爲之鼓間。以其鼓間爲之舞脩，去二分以爲舞廣。以其鉦之長爲之甬長，以其甬長爲之圍。參分其圍，去一以爲衡圍。參分其甬長，二在上，一在下，以設其旋。薄厚之所震動，清濁之所由出，侈弇之所由興，有說。鐘已厚則石，已薄則播，侈則柞，弇則鬱，長甬則震。是故大鐘十分其鼓間，以其一爲之厚。小鐘十分其鉦間，以其一爲之厚。鐘大而短，則其聲疾而短聞。鐘小而長，則其聲舒而遠聞。爲遂，六分其厚，以其一爲之深而圓之。」程瑤田詳爲考證之，兼正鄭注之誤。程氏云：

> 古鐘羨而不圜，故有兩欒在鐘旁，言其有棱欒欒然。「兩欒謂之銑」，鐘是以有兩銑也。銑判鐘體爲兩面，面之上體曰鉦，其下體曰鼓。鼓所以受擊者。鉦之言正也，鼓上爲鐘之正體矣。體有兩面，故有兩鉦、兩鼓也。「十分其銑」者，命其鐘體之長爲十分，而因以爲度鐘之法。去其下體之二分，餘八分在上者爲鉦，其二分則鼓也。「銑間謂之于」，明鐘脣于于然，曲當兩銑之閒，故謂之「銑間」。銑間者，鐘口之大徑。凡圜中所含直觸兩邊之數謂之徑，步算家之率所謂徑一圍三也。橢圓有羨，有斂，故徑有大小。鐘口大徑，謂所羨者之徑，大徑橫，小徑縱。「于上謂之鼓」。兩鼓相觸以爲鐘口小徑，是之謂「鼓間」……「以其鉦爲其銑間，去二分以爲之鼓間」。

銑間八，鼓間六也。「鼓上謂之鉦」。鉦間者，兩鉦之間，與鼓交接處觸兩鉦之下際。蓋鼓間既準鐘口，則鉦間亦準其在下者可知。「鉦上謂之舞」。舞，覆也，謂鐘頂。其修六，所羡之徑去二分，則廣之徑四也……

「鐘帶謂之篆，篆間謂之枚」。吾友戴東原補注云：「篆也，枚也，皆在鉦。」余謂篆之設於鉦也，交午爲之，橫四縱三，中含扁方空者六。空設三枚，三六十八枚，兩鉦凡三十六枚。枚之上下左右皆有篆，故曰篆間謂之枚也。枚隆起有光，故又謂之景焉。鼓中所擊處爲于上之攠。攠謂之隧者，鄭氏云「窐而生光，有似夫隧」也。「鐘已厚則石」，小鐘尤易石。故大鐘之厚取節於鼓間，小鐘之厚取節於鉦間，鉦間小於鼓間也。鄭氏言鉦間鼓間皆六，則大鐘小鐘之厚相等，《記》奚必別言之乎？鐘大者，謂體太博，則鐘形短，如銑十分，銑間亦十分或九分也。鐘小者，謂體太狹，則鐘形長，如銑十分，銑間則六分或七分也。「以其鉦之長爲之甬長」。甬之數八也，以其長爲之圍。圍謂與舞交接處，準銑間鼓間，亦指其在下者以命名。命名之法一器中不得異也。其端謂之衡，衡，平也，與鐘脣之于相應爲義，于則不能正平矣。參分甬之圍，去一以爲衡圍。甬體上小下大，略準鐘體爲之。鐘縣謂之旋，所以縣鐘者。設於甬上，參分其甬長，二在上，一在下。其設旋處也，《孟子》謂之「追蠡」，言追於出甬上者，乃蠡也。蠡與螺通，《文子》所謂「聖人法蠡蚌而閉戶」是也。螺小者謂之蜬蝸，郭璞《江賦》所謂「鸚螺蜬蝸」是也。曰旋曰蠡，其義不殊，蓋爲金柄於甬上，以貫於懸之者之鑿中，形如螺然，如此則宛轉流動，不爲聲病，此古鐘所以側懸也。旋轉不已，日久則刓敝滋甚，故《孟子》以城門之軌譬之。（《考工創物小記‧鳧氏爲鐘圖説》）

案：對於樂鐘各部份之名稱，程氏疏解甚明。孫詒讓疏《周禮》多採程說。惟於「鐘縣謂之旋」一句，程氏謂旋設於甬上，如螺形，王引之指出其誤，曰：「程氏《通藝錄》以旋蠡爲旋螺，徧考古鐘紐，無作螺形者。《孟子‧盡心》篇以『追蠡』，趙注訓追爲鐘鈕，蠡爲欲絕之貌，亦未嘗以蠡爲螺。始失之矣。」〔註7〕王說是也。

_____

〔註7〕 王引之《經義述聞》述九《鍾縣謂之旋旋蠡謂之幹》，楊家駱主編《讀書札記

五、考農作物

程瑤田考證農作物的文章見於《九穀考》，其所考九穀爲：黍、稷、稻、粱、麻、苽、麥、大豆、小豆。併兼考與九穀相關之物，如穄、粻、秒、秧、機、梨、穬麥、六米、莠等。例如，考黍：

《說文》：「黍，禾屬而黏者也。以大暑而種，故謂之黍。」程瑤田考「黍」之名實，云：

> 《說文》以禾況黍，謂黍爲「禾屬而黏者」，非謂禾爲黍屬而不黏者也。是故禾屬而黏者黍，則禾屬而不黏者穈。對文異，散文則通。稱黍謂之「禾屬」，要之皆非禾也。《爾雅》：「秬，黑黍。」《內則》：「飯黍、稷、稻、粱、白黍、黃粱。」鄭氏注：「黍，黃黍也。」《韓非子》：「吳起欲攻秦小亭，置一石赤黍東門外。」經傳中見黑黍、白黍、黃黍、赤黍，不見黑穈、白穈、黃穈、赤穈，是以知散文通稱「黍」也。穈，一曰穄。飯用米之不黏者，黏者釀酒及爲餌、餈、酏、粥之屬。故簠簋實，穈爲之，以供祭祀。故又異其名曰「穄」。黍之不黏者，獨有異名，祭尚黍也，不黏者有「穈」與「穄」之名，於是黏者得專稱「黍」矣……諸書言「種黍」，皆云「大火中」，是以夏至而種也。《說文》獨言「以大暑而種」，蓋言種黍之極時。其正時，實夏至也。氾勝之《種殖書》：「黍，暑也。種者必待暑。」說與《說文》同，亦以極時言之矣。（《九穀考·粱》）

案：《說文》釋「黍」爲「禾屬」，程瑤田指出這是以禾況黍，黍非禾也。黍有黏與不黏二種：黏者稱黍，用以釀酒及爲餌餈之屬；不黏者稱穈或穄，飯用之。程說是也。段玉裁注「黍」條引程說。惟於《說文》「以大暑而種」一句之看法不同於程氏。程氏指出據諸書記載種黍之時當爲夏至，而《說文》記以「大暑」，推測《說文》所言是種黍之極時。而段氏認爲《說文》「大」爲衍字，段云：「種植有定時，古今所同，非可段借。許書經轉寫妄增一字耳。以暑種故謂之黍，猶二月生，八月孰得中和，故謂之禾，皆以疊韵訓釋。」〔註8〕段說是也。

又如，考苽。《說文》釋「苽」云：「雕苽。一名蔣。」程氏詳考之，云：

叢刊》（第二集），臺北：世界書局，1975 年，第 224 頁。
〔註8〕段玉裁《說文解字注》，上海古籍出版社，1988 年，第 329 頁。

　　苽，一作菰。其根生小菌，曰菰菜。韓保昇曰：「夏月生菌，堪啖，名菰菜。」南方呼菰爲茭，李時珍曰：「南方呼菰爲茭，以其根交結也。」亦稱茭白。蘇頌曰：「春生白芽如筍，即菰菜，又謂之茭白。」根生大菌者，曰菰首，亦曰茭筍，亦曰茭白。長安謂之綠節。《西京雜記》云……嫩則脆滑中實，老則心虛，有直理，淤泥漬入，乃生黑脈，謂之烏鬱。陳藏器曰：「内有黑灰如墨者，名烏鬱。」亦曰茭鬱。胡三省《資治通鑑注》：「臺中有黑者謂之茭鬱。」苗曰茭草，亦曰菰蔣草。蘇頌曰：「苗有莖梗者，謂之菰蔣草。」余以爲苗梗之通稱。其草相連持，久之根相結者曰苽封。《淮南子》：「大旱，苽封熯。」注云：「苽，蔣草也。生水上，相連持，大如薄者也，名曰封。旱燥，故熯也。」其生莖者作穗，結子，吾歙業茭塘者云：「茭草有牝牡之異。根成菌者，俗呼茭筍，其草不抽莖、不秀不實、根不成菌者，爲牡。秋末抽莖，吐秀結實以生穀者，爲牡茭，與麻以不生穀者爲牡麻正相反。」其實曰雕菰。李時珍曰：「其米須霜雕時採之，故曰雕菰。九月抽莖，開花如葦芀，結實長寸許，大如茅針，皮黑褐色。其米甚白而滑膩，作飯香脆。」司馬相如賦及《周禮》注，皆曰雕胡。《玉篇》、《廣韻》并作「蔐葫」。《淮南子》注：「苽者，蔣實，其米曰雕胡。」《類篇》亦作「雕胡」，王逸《大招》注作「雕葫」。枚乘《七發》曰「安胡」……炊以作食，曰苽食，《内則》云。亦曰菰飯，《淮南子》：「菰飯，犡牛弗能甘也。」亦曰雕胡之飯，宋玉《諷賦》曰：「爲臣炊雕胡之飯。」亦曰安胡之飯。枚乘云。《食醫》職云「魚宜苽」是也。（《九穀考·苽》）

案：程氏詳考苽從生長到食用各部分之名稱與性狀，或舉別名，或列異文，皆有所徵，考證精當。

六、考植物

　　關於植物的考證見於《釋草小記》一篇，所考植物有：藜、蓬、荼、蘿藶、芸、荔、莞蘭、苜蓿等。例如，考荼：

　　《爾雅》「荼」字二見：「荼，苦菜」；「荼，委葉。」（宋）王楙《野客叢書》「蘭荼二種」一篇考荼云：「世謂古之荼即今之茶，不知荼有數種，非一端也。《詩》曰：『誰謂荼苦，其甘如薺』者，乃苦菜之荼，如今苦苣之

類。《周禮》『掌茶』,《毛詩》『有女如荼』者,乃茗荼之荼也,正萑葦之屬。惟茶檟之荼,乃今之茶也。世但知蘭荼而莫辨,故辨之。」《爾雅》釋「荼」過簡。王楗提出了荼有數種,當辨別之,但未及其形。程瑤田詳考荼之名實,以補《爾雅》及王楗說之不足。程氏指出,荼有三類:一為苦菜之荼,二為委葉之荼,三為葦醜之荼。其中,苦菜之荼又包括苦蕒和苣蕒菜兩種:

> 苦蕒,余見八九月生者。先生數葉,肆出貼地中。後漸生嫩葉,多至二十以外。葉皆從根出,不生莖也。斷之有白汁,其味初舐之微甘,旋轉苦,苦甚……花黃,色如菊。其鄂作苞,花英之本藏苞中。一英下一子,一花百餘英則百餘子也。子末生白毛如絲,多以百計,長半寸許,在苞中各含其英本。花開一二日復合。既而色變,數日英乃斂斂而落矣。又數日,苞枯而開,子末之白毛乃見……形圓如毬,所謂荼也。苣蕒菜,余見七月生者。有干,其葉節節臺生,數葉後又生歧莖於是。枝本並出,皆作花……《詩·邶風》《谷風》篇:「誰謂荼苦,其甘如薺。」《爾雅》:「荼,苦菜。」並指此二菜也。(《釋草小記·釋荼一》)

委葉之荼又分為十種,程氏一一描述之,現錄其中三種:

> 委葉之荼不一種,凡花鄂作苞含子、生白毛以承花英者皆是也。一為苦菜,始秀於四月,後遂牽連作花至於秋末……一為小黃花,見於四五月間者。其花外一圍單英十三出,中有碎英屈不伸者,以為花心,徑半寸,如小菊花。其枝葉臭味並似菊。與蓼雜生眾草中,英落荼見。農人刈之,以糞水由。《詩》言「以薅荼蓼」,疑指此荼也……一為大薊,亦四五月開花,紫英衰衰然,莖上生芒,綠葉形如芥菜,葉邊歧出,銳而作刺,野人呼為刺芥菜,亦呼野芥菜,亦呼虎爪,亦呼虎刺……上凡十種,並委葉之荼,余所目驗者也。(《釋草小記·釋荼二》)

葦醜之荼,則包括萑葦之秀、茅秀、菅芒之秀三種:

> 《爾雅》:「芺、薊,其實荂。薍、葦,荼。郭注:「即莩。」蒹、蔗、茢,郭注:「皆芀荼之別名。」葦醜。芀。」郭注:「其類皆有芀秀」……下言「葦醜,芀」者,謂凡葦醜之秀皆謂之芀,是以芀為葦醜之專名矣。然散文通之,葦醜之芀亦得名荼。《鴟鴞》之詩「予所捋荼」,毛傳云「荼,萑苕也。」《夏小正》七月「灌荼」,

傳云「萑葦之秀」是也。然《小正》於四月已著「取荼」之文，萑葦秀於秋，《小正》七月「秀萑葦」是也，安得於四月取之？四月秀者，茅也。《周官》「掌荼」，注云「荼，茅秀」。《儀禮‧既夕》篇記云「茵著用荼」，注云「荼，茅秀也」⋯⋯茅秀亦葦醜也。七月「灌荼」，乃可言「萑葦之秀」，蓋二秀皆荼，用之自不異也。（《釋草小記‧釋荼二》）

案：程氏考荼大多得自目驗，並參之經傳，所述可靠完備。而且他詳記每一種荼的形狀、顏色、氣味及生長過程，至此荼之所指可謂明矣。

又如，考萑葦。萑葦之類，見於《說文》、《爾雅》者，凡十餘名，程氏為校錄之，以為實則二物。程氏云：

> 據《說文》，初生曰葭，一曰薍，一曰騅，得三名。自是曰蒹，曰薕，則漸長未秀時，又得二名也⋯⋯然則既秀而成，名之曰萑。合此六名，宜為一物。

> 萑之別於葦者也，而《說文》於萑字，但解以「艸出」。於薍字，又解曰「八月薍為葦」，何也？又據《說文》：「葭，葦之未秀者。」「葦，大葭也。」是葭、葦又宜為一物，而別於萑者也。《爾雅‧釋草》又似「葭、蘆」連文，郭璞注云「葦也」。雖《說文》於蘆字，但有「蘆，菔薺根」之解，未及葭葦，然當合《爾雅》、《說文》，足成其義。且《夏小正》傳云：「萑未秀為菼，今本萑或譌蘿。葦未秀為蘆。」蘆之為葦決矣⋯⋯然則葦未秀為蘆，蘆之言大也，言大於菼、薍，蓋謂葦之體本大於萑，雖其少時已然也。萑未秀為菼，菼色青白，狀其少也。《爾雅》云：「葦醜，芀。」《說文》云：「芀，葦華。」又云：「蓼，芀也。」據此則二物之華，通名為芀。於「葦醜，芀」下即云「葭華」，葭華猶云葦華，葦芀、葭華，重文互見，以申明之，非謂葭又名曰華也。下云「蒹、薕、葭、蘆、菼、薍，其萌蘿」者，謂葦醜之萌皆名蘿，郭璞云「今江東呼蘆筍」者是也。

> 《玉篇》、《廣韻》，又收荻字，亦作藡。並以萑解之。陸璣亦云：「薍或謂之荻，至秋堅成，則謂之萑。」是萑有七名矣。（《釋草小記‧釋萑葦》）

案：程瑤田考萑，有七名：初生有四名，曰菼、曰薍、曰荻、曰騅；漸長未秀

有二名，曰蒹、曰薕；既秀而成有一名，曰萑。考葦，有三名：葦之未秀者曰葭、曰蘆；既秀曰葦。此外，萑、葦之花通名爲芀；萑、葦之萌皆名蘆。紛亂之名，經程氏條理之，實唯萑、葦二物。

七、考動物

關於動物的考證見於《釋蟲小記》，主要包括：考螟蛉蜾蠃，正蝸蝓蝸牛之名，蜜蜂紀略，辨鷾鴯吐雛說，考馬齒等。例如，對蝸蝓和蝸牛的考證：

蝸蝓和蝸牛是一物還是二物，一直有不同的看法。陶弘景以蝸蝓、蝸牛爲二物，蝸蝓爲無殼者。韓保昇認爲蝸蝓、蝸牛一也，另提出無殼者是老蝸牛的說法。寇宗奭觀點與陶氏同。李時珍主許愼的說法，負殼者爲蝸牛，無殼者爲蝸蝓。[註9] 程瑤田考證云：

> 蝸牛，蝸，謂其所居之房，即螺也，與「蠃」通，又謂之「蠡」。故《集韻》以「蠡、蠃、螺、蝸」四文爲一字，並指其殼而名之。《爾雅》：「蚹蠃，蠦蝓。」背附其殼，故曰蚹蠃。有首尾能出殼，行蠦蝓然，故曰蠦蝓。郭氏注之曰即蝸牛，是也。首有四角，二長二短，觸之則縮，或左右偏出，此縮而彼伸。其殼自頂左旋，四匝而至於口，故又有蜁蝸之名……《證類本草》載《神農本經》，止「蝸蝓。一名陵蠡」。而《名醫增補》又繼之曰：「一名土蝸，一名附蝸。」余案：蠡生水中，今不生川澤而生丘陵，故有陵與土之稱。然曰蠡，曰蝸，又曰附，是指有殼者言之，與《爾雅》之文相應……且《本經》「蝸蝓」，《爾雅》曰「蠦蝓」。《本經》「增補」曰「附蝸」，《爾雅》曰「蚹蠃」，其稱名也並從同……韓保昇之言曰：「蝸蝓，即蝸牛也」，而《別錄》復有蝸牛一條。「是後人誤出」。「蘇恭以蝸蝓爲無殼蝸牛，非矣」。《經》名「陵蠡」，《名醫》曰「土蝸」，「不應無殼也」。此論最爲諦當。而陶氏之《別錄》蝸牛，主謂「蝸蝓無殼」，似未爲盡善。至韓氏又謂下濕處有一種大黃蝸牛，無殼而有角，是蝸牛之老者。蘇頌《圖經》說亦如是。此皆以蜒蚰爲蝸牛之變形，是混二物爲一物，則大不然。寇宗奭《本草衍義》，亦主以蝸牛別蝸蝓爲二物，而以無殼者爲蝸蝓，與陶氏義同，亦由未深考蝸蝓即蝸

[註9] 詳見李時珍《本草綱目》「蝸蝓」條。

牛，而其無殼者，乃今俗呼爲「蜒蚰」者也。然其辨無殼者之非老蝸牛，則是矣。其言曰：蛞蝓指謂蜒蚰，自陶氏別出蝸牛，故後人遂呼蜒蚰爲蛞蝓，今正之。二字宜改呼蜒蚰。其身肉止一跋，蝸牛背上別有肉，以負殼行。顯然異矣。蛞蝓二字亦宜改呼蜒蚰。二角，蝸牛四角，兼背有附殼肉，豈得爲一物？寇氏此言，爲得其實。然以蜒蚰爲止二角，又不然。間嘗取二物察之，蝸牛如上所錄詳矣。而蜒蚰之角，亦二大二小而爲四，差短於蝸牛耳。然其身止狹長一條，腹圓無垂邊之棱，背光滑，非若蝸牛自首至尾如蛇皮瘰㿔然……顧蜒蚰與蛞蝓，判然兩物，而《本經》何以獨逸蜒蚰也？間嘗考之，《本經》蛞蝓，主治賊風喎僻、軼筋、脫肛、驚癇。《別錄》蝸牛，陶氏以爲別於蛞蝓。主治與《本經》蛞蝓同……然則《本經》之蛞蝓，實即蝸牛，而陶氏則以蛞蝓爲蜒蚰也。故《本經》但有蛞蝓，而新舊諸方二十餘事，盡歸蝸牛，至「蛞蝓」條下止新方一而已。其一者，眞蜒蚰方，其二十餘事者，中多蛞蝓即蝸牛之方，而強生分別，以爲是蝸牛非蛞蝓之方。是承襲陶氏疑不自明之說而云然也。然由其強生分別，益以見蜒蚰之氣味，主療不甚異於蝸牛。則《本經》之專載蛞蝓，與《爾雅》之專載附蠃，原以蝸牛包蜒蚰，而非於蜒蚰獨逸之也。（《釋蟲小記・蛞蝓蝸牛正譌記》）

案：程瑤田考證蛞蝓即蛞蝓，與蝸牛爲一物。蝸牛外別有一種，叫蜒蚰，乃無殼者。蛞蝓與蜒蚰判然兩物，不可混爲一也。至於《本經》未載蜒蚰之因，則在於蝸牛與蜒蚰主療無別，是以「蛞蝓」條，言蝸牛，已包蜒蚰，非逸之。《說文・虫部》「蝓，虒蝓也」，段玉裁注曰：「虒蝓讀移與二音。今生牆壁閒溼處，無殼，有兩角，無足，延行地上。俗呼延游，即虒蝓古語也。《本艸經》作蛞蝓，云一名陵螺。後人又出蝸牛一條。據《本經》則蛞蝓即蝸牛。合之《釋蟲》及鄭注《周禮》、許造《說文》皆不云蠃與蛞蝓爲二。蓋螺之無殼者古亦呼螺，有殼者正呼蛞蝓，不似今人語言分別呼也。陸佃、寇宗奭分別之說，似非古言古義。」〔註10〕段氏亦認爲蛞蝓即蝸牛，與程氏不同的是，段氏所言蝸牛包無殼與有殼兩種。蛞蝓的古義確爲蝸牛，程說是也。而今天人們一致把「蛞蝓」解

──────────

〔註10〕段玉裁《說文解字注》，上海古籍出版社，1988 年，第 671 頁。

釋爲「蜒蚰」，此乃約定俗成之說。

八、考宮室

程瑤田《釋宮小記》專考宮室，考證內容包括：考棟梁本義，述當阿之義，辨棟、宇、楣、阿、榮、檐、霤，考中霤，考圮等。如考棟梁本義：

> 《爾雅・釋宮》：「楣謂之梁」，「杗廇謂之梁」，「棟謂之桴」。《說文》：「棟，極也。」「極，棟也。」「梁，水橋也。」二書釋棟梁之義不同。《儀禮・鄉射禮・記》：「序則物當棟，堂則物當楣。」鄭氏注：「是制五架屋也。正中曰棟，次曰楣，前曰庪。」鄭玄認爲，五架之屋，棟是正中的橫梁，楣是次於棟的橫梁，庪是次於楣的橫梁。程瑤田認爲《說文》棟極互釋，失棟梁本義，而後世學者多承襲之，以致本義盡失。程氏云：

> > 棟，非今之所謂棟也；梁，非今之所謂梁也。今之所謂棟者，極之橫材也，俗謂之屋脊，所以持兩壁之最高柱，當屋南北之中者也；是極之材也，而非棟也。今之所謂梁者，枅之正材也，其在南者，所以持兩楹於堂中，故開字象其形；是枅之材也，而非梁也。《爾雅》曰：「棟謂之桴」、「楣謂之梁」，言屋之上覆者。凡屋，自極南北分兩下，陂陀以覆之。以其在南者而言，則自極而南至於當楹謂之棟，棟又謂之桴也。棟南盡於承霤則謂之楣，楣又謂之梁也。《鄉射》記：「射自楹間，物長如笴。其間容弓，距隨長武。序則物當棟，堂則物當楣。」《鄉射禮》：「升堂，豫則鉤楹內，堂則由楹外。」然則射於序與射於堂有楹內、楹外之異，是故於楹內者當棟，於楹外者當楣。楣謂之梁，當楣者，當梁也。當棟、當梁，以楹爲限，則不當楹矣。不當楹者，不當持楹之枅，然則今謂持楹之枅材爲梁者，非也。於楹內者則當棟，雖不當楹而近楹。楹之與極相遠也，近楹則不能復當極矣，然則今謂極之橫材爲棟者，非也……《說文》曰：「杗，棟也。」引《爾雅》「杗廇謂之梁」。又曰：「桴，棟名。」可謂得其解矣。然余觀杗字有大義，有覆冒義。杗大而覆冒於宮室之上，蓋棟、楣之大名。其廇然而曲者謂之梁……曲者名梁，杗無曲直之義，對直者名桴而言之，散文則通，於是直者亦謂之梁也。此「杗廇」梁之義在《爾雅》著見明顯者也，而惜乎解說之者失其義已久矣。是故許氏知杗之爲棟，知桴之爲棟名，但承取《爾雅》之

說云然耳。而究之以棟釋極，又以極釋棟，雜取所聞異辭者並錄之，卒不能實知夫《爾雅》之善而擇而從之，蓋其義之失也已久矣。（《釋宮小記·棟梁本義述上》）

上半曰棟，襲古名也；下半曰楣，如眉之列於前，蓋即古之宇也……楣接兩楹，故持楹之橫木襲其名曰楣；棟接兩中柱，故持中柱之脊木襲其名曰棟。曰棟，曰楣，襲其名可也，而非其正名也。

（《釋宮小記·當阿義述》）

案：程瑤田認爲極指屋脊，屋的最高處；枅指堂中兩楹上之橫木，與極平行。今天所說的棟實際上是極，今天所說的梁實際上是枅，都不是棟梁的本義。那麼棟梁本義爲何？依程之言，從最高處的屋脊向南至於兩楹上之枅叫棟；棟南至於承霤叫梁。棟和梁合起來覆蓋了屋頂，即屋之上覆者。棟、桴一也；楣、梁一也。這是棟梁本義，衹是後來持兩中柱之脊木用棟之名表示，棟有了屋脊義；持兩楹之橫木用楣之名表示，楣有了枅義。此即今天所謂棟與楣。

第四節　考釋詞語

程瑤田考證名物制度時也會涉及對一些詞語的考釋，這些考釋文字散見於各篇。主要有以下幾條：釋藪，釋埶，釋渜，釋鄉衡，釋當阿，釋娣姒，釋蔬食素食，考磬折古義，釋秀采孚，釋受，釋阡陌，釋耦耕等。如釋當阿：

《儀禮·士昏禮》曰：「賓升西階，當阿。」鄭氏云：「阿，棟也。入堂深，示親親。今文『阿』爲『庪』。」鄭玄以棟釋阿，認爲當阿即當棟；同時又指出異文——今文「阿」爲「庪」。此句中「當阿」一語究爲何義？程瑤田考證之：

庪之言閣也，鄭注《檀弓》「閣」爲「庪藏」之義，孔沖遠以爲「架橙之屬」。架橙之名，大小可通。持柱橫木，其大者也。五架之屋，曰棟、曰楣者，襲古象形之名；曰庪者，言其施用之義。其實三事可足。棟後楣前，次固不紊。庪在楣前，亦非可爲典要也。第鄭氏以棟釋阿，又云「今文『阿』爲『庪』」。據今文，則近楣遠棟，一也。據西阿爲西榮，東榮爲屋翼，南榮爲南檐，阿又爲曲檐，則在宇不在棟，二也。據射物施於序則當棟，於堂則當楣，昏禮行

於堂則當阿，不得謂非當楣，三也。據「當阿，東面致命，主人阼階上，北面再拜，授於楹間南面」，依文義賓主並在階上，不得入堂深，決阿爲楣，四也。據此四說，義足互明。且主人在阼階上接賓，賓乃獨入堂深而至於棟，賓主不相對，於授受行禮不順不便，必無之理也。案：《儀禮》賓主在階上，即君臣皆對立行禮，不參差。且五架屋之前爲庪也，《士昏禮》之「阿」今文亦以爲「庪」，庪之爲言閣也。《子虛賦》：「高廊四注，重坐曲閣。」四注非宇而何？曲閣非阿而何？古詩云「阿閣三重階」，言屋之垂於階上者爲阿閣也，豈非明證乎？（《釋宮小記・當阿義述》）

案：程瑤田認爲當阿是當楣義，非當棟義。程氏列四條證據證阿爲楣，又證庪與阿與楣同，則當阿確爲當楣。

又如，釋蔬食素食：

《儀禮・喪服》斬衰服三年，其傳文記三年居喪期間飯食變除之節：初喪時「歠粥，朝一溢米，夕一溢米」；既虞「食蔬食，水飲」；既練「始食菜果，飯素食」。傳文提到了「蔬食」和「素食」兩個詞，這兩個詞究竟是什麼含義，所指爲何？程瑤田作了細緻的考證，程氏云：

《說文》：「食，一米也」；「飯，食也」；「鈕，雜飯也」。「雜飯」云者，如今山西人富室食二米飯也，雜稻米於小米中爲之，不一米之稱也……雜飯不一米，則飯其一米者矣……蔬食者，稷食也，不食稻粱黍也。「素食」，鄭注云：「素，猶故也」，「復平生時食也」。余謂「平生時食」者，黍稷也。賤者食稷，是蔬食以終其身，然豐年亦得食黍，《良耜》之詩「其饟伊黍」是也。若稻、粱二者，據《聘禮・公食大夫禮》皆加饌，自非諸侯，平生時食黍、稷而已……顏師古《匡謬正俗》說「素食」：「謂但食菜果糗餌之屬，無酒肉也。據禮家變節，漸爲降殺」，「安得練時便復平生故食？」以難鄭氏注，不知注據「飯素食」「飯」字之義盡指米而言，非飯酒食肉之謂。況傳云「始食菜果」，即接云「飯素食」，其爲無酒肉更何待言。顏說難鄭未諦當，余不憑也……故《喪大記》曰「練而食菜果，祥而食肉」，明乎未祥，雖飯素食，不飲酒食肉也，故曰《喪服》傳飯食之法參以《喪大記》而其義益明。賈氏謂「平生時食」，「食」爲「飼」讀，不爲「食」讀，申之曰：「天子以下平常之食，皆有牲牢魚臘」，

練後未食肉，「明專據米飯而言，以其初據一溢米，既虞蔬食，食亦米飯，復平生時食，亦據米飯言之，蓋古者名飯爲食耳」。斯言可謂明辨晰已。(《儀禮喪服文足徵記・蔬食素食說》)

又嘗考之，凡經言「蔬食」者，稷食也。稷形大，故得「疏」稱。《論語》「蔬食菜羹」，《玉藻》「稷食菜羹」，二經皆與菜羹並舉，則疏、稷一物可知。疏，言其形；稷，舉其名也。故《玉藻》曰：朔月四簋，子卯，稷食四簋者，黍、稷、稻、粱也。稷食者，不食稻、粱、黍也。諸侯日食粱、稻各一簋，食其美者也。朔月四簋，增以黍、稷，豐之也。忌日食稷者，貶之，飯蔬食也。是故，居喪者蔬食，蓋不食稻、粱、黍。《論語》曰：「食夫稻，於女安乎？」是居喪者不食稻也。《喪大記》曰：「君食之，大夫父之友食之，不辟梁肉。」是居喪者不食粱也。《檀弓》：「知悼子在堂，斯其爲子卯也大矣。」子卯稷食，是居喪者黍亦不食也。不食稻、粱、黍，則所食者稷而已。故曰：蔬食者稷食也。(《九穀考・梁》)

案：程瑤田認爲蔬食指的就是稷食，不包括稻粱黍；素食，就是平素所食，指黍稷。程說是也。

第五節　分析句讀

分析句讀僅見於《儀禮喪服文足徵記》一篇。程瑤田校理《喪服》經傳，於句讀問題提出四條。每一條都言之鑿鑿而令人信服。例如：

1、「大功」章「公之庶昆弟」條「昆弟」二字屬上屬下的問題

《儀禮・喪服》「大功」章：「公之庶昆弟、大夫之庶子，爲母、妻、昆弟。傳曰：何以大功也？先君餘尊之所厭，不得過大功也。大夫之庶子，則從乎大夫而降也。父之所不降，子亦不敢降也。」鄭注：「昆弟，庶昆弟也。舊讀昆弟在下，其於厭降之義，宜蒙此傳也，是以上而同之。」漢代舊讀「昆弟」二字不屬此條，在下條之首。鄭玄不從舊讀，將「昆弟」二字移入本條，即今天所看到的版本。程瑤田非之，云：

注「舊讀『昆弟』在下」。今在上者，鄭君易舊讀「上而同之」。余謂舊讀是也。據傳「先君餘尊之所厭」一語而決之，有餘尊之所厭，由有正尊之所厭也。正尊之所厭，公子爲其母爲其妻之服……

據此則餘厭止於爲母爲妻，蓋母妻者，其私親也，故以君厭之。若夫昆弟，豈可以私親加之哉？「昆弟」二字，斷屬下節，余從舊讀，不憑鄭君也。

　　又案：上條著大夫之服，則公之昆弟、大夫之子，皆在所包……是大夫條得包公之昆弟、大夫之子，而公之昆弟、大夫之子亦得包庶昆弟與庶子無疑矣。故大夫條，已見子、昆弟、昆弟之子諸成人服，則二庶爲子、昆弟、昆弟之子諸成人服已包之矣，安得於二庶別出爲母妻條復出「昆弟」二字乎？況上條發爲昆弟之爲士者，言其尊不同而降，此條下又發皆爲從父昆弟之爲大夫者，言其尊同得服親服，忽於中間言二庶爲母妻條中插「昆弟」二字，不言爵之尊卑，不言親之等殺，其爲譌誤甚明。且公之庶昆弟，若爲其昆弟，以先君餘尊厭之，則並當厭其庶子，且當厭其姑、姊妹、女子子，如「小功殤服」條中所謂「爲其昆弟、庶子、姑、姊妹、女子子之長殤」者，何獨插入「昆弟」二字，而遺其庶子？庶子之親，切於昆弟。又昆弟不得包子，如《不杖期》章大夫之子之服，連言「子、昆弟」，《大功》章大夫之服，連言「子、昆弟」。《大功殤服》章，言昆弟之長、中殤，必先言子之和長、中殤，以子之服，切於昆弟之服。今二庶特著其服之別異者，惟母與妻，於子、於昆弟，無所別異，不當插言，即插昆弟，不應遺庶子。細檢全經，不合服例。「昆弟」二字，苟非衍文，且從舊讀屬下，猶爲彼善於此者也。（《儀禮喪服文足徵記·喪服經傳考定原本上》）

案：此例程瑤田認爲當從舊讀，鄭注非。理由有三：一是根據「先君餘尊之所厭」一句可判斷，因君之尊厭而降服的祇是爲母爲妻，而不包括昆弟，昆弟不是私親。二是根據上下文來判斷，程瑤田認爲上條，即大夫條，已包公之庶昆弟、大夫之庶子爲昆弟之服，此條沒有必要再出「昆弟」二字。此條別出「公之庶昆弟、大夫之庶子」爲其母爲其妻服，是因爲庶爲母爲妻服遠不同於嫡之爲母爲妻服，故此處特出之，明二庶爲母妻之服。且上條「爲士者」，下條「爲大夫者」，皆明言其地位，而中間一條「公之庶昆弟、大夫之庶子，爲母、妻、昆弟」之「昆弟」，則不知地位如何，與上條下條不類，因此程氏認爲這是很明顯的錯誤。三是根據服例判斷，程認爲此條不合全經服例，「昆弟」二字是有問題的。程指出

「昆弟」二字可能是衍文，如果不是衍文，則從舊讀屬下更合理。程瑤田作結論是非常謹慎的，沒有足夠的證據證明是衍文，那就從舊讀。胡培翬亦論及此條，認爲「昆弟」二字屬上屬下皆非，當屬衍文。後來，臺灣章景明提出不同意見，他認爲二字非衍文，他的根據是《武威漢簡》之丙本《喪服經》，其中有此「昆弟」二字。〔註11〕丁鼎不同意章景明的說法，他指出：「以簡本證明此二字非衍文是難以成立的，因爲難以保證簡本本身不存在衍文的可能性，此理不待言自明」。〔註12〕

2、「大功」章「女子子適人者」條的句讀問題

今本《儀禮·喪服》「大功」章有以下兩條經文：

> 女子子適人者爲眾昆弟。

> 姪丈夫婦人。報。傳曰：姪者何也？謂吾姑者，吾謂之姪。

今本是鄭玄所定之本。程瑤田認爲鄭氏斷句有誤，案曰：

> 經云「丈夫婦人，報」，統承「爲眾昆弟、姪」而言之。鄭君誤斷爲兩節，單承「姪」釋之，而不知其蒙上「女子子適人者」六字以立言。余名此卷曰《足徵記》，蓋徵於經、傳本文也。(《儀禮喪服文足徵記·喪服經傳考定原本上》)

> 《大功》章「女子子適人者爲眾昆弟、姪丈夫婦人。報」，其眾昆弟爲姊妹、姪爲姑之報服先已與女子子同見於章首，曰「姑、姊妹、女子子適人者」，傳於此特發其例曰「出也」，則章內又見姊妹爲眾昆弟，姑爲姪丈夫婦人報者，正與前經「姑、姊妹、女子子」「唯子不報」之文遙相呼應，以見制服之義，非至精者不足與於斯也。(《儀禮喪服文足徵記·報服舉例述》)

案：依程氏之言，今本中的這兩條經文本應是一條，即以「女子子適人者」立言，爲眾昆弟、姪這兩種人服大功，這兩種人報。當斷句爲：「女子子適人者，爲眾昆弟、姪。丈夫婦人報。」程瑤田如此斷句依據的就是經、傳本文，因《大功》章第一條是「姑、姊妹、女子子適人者」，即姪爲姑、眾昆弟爲姊妹服大功，姑、姊妹連言。後面「女子子適人者爲眾昆弟、姪。丈夫婦人報」一條，與第一條正好相呼應，是姊妹爲眾昆

〔註11〕轉引自丁鼎《儀禮·喪服》考論，社會科學文獻出版社，2003年，第130頁。

〔註12〕丁鼎《儀禮·喪服》考論，社會科學文獻出版社，2003年，第164頁。

弟和姑為姪服大功，眾昆弟與姪亦當連言，而不應分為兩條。今人治《儀禮》者，多依鄭說斷為兩條。如楊天宇《儀禮譯注》，許嘉璐主編《文白對照十三經》，丁鼎《〈儀禮・喪服〉考論》等，都是分為兩條，當更正之。

3、「齊衰」章「出妻之子為母」條傳文的句讀問題

「齊衰」章「出妻之子為母。傳曰：出妻之子為母期，則為外祖父母無服。傳曰：『絕族無施服，親者屬。』出妻之子為父後者，則為出母無服。傳曰：『與尊者為一體，不敢服其私親也。』」賈公彥疏：「云『出妻之子為父後者則為出母無服』者，舊傳釋為父後者，謂父沒適子承重，不合為出母服意。云『傳曰』者，子夏釋舊傳意。云『與尊者為一體者』，不言與父為體，而言與尊者。」程瑤田云：

> 據兩「出妻之子」文法，則兩條皆當為子夏傳。別出兩「傳曰」，皆當為引舊傳證成己義也。疏以後「出妻之子」二句承「親者屬」句為文，遂以為舊傳釋「為父後者」，不合為出母服，而以末一「傳曰」為子夏釋舊傳意，大誤。顧寧人亦謂當別為一節。今特劃開錄之，其誤自見。

案：賈疏認為「出妻之子為父後者」句與前「親者屬」句同是舊傳，而最後一個「傳曰」是子夏解釋舊傳意。程氏非之，認為這四句話兩「出妻之子」句都是子夏傳，另兩句都是舊傳。理由是兩「出妻之子」句文法相同，這是利用屬文之法來分析句讀。

第六節　校勘文本

程瑤田治考據，其中一項重要的工作就是校勘經典。程瑤田的校勘分兩類，一類見於《儀禮喪服文足徵記》，校正《喪服》經傳注疏譌誤脫衍之文；一類散見於各種考證文章中，是在考證過程中做的校勘，範圍非常廣泛，涉及到經史子書。程氏校勘大多精當。例如：

1、《記》「大夫弔於命婦」條：「大夫弔於命婦，錫衰；命婦弔於大夫，亦錫衰。傳曰：錫者何也？麻之有錫者也。錫者，十五升抽其半，無事其縷、有事其布曰錫。」程瑤田云：

> 敖繼公曰：「『有錫』，疑『滑易』二字之誤，蓋二字各有似也。

《司服》職注鄭司農云『錫，麻之滑易者』也。其據此記未誤之文
與？」（《儀禮喪服文足徵記・喪服考定原本下》）

案：程氏引敖繼公之說，認爲傳文「有錫」二字當爲「滑易」二字之誤。四
庫全書《儀禮注疏考證》亦引敖繼公之說，認爲此二字是傳寫之誤。

2、《記》「爲人後者」條：「爲人後者於兄弟降一等，報。於所爲後之兄
弟之子若子。」金榜云：「今本作『於所爲後之兄弟之子若子』。《記》言小
功以下爲兄弟，是兄弟爲小功以下通稱，不得更稱『兄弟之子』，唐石經誤
與今本同，茲據賀循《爲後服議》考正。」〔註13〕程瑤田云：

必云「所爲後之子者」，我爲其後，本非其子也。於其子兄弟，
我往爲後服之，一如其親生子。上「子」字即下「若子」「子」字，
皆不屬「爲人後者」言也。（《儀禮喪服文足徵記・喪服考定原本
下》）

案：此條今本作「於所爲後之兄弟之子若子」。金榜據《通典》所載賀循引《喪
服》制曰「於所爲後之子兄弟若子」改之，程氏採金榜之說。凌廷堪《禮
經釋例》亦論及此條，他不贊成金、程的觀點，認爲今本無誤。因「斬
衰」章「爲人後者」條之傳文曰「爲所後者之祖父母、妻、妻之父母、
昆弟、昆弟之子，若子」，此句與《記》所言「爲人後者於兄弟降一等，
報。於所爲後之兄弟之子若子」義正相符，由此凌氏認爲今本無誤，並
指出「《通典》傳刻易淆，似未可據以改經也」。〔註14〕

3、《周禮・地官・土訓》：「掌道地圖，以詔地事。」鄭玄注云：「說九州
所宜，若云荊揚地宜稻，幽并地宜麻。」陸德明音義云：「麻，一本作穈。」
程瑤田指出《釋文》「穈」字當作「穄」。程氏云：

此「穈」字必「穄」字之譌。蓋鄭注所謂「若云」者，實據《職
方氏》職方荊揚，但云「宜稻」，與此注合。而幽州「宜三種」，并
州「宜五種」，注皆有黍無麻。是「麻」當作「穄」。穄即謂黍，二
字可互通也。然「穄」之譌「麻」，「穄」、「黍」二字之可互通，余
亦非以臆見斷之也。伏生《尚書大傳》、《淮南子》、劉向《說苑》，
皆云「大火中，種黍菽」。而《呂氏春秋》則云「日至，樹麻與菽」。

〔註13〕金榜《禮箋》卷二《降其小宗》，清乾隆五十九年方起泰胡國輔刻後印本，中
國基本古籍庫，第 79 頁。

〔註14〕凌廷堪《禮經釋例》，北京大學出版社，2012 年，第 214 頁。

麻生於三月，夏至後則刈牡麻矣。今云「日至樹麻」，其爲「樹藤」
之謳無疑。伏生、《淮南子》、劉向並言「黍菽」，呂氏言「藤菽」，
是「藤」，「黍」互通之確證也。（《九穀考・黍》）

案：鄭玄作注依《職方氏》，職方所載幽并地皆有黍無麻。程瑤田據此指出
《釋文》中的「麋」當作「藤」，「藤」、「黍」二字通。此外，程氏還指
出《呂氏春秋》「日至，樹麻與菽」，其中「麻」亦當作「藤」。此據異
文而校，伏生、《淮南子》、《說苑》皆作「黍」。關於《呂氏》「麻」字
之誤，程氏在《九穀考・麻》篇中又補充曰：「麻之一事，余居北方久，
又嘗所留心，故能詳之。及自北南歸，因以余所目驗者，證之南方藝麻
人，雖或有小異，然種必於春，及五月，有牡麻開花，旋即刈之者，則
南北無不同也。故於《呂氏春秋》『日至，樹麻與菽』，證以伏生、《淮
南子》、劉向諸書之『大火中，種黍菽』，意其所謂『麻』者，爲『黍藤』
之『藤』，兩相互訂，以定其說，蓋慎之又慎也。」程說甚是。

4、《說文・艸部》：「葭，萑之初生。」又：「蒹，萑之未秀者。」程氏校
曰：

> 據《說文》，初生曰葭，一曰薍，一曰蒹，得三名。自是曰蒹，
> 曰薕，則漸長未秀時，又得二名也。然於葭曰「萑之初生」，於蒹
> 曰「萑之未秀」，萑爲萑之屬，字不從艸，今以釋葭、蒹，必從艸
> 之字，其爲萑字之謳無疑。（《釋草小記・釋萑葦》）

案：程瑤田認爲《說文》兩「萑」皆當作「萑」。程說是也。

5、《說文・木部》：「**林**，葩之總名也。林之爲言微也，微纖爲功。象形。」
程瑤田校曰：

> 「蕡」，《說文》作「葩」，或作「**黂**」，故曰：「林，葩之總名
> 也。」今《說文》作「葩之總名」。葩、葩二文相邇，故致謳也。（《九
> 穀考・麻》）

案：程瑤田指出，《說文》「葩」字當作「葩」。程校是也。段玉裁注《說文》
於此條亦作校勘云：「各本葩作葩，字之誤也。與《呂覽・季多紀》注誤
同，今正。艸部曰：『葩，枲實也。黂，或葩字也。葩本謂麻實，因以爲
苴麻之名。」〔註15〕

〔註15〕段玉裁《說文解字注》，上海古籍出版社，1988年，第335頁。

6、《爾雅‧釋畜》：「羊：牡，羒；牝，牂。夏羊：牡，羭；牝，羖。」
程瑤田校曰：

羊有吳羊、夏羊之別。《爾雅‧釋畜》：「羊：牡，羒；牝，牂。
夏羊：牡，羭；牝，羖。」注謂「羒」爲「吳羊白羝」。《廣雅》亦
稱牂羝爲吳羊。然則羭、羖，夏羊；羒、牂，吳羊也。云牡羭、牝
羖，疑牝、牡二字轉寫互譌，蓋牝羭、牡羖也。此不知譌自何時。
自有此譌，而字書、韻書紛然無所適從矣。然諸書雜出中，猶可尋
其端緒。

《說文》：「夏羊牡曰羖。」《說文》又以「夏羊牡曰羭」。此
「牡」字的是「牝」字之譌。又曰：「羯，羊羖犗也。」去勢曰「犗」，
謂取牡羊之少而名羖者去其勢之謂羯也。《廣韻》云：「羖，羺羊。」
又引《說文》「夏羊牡曰羖。」《廣雅》云：「吳羊牡一歲曰羖羝，《說
文》：「羝，羊未卒歲也。」三歲曰羝。牝一歲曰羜羝，《篇海》：「羜，
牝羊也。」三歲曰牂。」案《干祿字書》：「羖通羖。」今「羖」與
「羜」字對，羜有孳生之義，故爲牝。以「羜」對「羖」，羖之爲
牡何疑？戴侗《六書故》云：「羖，牡羊也。牡牛曰羖牛，猶羖羊
亦曰牡羊也。」周伯琦《六書正譌》曰：「羖，牡羊也。」此皆謂
羖爲牡，並鑿鑿言之。《易‧大壯》「羝羊觸藩」陸氏《釋文》：「張
曰：羝，羖羊也。」以「羖」釋羝，羝，牡羊；羖，亦牡羊矣。羝
之爲牡羊也，《漢書‧蘇武傳》：匈奴「徙武北海上無人處，使牧羝，
羝乳乃得歸。」注者曰：「羝，牡羊。不當產乳，故設此言示絕其
事。」《詩‧大雅》：「取羝以軷。」傳云：「羝羊，牡羊也。」《說
文》亦云：「羝，牡羊也。」《急救篇》注：「羝，牂羊之牡也。」
吳羊牝曰牂，云牂羊之牡者，猶云吳羊之牡也。吳羊牡羒，故注者
以「羒」爲「吳羊白羝」。《廣韻》亦云：「羒，白羝羊也。」據《廣
雅》、《急救篇》注、《廣韻》，並以羝指謂吳羊；據《爾雅》、《說文》、
《廣雅》，並以羖指謂夏羊。匈奴宜牧羖，而云「牧羝」，均之爲牡。
故羝、羖可互通……凡此皆徵之群經雅記，而斷「牝」、「牡」二字
後人轉寫易於互譌也。

余更適屠羊之肆而問之，其人曰：「綿羊牡曰羝，羯之則曰羖。」

牡者多有角，亦間有無角者，百中之數頭耳。其牝多無角，亦間有有角者，亦百中之數頭耳。然即有角，亦不能如牡者之角大也。夫羖之爲牡也，考之於古，即爲疏通而證明之，及詢之今之屠羊者，復無異詞。牡羖之說定，則牝羒之說，亦從之而定。然羒之爲牝，而《爾雅》之「牝」、「牡」互譌，又確有其佐證也。《列子・天瑞》篇：「老羒之爲猨。」張湛注：羒爲牝羊。黃公紹《韻會舉要》之引《說文》也，雖仍轉寫之譌曰「夏羊牡曰羒」，而其引《爾雅・釋畜》，則曰「夏羊，牝羒，牡羖」。此宋人之所引者也。吳元滿《六書正義》，亦引《爾雅》曰「夏羊，牝羒，牡羖」，此明人之所引者也。茲非《爾雅》今本互譌之確證與？又黃氏於「羖」字，則引《說文》曰「羊牡曰羖」，是《說文》「牡」字之不譌，又非孤證。「牡羖」不譌，則「牡羒」之爲譌，尤可互證而直改之。乃今之校《說文》者，不改「牡羒」之譌，專信《爾雅》互譌之本，而反輒改「牡羖」之不譌，由其讀書不能旁穿交通，是以不能別黑白而定一尊也。（《釋蟲小記・改正〈爾雅〉羒羖牝牡轉寫互譌記》）

案：《爾雅》：「夏羊：牡，羒；牝，羖。」程瑤田指出當作「牡，羖；牝，羒」。程氏廣徵博引，所校甚是。今之治《爾雅》者皆採程說。

7、《呂氏春秋・淫辭》：「上問馬齒，圉人曰：『齒十二，與牙三十。』」高誘注：「馬上下齒十二，牙上下十八，合爲三十。」程氏校曰：

牧馬者以爲止於十二。蓋以齒驗馬之老少，驗之於此十二齒也。然三十之說，亦不可以無徵。乃連察數馬，其當脣上下各六者，易見也。進而察之，左右上下各空一齒地，又生大牙各一，合易見者凡十六。又進而察之，左右上下各有數牙，未能知其審也。於是求之肆中市馬肉者，得其馬首全骨觀之。其左右上下牙各六，凡二十四，合前十六爲四十，與《呂氏春秋》及高誘注所謂三十者復不合。更求一馬骨觀之，不異也。《呂氏春秋》及高誘注，人所深信者，是以詳論之……案：《呂氏春秋》圉人之說，或是「與牙四十」本不誤。古人「四」字積畫爲之，似「三」字耳。至高誘作注時，「三」譌爲「三」。誘未求馬齒驗之，但據「三十」字，除齒十二，

得牙十八。傳譌至今，或由高氏也。(《釋蟲小記‧馬齒記》)

案：程瑤田親自察驗馬齒，確定四十之數，於是指出《呂氏春秋》「三十」當
　　爲「四十」，因形近而譌。程說是也。

第四章　程瑤田《通藝錄》考據方法

　　程瑤田一生致力於考據學，其精詳的考證爲人稱道。他在考據學上之所以能取得如此大的成就，原因在於他掌握了科學的考據方法。關於考證的方法，程瑤田自己在考證過程中有零星的闡述，但都未成系統，更多的是需要我們對其採用方法進行提煉和總結。程瑤田的考據工作涉及多個方面，考據的內容不同，採用的具體方法也不同，我們將從五個方面論述其考據方法：一是詞義考證的方法；二是名物考證的方法；三是制度考證的方法；四是地理考證的方法；五是文本校勘的方法。

第一節　詞義考證的方法

　　對字詞的解釋是考據的基礎工作。程瑤田考求詞義主要運用以下六種方法：一是分析字形，探索詞義；二是聯繫聲音，追溯語源；三是比類推論，同族互證；四是利用對文，推求詞義；五是根據異文，比照求義；六是結合方言，參證詞義。

一、分析字形，探索詞義

　　漢字是表意文字，早期漢字是據義繪形的，因此漢字具有形義統一的特點，這樣就可以通過分析漢字形體結構來探求詞義。程瑤田對一些詞義的考求就採用了這種以形說義的方法。其例如下：

　　　　1、神禹之治水也，濬畎澮以入於川，是故水之行於地中也，
　　　小大之形，三者而已。故製字以象形，一水爲く，畎。二く爲巜，

澮。眾巜爲川。及其盡力於溝洫也，則以爲非多其廣狹淺深之等，不足以盡疏淪之理，而奠萬世農業之安。於是由川而澮，又等而增之，而洫，而溝，而遂，乃以承夫百畝中之畎；夫然後一旦雨集，以大受小，遞相承焉，不崇朝而盡達於川矣。其承畎者名之以遂，何也？慮其畜而弗暢也，故遂之。曷爲承之以溝也？一縱一橫，乃見交暢之義，溝，冓也，縱橫之說也，名之曰溝，所以象其形。象形曰溝，會意曰洫，洫字從血，以洫承溝，謂是血脈之流通也。澮，會也，會上眾水以達於川，初分終合，所以盡水之性情，而不使有泛溢之害也。（《溝洫疆理小記・井田溝洫名義記》）

《說文》畎作〈。澮作巜，遞增其畫，以至於川字，皆象天成之形。是故〈者，一水流於谷中之形也；巜者，水流出谷與他谷之水會而成谿，故字從二〈，不一水之形也；川者，群巜所趨，定從三〈，眾水之形也。（《溝洫疆理小記・畎澮異同考》）

案：此例程瑤田講畎、澮、川、溝、洫之義，皆據形以說之。

　　2、采、孚一物而先後異名，字並從「爪」，蓋象形。「采」從「禾」從「爪」；「孚」則從「采」省，從「子」。從「子」者，以其秀成米矣。「采」但禾上爪，象初秀時采采然開。故今北方人猶稱禾作「采」，曰「秀采」。蓋故老相傳語也。《說文》曰：「采，禾成秀。」得其義。又曰：「人所以收。從爪禾。」以「爪」爲手爪字，則失其義矣。秀時安得便言收耶？此蓋經徐鉉改之矣。余考徐鍇《繫傳》作「從禾，爪聲」，與鉉本不同。曰「爪聲」者，必非手爪「爪」字之聲。豈本有「禾」、「采」象形之字爲「爪」者，而《說文》轉寫脫漏耶？鍇雖亦意以爲手爪，而致疑於「爪聲」二字，然不徑改爲「從爪禾」而但於「爪聲」下爲之說，曰「爪禾爲采，會意」也。鍇之敬慎，實勝於鉉，於斯見之矣。（《九穀考・粱》）

案：程瑤田分析采、孚字形，意在說明二字一物而先後異名，同時指出大徐本《說文》「采」篆文字之誤。

　　3、禾采成而下垂曰穎。字從「頃」。「頃，頭不正也。」（《九穀考・粱》）

案：程瑤田指出「穎」的字形從「頃」，利用字形分析說明穎字「禾采成而下

垂」之形。

4、《內則》:「飯黍、稷、稻、粱、白黍、黃粱、稰穛。」鄭氏注:「熟穫曰稰,生穫曰穛。」生穛,故《說文》謂之「早取」也。《漢書・律曆志》:「物樛斂,然後熟。」《方言》:「斂物而細謂之樛。」樛、樛一字也。樛字從「穛」,《說文》:「穛,一曰小。」小亦斂意。物斂始熟,則穛似非「生穛」之謂矣。《莊子》:「鼠壤有餘蔬。」《釋文》:「司馬云:『蔬讀曰稰。』」《山海經》祠諸山神有稰,用稌、稷、稻、黍諸米。郭璞注:「稰,祀神之米名。或作疏,非也。」然則稰、疏二字古相通。郭氏所不知。稰、蔬皆有大義,宜爲「樛斂」之反,而鄭氏顧以爲「熟穫」耶?《廣韻》釋「穛」爲「早熟穀」,早熟與疾熟之義同,是「穛」無以異於「稑」之云矣。以聖人不食不時之義推之,豈宜未熟也而生穫之?《內則》蓋言黍、稷、稻、粱之外,黍又有白者,粱又有黃者,又皆有稰者,有穛者。然則,稰疑爲遲熟而穀大,穛疑爲疾熟而穀小。(《九穀考・穜稑種稑稼穛》)

案:鄭玄注《內則》釋「稰」爲「熟穫」,釋「穛」爲「生穫」。程瑤田通過分析字形駁鄭說。首先,程氏指出「樛」字從「穛」,「穛」有小義。其次,程氏又指出「稰」字與「疏」字通而有大義,則正與「穛」之小義相對。因此,程氏得出結論「稰疑爲遲熟而穀大,穛疑爲疾熟而穀小」。

5、方也者,花之芬芳也。其文從Ψ,Ψ之文倒之,爲花鄂足之□,而加∪以象其形,一其所著之枝也。省□爲□,則Ψ之倒者也。其從Ψ文之不倒者,若米,若□,若□者,皆是。「□」則從Ψ而四面旁達之,是故「方」之言旁也。由中旁行於外,象芬芳四出,人皆嗅之者也。方之本義無隅,方之有隅也,由四方之說而生之。於是方與圓對,於是言天圓而地方,於是言圓應規而方應矩。知其意者,可以入方於圓之中,可以出方於圓之外,而豈眞以地之方也爲四方而有隅者哉?「方」省其首而益之以「八」,成「分」,是故「分」之字生於「方」,其原亦從Ψ而化焉者也。「分」之從八,猶「米」之從八。八伸之,香遠聞也;八曲之,其貌外舒,其意內函也。花之芬芳,亦謂之芳菲。本作「非」,古文作□。「非」之右從□,蓋側□之字,亦從Ψ而化者也。反□爲□,

合之爲「非」，後人借爲是非字，乃加𦬇以別之。《上林賦》「郁郁菲菲，眾香發越」，「非」之義也。飛字從非，故其文爲𩙿。論者乃謂「方」爲象併舟總頭之形，「分」爲從刀以分別物，「非」爲是非之字。夫天下之形，號之有萬，而寫之於象，則亦不能多其形也。是故「孚甲」之「孚」、「秀糸」之「糸」、「𥤕落」之「𥤕」，其所從者𠃛，乃「非」字之右傍。或古有其字，古文或作𣎵。而「手𠃛」之「𠃛」亦同其形。「芬芳」之「分」從𠂛，而「刀兵」之「𠚣」亦同其形。聖人知其然，故同而同之，因以異而異之也。聖人豈好爲是相溷之形以亂天下人之耳目哉？因乎自然，蓋亦有不得不然者存。𦬇字從倒屮，佩巾字亦從倒屮，蓋有不得不同之勢，非即從其字也。然則梜之云方、云桴者，蓋借「芬芳」、「孚甲」之字而用之，而併舟之爲方舟以借桴梜編連竹木之意而用之，論者乃以「方」爲象併舟之形，然則「曾不容刀」之「刀」爲小舟也，豈謂從「方舟」之「方」而省其首爲「刀舟」之「刀」？而「刀」之製字本不從刀兵起也，夫豈其然哉？然則六書之學難明也，於其不可復明者而與人言之，辨之，多見其惑也。吾今之述「棟」「梁」也，非有莊叟之文爲佐證，則終亦嘿而息焉已矣。或問曰：「莊之言何以足證也？」曰：「莊叟自言其本義而已，非於有所不明之後而與人辨之言。若如吾今日言『分』、『方』之字於本義既失之後，而偈偈乎與人言之，安知聞之者之不隨而議其後也？」（《釋宮小記・棟梁本義述上》）

案：此例程瑤田通過分析字形探求「方」、「分」和「非」的本義，繼而又指出其引申義和假借義。他認爲「方」本義來源於屮，「分」字從「方」分化而來，都是指花之芬芳。「非」本義與「分」同，後被借爲是非字，本義則加𦬇爲「菲」來表示。程氏於此三字的字形分析與前人之說皆不同，姑且備一說以俟考。

6、宙從由，由者木之萌蘗脁𦚟音孤都。然也。棟從東，東、𦚟月同音，故科蚪之形脈𦚟月然，《爾雅》謂之活東也。活音括。此宙、棟相通之義，並爲象宷之形而名之。是故甲冑之字從由者，蓋取象於宙之形，猶冕弁之取象於𨳤，本字爲借義所奪，故加「門」或加「木」以別之。冠笄之取象於枅也。（《釋宮小記・棟梁本義述下》）

案：程瑤田通過分析宙、棟的字形來證明二字相通。

> 7、其倨句謂之欘，欘之爲物，鉏屬也。鄭注曰：「欘，斫斤。」
> 引《爾雅》：「句欘謂之定。」《爾雅》字作「斪斸」，李巡曰：「定，
> 鉏別名。」《說文》：「欘，斫也。齊謂之鎡錤。」案：《說文》有「欘」
> 字，又有「斸」字，並訓斫。斫訓擊。戈、戟皆曰擊兵，其用也主
> 於句入，是兵器之有倨句者。今爲倨句舉例而及於欘，故其用亦爲
> 擊，而字有「欘」、「斸」二文。吾於欘從木，當爲鉏；斸從斤，則
> 斤屬。一以起土，田器之句而斫之者也，故曰鎡錤；一以攻木，今
> 木工斧之後，木已粗平，然後用闊斤向懷句斫之。俗呼某子，音與
> 絣同。北萌切。二者同名異實，然皆擊而用之，故同訓斫也。此從
> 木，《爾雅》從斤。鄭注此記曰「斫斤」，而以從木者易《爾雅》之
> 從斤，是以「欘」、「斸」爲一字，專屬之於斤矣。然《說文》二字
> 並訓曰斫，而於「欘」字，以「耨，薅器」、「櫌，摩田器」、「欘，
> 斫也」、「斫謂之欂」諸文牽連并錄，故其解「欘」字又曰「齊謂之
> 鎡錤」，是以爲田器矣。然又出一說云：「一曰斤柄性自曲者」，則
> 又以鉏屬之字兼斸斤之字解之。而斤部所載，則「斧，斫也」；「斪，
> 斫也」；「斸，斫也」；「斯，斫也」。四文同訓。據此則專以爲斫斸
> 斤，而不及田器。余則斷以爲從木者爲治田之句、欘，從斤者爲攻
> 木之斪、斸。蓋曰欘、曰斸，皆言其器之爲曲體；曰句、曰斪，皆
> 寫其曲體之形。其用之也，則無論治田攻木，並向懷而斫擊之。其
> 倨句之度則皆一宣有半，其義殆將毋同耶？（《磬折古義‧磬折說》）

案：鄭玄以欘、斸爲一字，專屬於斤。程瑤田則認爲二字所從之形不同，義
　　也不同。欘字從木，當爲田器；斸字從斤，當爲攻木之器。程氏據形析
　　義，是也。

二、聯繫聲音，追溯語源

　　聯繫聲音，追溯語源，即以語音爲線索尋求語義。這一方法的運用是基
於古人對語言音義關係的認識，清代訓詁學家普遍認識到「義存乎聲」、「聲
近義通」，因此在訓詁實踐中能夠打破字形的束縛，從語音求語義。程瑤田
治考據廣泛運用因聲求義的方法，或推語源，或係同源，多有所得。其例如
下：

1、《生民》之詩又曰：「種之黃茂。實方實苞，實種實襃，實發實秀，實堅實好，實穎實粟。」「穎」次「堅」、「好」後，蓋指采之成而下垂者言之。故毛氏傳云：「穎，垂穎也。」陸氏《釋文》云：「穎，穗也。」穎成於穗，故穗、穎互通。司馬相如云：「蓮一莖六穗。」蓋六穎也。此詩言苗生次第甚詳備，而毛鄭說有互異。如毛氏以「方」為「極畝」，「種」為「雍腫」。鄭氏以「方」為「齊等」，「種」為「生不雜」。余考其字義，而以生長之節次比附而疏之，竊謂「方」之言分也。穀種得氣，始分開也。「苞」，穀始生苗，包而未舒也。「種」，苗出地短，若《左傳》言「發種種」也。「襃」，苗漸長，若董仲舒傳言「襃然為舉首」也。「發」，苗盛莖生也。「秀」，作采成孚也。「堅」，則秀而實矣。「好」，則實而不秕矣。「穎」，采垂末也。「粟」，嘉穀成也。《大田》之詩，先言「種」後言「方」。鄭氏以「種」為先擇其種，「方」為「孚甲始生而未合時」。於此可悟古人異實同名，惟變所適，而皆有其確不可易者也。（《九穀考·粱》）

案：程瑤田釋《生民》詩中「方」和「苞」，以音求義，是也。

2、稻、秫大名也。稬，糯也，其黏者也。《字林》：「糯，黏稻也。」粳之為言硬也，不黏者也。《字林》：「粳，稻不黏者。」（《九穀考·稻》）

案：程瑤田以硬釋粳，說明粳為不黏者，是也。

3、麻花五出，色青白，薄而尖，大如桂花，中有五鬚，鬚末虰五點，藥有淡黃粉。花初開時，五藥合而為圓形，後亦開為五出，每出中生棱，與外五出者形小異也。蕡之為言蓬也，蓬蓬勃勃然，攢簇生莖葉間，一葉或九出，或七出，或五出，或三出，至莖末，亦有獨葉，無歧出者。李時珍云：「葉似益母草。」不然也，麻蕡枝生節間，必以一大葉承之，每一枝上結子數十，而每一子，又必有一碎葉承之。非若他穀之結實鹵鹵也。余以為蕡以實言，并其釋殼碎葉而名之。（《九穀考·麻》）

案：蕡為麻的種子。程瑤田以「蓬」釋「蕡」，點明形狀，是也。

4、戈、戟所以謂之句兵者，其用橫毂，故《盧人》職又變言

「戟兵」也。矛所以謂之刺兵者，其用直刺。故《說文》云：「刺，直傷也。」鄭氏用司農說：「援，直刃也，胡其子。」是以援爲直傷之刺，而謂胡爲子然橫也者，誤也。援在上而橫，援之言引也。開弓曰引，義由橫而生。胡在援下，如嚨胡之下垂，故《說文》謂之」平頭戟「，援不上偃也。（《考工創物小記・造戈秘記》）

　　胡之言喉也，援曲而有胡，如人之喉在首下，曲而下垂。然則胡之名，因援而有者也。援折爲胡，於是戈之倨句生焉。（《考工創物小記・與阮梁伯論戈戟形體橫直名義書》）

案：程瑤田以「引」釋「援」，以「喉」釋「胡」，說明了「援」和「胡」的命名之由。

　　5、「桃氏爲劍，臘廣二寸有半寸。」臘者何？臘之言鬣也，前承劍身而後接於莖，豐中而漸殺焉，以橫趨於兩旁如髮鬣鬣然，故謂之臘。《釋文》臘「一音獵」是也。橫者臘之，廣則中豐者，其從也。劍身間之，故有兩從。從半於廣，故廣二寸有半寸，從則一寸有四分寸之一矣。莖者何？人所握者也。莖之言頸也，在首下，鬣被於其前，望形立名，惟其似也。以臘廣爲之圍，則參分臘廣之一，其莖圍之徑也。「中其莖」者何？當莖長之中也。「設其後」者何？後之言緱也，以繩纏之謂之緱。緱之言喉也，當莖之中設之以之容指，而因以名其所纏之繩。《史記》馮驩《國策》作馮煖。有一劍，又蒯緱，說者謂劍把以蒯繩纏之。劍把者，莖也。莖必纏以緱，故知中其莖而設之者在是也。（《考工創物小記・桃氏爲劍考》）

案：程瑤田考劍的各部位名稱，以聲音爲線索尋其命名之義。臘之言鬣也，莖之言頸也，後之言緱也，緱之言喉也。惟釋「臘」有誤，他皆精當。「臘」之義，前文已辨之，此不贅述。

　　6、古鐘羨而不圜，故有兩欒在鐘旁，言其有棱欒欒然。「兩欒謂之銑」，鐘是以有兩銑也。銑判鐘體爲兩面，面之上體曰鉦，其下體曰鼓。鼓所以受擊者。鉦之言正也，鼓上爲鐘之正體矣。體有兩面，故有兩鉦、兩鼓也。（《考工創物小記・鳧氏爲鐘圖説》）

案：鉦爲鐘的一個部位名稱，程瑤田據語音求其命名之義，是也。

　　7、柯之言阿也，句不及矩之謂也。斧內以柲，其倨句之外博

也應之，故謂之柯，而因以名其柲。此與戈之倨句外博同度。欘，
句欘也。《爾雅》曰：「斫斸謂之定。」蓋鋤屬。《釋名》：「钁，誅也。
主以誅除物根株也。」其著柲也，句於矩，與一宣有半相應。「時耕
曰宣」。宣之言發也，菜田反草之謂，而因以名其器。蓋句欘之又句
者也，故與半矩應焉。半矩倍之則矩也。三之則磬折之倨句也。（《考
工創物小記‧宣欘柯磬折倨句度法述》）

案：角度名稱柯，程瑤田認爲柯之命名取義於阿曲，是也。

8、《爾雅‧釋草》云：「苗，蓨。」又云：「蓧，蓨。」郭氏不
詳所謂。《釋木》云：「柚，條。」郭氏以爲「似橙而酢」，用《説文》
解也。余曩以爲苗、蓨、蓧、藋四文一義，皆藜也，又謂之蓳。蓳、
藜同聲，蓳又音苗，與蓨、蓧、藋，又皆聲相通轉。嘗作《釋藜》
之文，詳哉言之矣。然苗、蓧之名，以其枝條遠揚、由蘗叢生而命
之。夫如是，則《釋草》之文「苗，蓨」、「蓧，蓨」之釋以爲藋也，
則命名有其義；名藋爲由、條有其義，則由、條之本義固自有在矣。
不然，《釋草》曰由條，《釋木》又曰由條，如指一草一木而言之，
何草與木之一物兩名者若是班乎？吾於是知由條之有本義也，是故
《釋草》之以蓨釋蓧也，蓨之言修。修，長也。言蓧乃苗之長者也，
苗其稚者或知矣。竹曰篠，篠、條一聲之轉，義亦如是。《盤庚》曰
「若顛木之有由蘗」，《説文》作「粵枿」，言粵初生細條也，正與《爾
雅》合矣。余又讀《禹貢》，至兗州曰：「厥草惟繇，厥木惟條。」
繇、由字相通。兗於九州，爲衆流所歸之地，禹告成功，兗最爲後，
所謂「作十有三載乃同」者也。洪水泛濫之時，幾於不生草木矣。
水由地中行，然後草木萌動，其初也，但有繇而已矣，條而已矣，
蓋與青之草木漸包，皆爲傷於水者也。揚州亦最下之地，然在南方，
氣暖，發生之功特速，「厥草惟夭，厥木惟喬」，固已華英美好矣，
干雲蔽日矣。而高山大林，雖洪荒之世，材之老於其中者蓋不可勝
數，故楢極任正之材，足充廊廟選者，所在多有，其異於兗之草木
繇條者，亦固其所耳。繇屬草，條屬木，鉅細之別也，而草、木中
亦各有其鉅細，故繇、條之於草、木又得相通焉。余於由、條二字，
既證之《説文》，解《盤庚》；又證之於《禹貢》兗州言草木，則《爾
雅‧釋草》、《釋木》之所舉者，可互推之而得其本義，而似橙之柚

與蘼、菫之條，則皆由是而之焉者也。若《盤庚》孔氏傳以由爲用，謂「由蘗」爲「用生萌蘗」，失其義矣。許叔重傳孔氏學者，而《盤庚》之傳與《說文》異，乃若是亦異乎？其爲僞傳耳。(《釋草小記・由條說》)

案：此例程瑤田以語音爲線索考由、條本義。程氏認爲「由」即《說文》之「㘤」，指初生細條，並證之《盤庚》、《禹貢》之文；認爲「條」本義即枝條遠揚，據《爾雅》「蓧，蓨」之訓，蓨之言修，修即長也。那麼，或草、或木，從由、條得聲之字，其義可知矣。程說是也。

9、《玉篇》：「萊，藜草也。」《廣韻》亦云：「萊，藜草。」《詩》「北山有萊」，說者謂萊即藜也。余案：萊、藜一聲之轉，今不治之地多生藜，藜、萊相通，故治荒薉之地曰闢草萊也。如《左傳》、《莊周》、《管子》、《太史公之書》、《月令》、《韓非子》所云，《月令》：「孟春行秋令，則藜莠蓬蒿并興。」《韓非子》：「孟獻伯相魯，堂下生藿藜，門外長荆棘。」皆言其生於不治之地。(《釋草小記・釋藜》)

案：此條考「萊」。程瑤田認爲萊、藜一聲之轉，萊即藜。是也。

10、《爾雅》：「釐，蔓莕〔註1〕。」《說文》亦曰：「萊，蔓莕〔註2〕也。」釐、萊亦一聲之轉也，然與藜、萊之聲相轉者不同，蔓爲葛屬，與藜蘼大別。(《釋草小記・釋藜》)

案：此條考「釐」。程氏指出釐、萊一聲之轉，釐即萊，蔓華也。那麼，萊爲異物同名，一是藜草，一是蔓華。程說是也。郝懿行《爾雅義疏》亦云：「釐，《說文》作『萊』，云『蔓華也』。萊與釐古同聲。」〔註3〕

11、《說文》：「蓈，苕之黃華也。」《爾雅》：「黃華，蓈。白華，茇。」證以「蓈、芀，茶。蔈、荂，芀」之云，可知苕與芀音邇字通也，苕與茶音轉事同也。則所謂「苕之黃華」者，不猶言「茶之黃華」乎？故菅之茶稱白華，委棄之茶亦當稱白華，葉未委時則黃華也。余嘗目驗之，如前所陳。委棄之茶若干種，惟薊華紫色，餘

〔註1〕當作「華」。
〔註2〕當作「華」。
〔註3〕郝懿行《爾雅義疏》，上海古籍出版社，1983年，第1003頁。

皆黃華，所謂蓸也。《說文》：「蓸，一曰末也。」茇有本義。《說文》：「茇，草根也。」《曲禮》：「燭不見跋。」跋謂本也。是故其實名蓩，又名荼，含英之荼爲委棄之本，所委之葉爲荼，所含者是其末也，其末黃華，其本白華，故曰「黃華，蓸。白華，茇。」蓸、茇之義，斯爲信而有徵矣。獨是《爾雅》「黃華，蓸。白華，茇」之文，綴於「苕，陵苕」之下，郭注「陵苕」，引《本草》「一名陵時」，邢疏引《詩・小雅》「苕之華，芸其黃矣」，鄭箋云「陵苕之華，紫赤而繁」，不指委棄之荼言。（《釋草小記・釋荼二》）

案：此條考「蓸」與「茇」。「蓸」爲苕之黃華，「茇」爲苕之白華。程氏通過聲音求「苕」之義，認爲苕、荼爲轉音，所指同也，則蓸、茇爲荼之華可知也。繼而程氏以目驗證其說，是也。並徵引文獻，證「蓸」、「茇」分別有「末」、「本」義，其末黃華，其本白華。

12、瀆之爲言獨也，獨大曰瀆，獨小亦曰瀆。《爾雅・釋水》云：「江、河、淮、濟爲四瀆。四瀆者，發源注海者也。」此言獨大之瀆。獨出獨歸，非他水之所能奪，故謂之瀆也。又云：「水注川曰谿，注谿曰谷，注谷曰溝，注溝曰澮，注澮曰瀆。」此言獨小之瀆。瀆注之則曰澮，澮之爲言會也，會合眾瀆，遞會遞大而至於川，故百川雖大，舉不得瀆名，而唯原泉之初出者爲瀆。故曰獨小曰瀆也。四瀆之始，亦由原泉初出，未始非獨小之瀆也。及其出山，放乎中流，如獅之獨行，不求伴侶。其他枝水，入則吞之，自失其名。而是瀆也，滔滔數千里，體大名益大。自原泉直達於海，故曰「發源注海」。言至「注海」，不失其發源獨行之名。獨大曰瀆，此之謂也。吾謂古人文章，一字不苟下，於「發源」二字見之矣。而獨小之瀆，山下出泉，庸非獨乎？然此一瀆也，彼又一瀆也，眾瀆注澮，名之曰澮，便失瀆名。由澮而溝而谷而谿以至於川，遞注遞大，遞易其名，皆非獨大之義，故必其始之獨小者，得專瀆名也。疏《爾雅》者，不知「注澮曰瀆」爲獨小之義，而泥四瀆獨大者以解之，於五「注」字一線上溯文義不可通，於是遷就說之，而曰山穀水有不盡注於谿者，則注於溝，自溝注於澮，自澮注於瀆，如此則瀆爲大矣。以小加大，去順效逆，不顧文理之安，此何說也！谿在谷後，故穀

水注之以注於川。溝在谷前，故溝水注谷，谷安能轉於溝耶？若澮
又在溝前，瀆更在澮前，澮注溝，溝安能轉注於澮？瀆注澮，澮安
能轉注於瀆？改「注溝曰澮」，而曰「自溝注於澮」，改「注澮曰瀆」，
而曰「自澮注於瀆」，吾雖欲從而爲之辭，吾將何說之辭耶？漢水之
入江也，《禹貢》曰：「江漢朝宗於海。」似漢有與江並大之勢。然
漢不得名瀆者，入江後即失漢名，而附庸於江，特書曰「東爲北江」，
可想見其不得名瀆之故矣。（《禹貢三江考·述瀆》）

案：此條考「瀆」。程氏以聲求之，瀆之爲言獨也，瀆的特徵在於獨。有獨大
之瀆與獨小之瀆。程氏據此指出疏《爾雅》者之誤，還說明了漢水不能
稱瀆的原因。程說是也。

　　13、庶姓者，小宗之法所由立者也。孫以祖之字爲姓，故同
祖昆弟謂之同姓。是故自曾祖與族曾祖，等而下之，旁及於族昆弟，
皆與我同姓於高祖者也。其宗子，所謂「繼高祖之宗」也。自祖父
與從祖祖父，等而下之，旁及於從祖昆弟，皆與我同姓於曾祖者也。
其宗子，所謂「繼曾祖之宗」也。自父與世父叔父，等而下之，旁
及於從父昆弟，皆與我同姓於祖父者也。其宗子，所謂「繼祖之宗」
也。若夫繼禰之宗，合昆弟之伯仲叔季，而同出於我之父者也。見
於《詩》者，別之曰同父。以宗法推之，同父猶之同姓也。同姓四，
故小宗有四。而與繼高祖之宗所同之姓，則謂之庶姓。何以謂之庶
姓也？其屬謂之族，故其姓謂之庶，庶之爲言族也。同其族親，故
同其庶姓；同其庶姓，故同宗其繼高祖之小宗。（《宗法小記·庶姓
述》）

案：此條考「庶姓」義。程瑤田以音求之，庶之爲言族也。庶姓即族姓，是
與繼高祖之宗所同之姓。程說是也。呂思勉云：「始祖之姓曰正姓，百
世不改；正姓而外，別有所以表其支派者，時曰庶姓。庶姓即氏也。亦
曰族，隨時可改……蓋正姓所以表大宗，庶姓所以表小宗也。」〔註4〕

三、比類推論，同族互證

　　同族詞往往具有某一共同的特徵，程瑤田就利用同族詞的這一特點考釋

〔註4〕呂思勉《中國社會史》，上海古籍出版社，2007年，第245頁。

詞義。程氏云：「觸類旁通，其義自見。」即繫聯同族詞語，據此求彼，援彼證此，互相證明。其例如下：

1、鄭氏注：「朸爲三分之一。」瑤田謂：朸，餘也。又分也，理也。地理爲朸，分處皆朸也；木理爲朸，分處皆朸也；「歸奇於扐」，指之分處皆扐也。人之脅肋非一也，天馬肋過十三，異駒類各十六，沅江龜甲蓋九肋。然則分出而成理者皆曰朸。分出成理，其朸不一，於不一中而指其一，因亦謂之朸。朸者，餘也。《王制》：「祭用數之仂，喪用三年之仂。」注以爲十分之一也。十分之一可曰仂，則三分之一當亦可曰朸。然十分之一，其說可憑，以《王制》用數，非三分之說足以破之。三分之一以言捎藪，證以上下文，不得謂其必非十分之一也。蓋以轂心爲所捎之藪，則三分之一爲轂圍之餘。此鄭注之說。以轂邊輻鑿之深爲所捎之藪，則十分之一爲轂圍之餘。此依《王制》注而爲之說。余謂鑿深爲藪，說似較勝。朸爲十分其圍之一，其數三寸二分五釐四豪一絲六忽六不盡。轂圍之數見《轂長眞度說》中。於此數中捎藪以爲鑿深，深三寸，用朸之成數也。何以知其止於三寸也？量鑿深以爲輻廣，輻廣三寸也。何以知輻廣之止於三寸也？《車人》大車輻廣三寸，柏車、羊車不見輻廣，亦三寸可知。然則輪無大小，輻廣不得過三寸，亦不得不及三寸矣。（《考工創物小記・輪人造轂義述》）

案：程氏釋《考工記・輪人》「以其圍之朸捎其藪」之「朸」，據同源之詞——朸、朸、扐、肋皆有「分理」之義，得出：「分出而成理者皆曰朸」。進而推知：分出成理，其中之一，亦可稱「朸」。其說甚辯。鄭、程二氏皆以分數釋「朸」，祇是鄭氏認爲「朸」爲「三分之一」，程氏認爲「朸」爲「十分之一」。程說似更符經義。

2、禾采成實，離離若聚珠相聯貫者，謂之穖。與珠璣之「璣」同意。《呂氏春秋》「得時之禾，疏穖而穗大」；「得時之稻，長秱疏穖」。高誘注云「穖，禾穗果贏」是也。而徐鍇以爲「禾莖」，失之矣。（《九穀考・梁》）

案：程瑤田釋「穖」聯繫同族詞「璣」，二詞具有共同的意義特徵。

3、秠音卑，今穀名中無「卑」音者。余以意斷之曰：禾別曰

「稗」，黍別曰「𥟖」，而未敢信也。丙申歲居京師，庭中芒種後生一本數十莖，貼地橫出。至生節處，乃屈而上聳，節如鶴膝，莖淡紫色，葉色深綠。每一莖又節節抽莖，成數穗，穗疏散。至大暑後而穀熟，光澤如黍。余以為此必𥟖也。見農人問之，則曰「稗也」。余曰：「農家所種稗似粟，與此殊不類。」則對曰：「此野稗也。亦曰『水稗』。」余乃檢《玉篇》、《廣韻》中「𥟖」皆有「稗」音。𥟖為黍別，無疑也。稗、𥟖並宜卑濕地，又視禾黍為卑賤，故字皆從「卑」。（《九穀考・黍》）

案：此條考「𥟖」，求之同源詞「稗」，禾別曰稗，黍別曰𥟖。並進一步探求二詞的語源，因宜卑濕地，故從「卑」得聲。

　　　　4、《本經》「蛞蝓」，《爾雅》曰「蚹蝓」。《本經》「增補」曰「附蝸」，《爾雅》曰「蚹蠃」，其稱名也並從同況。凡物之有「俞」聲者，多狀其腹形。如蜘蛛，《方言》亦謂之「蛛蝓」，又謂之「蝳蜍」。曰「蝳蜍」者，「侏儒」語之轉也，又謂之「蠾蝓」。故凡腹下肥謂之「腴」，「臾」、「俞」聲亦通也。羞濡魚者，冬右腴，故垂腹謂之垂腴。《爾雅》：「鱻醜鮬。音俞。」《說文》曰：「垂腴也。」以聲求之，可得其似。蛞蝓腹垂邊外，鋪如劍鍔，尾如劍末，腹闊於背，蛞之為言闊也。是蛞蝓之名於蝸牛為近焉。若夫蛞蝓之聲，有稱名與之同者。《說文》曰：「人相笑歈瘉。」《玉篇》作「撇撤，輕笑貌」。《廣韻》作「歈歋，手相弄人」。又作「邪歋」，又作「撇歈」，皆曰「舉手相弄」。案：弄者，謂非笑時，麾其兩手，以示輕誚之意。抑或拍手笑之，皆所謂弄也。《後漢書・王霸傳》：光武在薊，令霸至市，募人以擊王郎，市人皆大笑，邪揄之。《晉陽秋》作「揶揄」，言羅友答桓溫，途逢一鬼，大見揶揄。又觚俞，古之聰耳人。《列子》曰：「焦螟群飛，集於蚊睫，弗相觸也。棲宿去來，蚊弗知也。」「觚俞、師曠，方夜擿耳，俛首而聽之，弗聞其聲。」夫擿耳必以手，亦舉手相弄之貌也。抑又思之，虒俞，亦不獨指手言。《說文》：「委虒，虎之有角者。」觚俞，字亦從角。然則，凡手、足、頭、角、身、腹傾曲運動之貌，皆得以是形之。（《釋蟲小記・蛞蝓蝸牛正譌記》）

案：程瑤田考蛞蝓即蝸牛，實用因聲求義之法。其中無論是推論「故腹下肥謂之『腴』，『臾』、『俞』聲亦通也」，還是印證歈瘉、撇撤、歈歋、邪歋、

邪揄、捓揄、觗俞、虒俞等同族詞皆有「傾曲運動之貌」義，都無不體現這一精神。

　　5、《說文》曰：「宇，屋邊也」。宇之言於也，於於然圜也。古者明堂之制以茅蓋屋而圜其上，蓋宇之遺象乎？宇圜而廇焉者也。廇之貌恒俯，故梁之反而上仰者謂之反宇也。宇又謂之宸。宸之言脣也，故「鳧氏為鐘」，「銑間謂之於」，鄭氏以為鐘脣也。《說文》：「宸，屋宇也。」韋昭《國語》注云：「宸，屋霤。宇，邊也。」《西京賦》：「消雰埃於中宸。」薛綜注云：「宸，天地之交宇也。」以宇釋宸，蓋謂天地交接處如屋邊也。《魏都賦》：「暉鑑柍桭。」劉淵林注云：「桭，屋宇檼也。」義與宸同矣。《集韻》於「宸」字外別出「桭」字，注云：「柍桭，屋端也。」義亦與屋宇不異。《廣韻》以桭為兩楹間，則與「宸」音同而義異矣。（《釋宮小記·棟梁本義述下》）

案：此條考「宇」義，程氏從兩個角度證明「宇」表示屋邊，這兩個角度皆是以聲證之。首先，宇之言於也，於於然圜為宇之象。其次，宇又謂之宸，程氏繫聯宸的同源詞——宸、脣、桭，說明宸表示屋邊，則宇之義亦明矣。

　　6、凡物稚小者，皆目之以弟。稊稗於五穀，若尊之臨卑，兄之畜弟也，故以名之。《爾雅》：「藗，芺。」芺之與藗聲相轉，而弟、失二字又義相通，故《虞書》「平秩東作」，《說文》作「平豑」。《爾雅》：「瓞，瓝。」瓝瓜小，故瓝從勺，而瓞從失也。余嘗疑藜即稊。《淮南子》：「離先稻熟，離、藜字通，余已詳論之。而農夫耨之，不以小利傷大穫也。」說者或以為水稗，余謂非稗也，稗熟不先於稻。乃稊也。稊與藋亦聲之轉也。今北方於大穫之外種稗復種藜。又藜無地不生，貧民爭掃收之，以為禦冬之糧，他物不足以當《孟子》所謂五穀不熟，反不如之者。是藜可即稊與？且弟之義，余得推而論之，涕與淚對而從弟，鐵與金銀銅錫對而或從失，失、弟義通，弟、夷義又通也，故鐵或又從夷，而涕亦謂之洟。《釋名》「妻之姊妹曰娣，母之姊妹曰姨。」亦如之。觸類旁通，其義自見。然則藜為藋，藜、藋為兩種，對文則異，於《釋藜》篇中已詳論之。即為稊。（《釋草小記·釋蓬二》）

案：此條考「稊」，程瑤田通過繫聯同源詞得出：從「弟」、從「失」和從「夷」
　　得聲之字，義皆相通而有「稚小」之意，並由此推知「稊」義。郝懿行
　　疏《爾雅》「蕛」云：「今驗其葉，似稻而細，青綠色，作穗似稗而小，
　　穗又疏散。其米亦小，人不食之。」〔註5〕可知「蕛」的特徵正在於小也。
　　今謂程氏論「稊」之語源甚是，而以「稊」爲藼爲藜則誤。郭璞《爾雅
　　注》云：「蕛似稗，布地生，穢草。」〔註6〕當爲確詁。

四、利用對文，推求詞義

　　孔穎達云：「作文有體，章類宜同。」〔註7〕可知古人爲文遵循一定的辭
例。對文推義的方法就是利用了古人行文的這種規律。「古人行文，一句之中
詞語往往兩兩對稱，上下幾個文句中又多作對偶並列，其中處在相同地位的
詞，稱爲對文。對文因古人行文講究對稱、對偶的形式美而產生，具有對文
關係的詞，不但要求語法功能相當，如在句子中處於相同的位置，充當相同
的句子成份，具有相同的詞性，而且詞義也必定相同、相近，或者相對、相
反。正因爲對文在詞義上存在這麼一種特殊的關係，這就爲據詞義已知的一
方推求詞義未知的一方、據詞性已知的一方推求詞性未知的一方等等提供了
可能性。」〔註8〕程瑤田考證詞義也多用此法，其例如下：

　　　　1、䴝，煮麥飯多汁者也。《荀卿書》：「冬日則爲之饘粥，夏日
　　則與之瓜䴝。」「䴝」與「瓜」連文，而與「饘粥」爲反對，則充虛
　　解顋，饘粥爲宜；救暍已焱，瓜䴝是賴。此可以得「䴝」字之義。《玉
　　篇》：「䴝，麥麥也。」《廣韻》：「䴝，麥粥汁。」（《九穀考‧麥》）
案：此條考「䴝」義，程氏利用「瓜䴝」與「饘粥」對文，推知其爲粥義。
　　再引字書釋義以證成之，可從。

　　　　2、《廣雅》云：「吳羊牡一歲曰羜羝，《說文》：「羝，羊未卒歲
　　也。」三歲曰羝。牝一歲曰牸羝，《篇海》：「羍，牸羊也。」三歲曰
　　牂。」李時珍曰：「牡羊曰羖，曰羝；牝羊曰牸，曰牂。」說本《廣
　　雅》。案《干祿字書》：「羜通羖。」今「羜」與「牸」字對，牸有擧

〔註5〕郝懿行《爾雅義疏》，上海古籍出版社，1983年，第965頁。
〔註6〕《爾雅注疏》，北京大學出版社，1999年，第239頁。
〔註7〕孔穎達《詩‧大雅‧文王有聲》「文王烝哉」疏。
〔註8〕王彥坤《訓詁的方法》，《暨南學報》，2005年第6期，第103頁。

生之義，故爲牝。《史記・平準書》：「乘字牝。」又曰：「畜牸馬，歲課息。」以「牸」對「羖」，羖之爲牡何疑？（《釋蟲小記・改正爾雅羭羖牝牡轉寫互誤記》）

案：此條考「羖」義，利用了《廣雅》的對文。《廣雅》云：「吳羊牡一歲曰牯羠，三歲曰羝。牝一歲曰牸羠，三歲曰牂。」「牯」與「牸」相對，牸指牝羊，則牯指牡羊。牯即羖，羖通羖，則羖亦牡羊。

3、《左傳》曰：「粱則無矣，粗則有之。」粗，猶大也。鄭氏《月令》注云。即所謂蔬食也，《喪服》傳：「食蔬食。」注云：「疏，猶粗也。」穆之謂也。或曰：「《召旻》之詩：『彼疏斯粺。』」毛傳云：「彼宜食疏，今反食精粺。」箋云：「疏，粗也。謂糲米也。米之率，糲十粺九。」據此，則《左傳》所謂「粱」，庸詎知其非謂米之粺者？以對粗爲糲米，安見粗之必爲穆乎？余曰：梁自有糲、有粺，不得專粺之名。且《國語》云：「季文子無衣帛之妾，無食粟之馬，曰：『吾觀國人，其父兄之食粗而衣惡者猶多矣，吾是以不敢。』」此以「粟」與「粗」對文。然則，謂之粟者，亦可以爲粺之謂乎？粟、梁不可爲粺，故粗定主於穆。夫一家之中，父兄尊老，子弟卑賤，賤者食穆，宜飯粗食耳，老者則當食梁肉。今國人之父兄食粗者多，則是食梁者少矣，尚敢以粟飼馬乎？粟爲梁之穀，明矣。則食粗非食穆而何哉？季文子事，在《國語》則仲孫它諫之，在《左傳》則范文子稱其忠。然則，卿大夫家馬，固有食粟者矣。據《曲禮》，君馬年豐則食穀。它，獻子之子。獻子過其言而囚之，自是馬餼不過稂莠，前此則固食粟矣。稂莠，似粟之草。粟非梁之穀而何哉？《召旻》之詩，疏、粺對言，鄭氏隨經釋義，故得訓「疏」爲糲。「疏」字義寬，言各有當。是故，《玉藻》：「客飧，主人辭以疏。」《雜記》：「孔子食於少施氏，祭及飧，并辭曰疏食。」此修辭之法，雖稻、梁可云疏也，烏得據之以相難耶？《淮南子》載陳駢子對孟嘗君曰：「臣之處於齊也，糲粢之飯，藜藿之羹，以身歸君，食芻豢，飯黍粢。」案：粢，即《籩人》職「糗餌粉餈」之「餈」。《說文》「餈，或從米」。《方言》：「餌，或謂之粢。」蓋粉米餅之曰粢，即韓非子所謂「糲餅菜羹」者也。糲粢與黍粢對文，糲誠疏矣。黍果得專粺之名乎？黍而不得專粺之名，亦猶粟、

梁不得專粺之名也。然即以爲得專粺之名，而以粺與疏對也，則稻既與疏對，而爲粺矣，粟、梁又與疏對，而爲粺矣，黍又與疏對，而爲粺矣！夫如是，則疏將安歸乎？未有不歸於稷者也。以大訓疏，疏，稷也；以不精訓疏，疏亦稷也。然則，**糲粲**之云，即稷粲之云，不但疏爲稷，**糲**亦爲稷矣。疏謂其形大，**糲**謂其質硬。《淮南子》之**糲**、黍對文，與《左傳》之粗、梁對文，無二義也。其以**糲**爲凡米不精之稱，蓋推廣之義，非本旨也。至以梁爲凡食精者之稱，《國語》「膏粱之性」注：「梁，食之精者。」則是梁本精也，故得假借其名。（《九穀考‧稷》）

案：《左傳》云：「梁則無矣，粗則有之。」程瑤田據《國語》、《淮南子》中對文推知「粗」指稷。是也。

　　4、稼穡者，有事於田之名。《周官‧司稼》注云：「種穀曰稼。如嫁女以有所生。」又《稻人》：「掌稼下地。」注亦云：「謂之稼者，有似嫁女相生。」《伐檀》之詩傳云：「種之曰稼，斂之曰穡。」《史記》：孔子曰：「良農爲稼而不能爲穡。」王肅云：「言良農能善稼之，未必能斂穫之。」《特牲饋食禮》：「主人出寫嗇於房。」注：「嗇者，農力之成功。」《少牢饋食禮》：「宰夫以籩受嗇黍。」注：「收斂曰嗇。」字皆省「禾」。徐鍇曰：「嗇，收也。故田夫爲嗇，吝嗇之意也。」此皆對文，故稼、穡異也。（《九穀考‧稙稚種穉稼穡》）

案：上程瑤田所引例證，皆稼、穡對文，詞義相反，一爲耕種，一爲收穫。

五、根據異文，比照求義

「異文是指同一書的不同版本或不同書記載同一事物出現的文字差異。」〔註9〕異文是考釋古書詞義比較常用的材料。但異文關係複雜，唯其中部分同詞異字或異詞同義者可用於比照求義。程瑤田考據文章中有不少地方根據異文推求詞義。其例如下：

　　1、禾莖曰「稾」，又曰「稈」。去皮曰「稭」，以爲祭天之席。《禮器》及《郊特牲》之言祭天席也，皆不用莞簟，而用稾鞂。鄭氏注：「穗去實曰鞂。」引《禹貢》「三百里納鞂服」。則「鞂」、「稭」

同也。《禹貢》作「納秸服」，則「秸」、「鞂」同也。（《九穀考·粱》）

案：此條程氏利用異文證「秸」與「鞂」同。《尚書·禹貢》「納秸服」，《禮記》鄭注引《禹貢》作「納鞂服」，「秸」與「鞂」異文。

2、《說文》：「來，周所受瑞麥來麰。一來二縫，象芒朿之形。天所來也，故爲行來之來。《詩》曰：『詒我來麰。』」「麰，來麰，麥也。」案：來，小麥也。《說文》「一來二縫」，《困學紀聞》載董彥遠《除正字謝啓》作「一朿二縫」，《周頌》孔疏引作「一麥二夆」。麰，大麥也。《廣雅》：「大麥，麰也。」「小麥，䴭也。」（《九穀考·麥》）

案：程氏用兩條異文證明「來」表「小麥」。一是《說文》「一來二縫」與《周頌》孔疏「一麥二夆」，「來」與「麥」異文；二是《說文》「來」篆，《廣雅》作「䴭」。

3、餺飥者，以水和麪而成餅，餺飥然也。故《方言》云「餅謂之飥」。而不托、餺飥則字之轉寫異文也。李匡乂謂舊未就刀鈷時，皆掌托烹之；刀鈷既具，乃云不托，言不以掌托也。說載《演繁露》。是以「不」字爲「不然」之「不」，而以「不托」之名專屬之切麪，不然也……《周禮·春官·弁師》「玉璂」，鄭注：「璂讀如『薄借綦』之『綦』。」《說文》作「不借緟」，以「綦」爲「緟」之或文也。《方言》、《儀禮》注、《廣雅》、《古今注》皆有「不借」，而《釋名》謂「不借，齊人云搏腊」。由是言之，「不」與「薄」、「搏」，古皆互通。則「不托」乃「餺飥」之通字，安得以不然之「不」解之耶？（《九穀考·麥》）

案：程瑤田利用異文證明「不」與「薄」、「搏」通，「不托」中的「不」並不表示否定義，祇是因音寫字。是也。宋歐陽修《歸田錄》卷二：「湯餅，唐人謂之不托，今俗謂之餺飥矣。」

4、「麩」與「䴴」通。《漢書》：或謂陳平肥，嫂曰：「食糠䴴耳！」注：孟康曰：「䴴，麥糠中不破者也。」晉灼曰：「䴴音紇。京師人謂粗屑爲紇頭。」《廣韻》引《漢書》作「食糠麩」。《玉篇》亦曰：「麩，堅麥也。」引孟康說以證之。《說文》釋「麷」爲「麥䴴屑」，釋「䴷」爲「小麥屑之䴴」，並是物也。以䴴之屑言之，謂

之「麪」，即麩也。故《廣韻》云：「麩，麪也。」以屑之麨言之，
謂之「頼」，故《玉篇》云：「頼，粗麥屑也。」(《九穀考·麥》)

案：「麨」與「麨」通，程氏引異文以證之。《漢書》「麨」，《廣韻》引作「麨」；
《玉篇》「麨」，引孟康說中作「麨」。兩處異文可證二者通。

5、「糗」訓「糒」，「糒」訓「乾」，瑤田因謂《公劉》詩所云
「餱糧」即糗糒。今閱《書·費誓》「峙乃餱糧」，《說文》引之作「峙
乃餱粻」，亦足以徵余之說。(《九穀考·與吳殿暘舍人書》)

案：此條考「餱糧」即糗糒。程瑤田利用異文證己說，是也。《廣韻》：「餱，
乾食。」

6、不字象形，一下「凵」象鄂足著於枝莖，三垂象其承華之
鄂蕤蕤也。然則「孚」之與「不」音同義異：含實曰孚，鄂足曰不。
惟變所適，則二字恒相通也。鄭氏答張逸問「秠，一稃二米」曰：「秠
即稃皮，稃亦皮」，更無異稱。《詩·荼莒》、《逸周書·王會》篇作
「稃莢」，且不惟孚、不通也，付與孚、不亦相通。故鄭氏言「鄂不
當作『拊』」，而《玉篇》亦云「拊，花萼足也」。《說文》「稃」又作
「桴」；「乘桴」，字書或作「泭」；覆車之「罦」，字書亦作「罘」。
蓋「付」字從「寸」與「孚」字從「爪」者同義，余故曰「受」從
兩「爪」順逆相承，非從左「又」之「又」也。王伯厚難《韓詩》
「摽有梅」，謂摽是零落之義，摽乃擊之使落，與「寤闢有摽」之訓
爲「拊心」同意。蓋謂二文全不相涉，不知「摽」、「拊」之從「孚」
從「付」，其義自通。(《解字小記·不字義說》)

案：此例程瑤田利用異文先證孚、不通，次證付與孚、不二字皆通，從而認
爲「付」字從「寸」與「孚」字從「爪」同義。然後以此釋「受」，並駁
王伯厚之說。

六、結合方言，參證詞義

程瑤田治考據非常重視方言口語。不過他更多的是利用方言來考證名
物，解釋詞義的用例不是很多，主要見於其《果臝轉語記》。例如：

1、(果臝) 又轉爲螻蛄，謂之蛞螻也。《方言》云。又轉爲蛙
名之螻蟈。《月令》仲夏「螻蟈鳴」。鄭注：「螻蟈，蛙也。」《釋文》

引蔡云：「螻螻，蛄蟈，蛙也。」《夏小正》：三月「轂則鳴。」傳云：「轂，天螻也。」《爾雅》亦曰「轂，天螻」，注：「螻蛄也。」《易通卦驗》作：「小滿螻蛄鳴。」然則諸說與鄭氏異。案：螻蛄即土狗，吾歙呼剜田狗。余見北方四五月間，大旱後，微雨不透，復烈日蒸作，實生土狗，食麥根而麥萎矣。(《果臝轉語記》)

2、(果臝) 轉之為《吳國語》「民移就蒲臝於東海之濱」；韋昭注：「蒲，深蒲也；臝，蚌蛤之屬。」二字分別釋之，非也。《夏小正傳》云：「蜃，蒲盧也。」今山西平陽府人呼蚌蛤曰蒲蛤。(《果臝轉語記》)

3、《方言》云：「摳揄，旋也。秦晉凡物樹稼早成熟謂之旋，燕齊之間謂之摳揄。」昔吾友戴東原語余云：「夫政也者，蒲盧也，蒲盧，轉變捷速之謂。」然則摳揄即蒲盧之轉，戴氏之云與《方言》合矣，抑摳揄之為旋也……今山西人言鳥突起飛去，云蒲盧兒飛去了。(《果臝轉語記》)

4、山西人以米粉雜麵入水和之，散碎成塊中雜以菜及油。蒸食之，謂之穀壘。吾徽諺語，切魚肉成厚塊，不葍葉切者，謂之穀侖塊，余謂即囫圇也。

5、車有轂有輪，合言之曰轂輪。輪又轉為轆，今皆謂之車轂轆。自有轂轆之名，凡塊然者皆得謂之矣。西北人呼拳曰轂轆，呼人侏儒者亦曰轂轆。吾徽呼物終葵首者，通曰轂轆渠孤都。(《果臝轉語記》)

6、合蒸曰餌，餅之曰餈。鄭司農云：「餈，謂乾餌餅之也。」《説文》：「餌，粉餅也。」「餈，稻餅也。」《方言》：「餌，謂之糕。或謂之粢，或謂之餃，或謂之餣，或謂之餥。」今吾歙猶呼社餈為社餣。(《九穀考・麥》)

案：以上六例都是用方言參證詞義。第 1 例用歙縣方言證螻蛄義；第 2 例用山西方言證蒲臝義；第 3 例用山西方言證摳揄義；第 4 例用山西方言和徽州諺語證囫圇義；第 5 例用西北方言和徽州方言證轂轆義；第 6 例用歙縣方言證《方言》。

第二節　名物考證的方法

程瑤田考證名物採用的方法主要有三：一是目驗；二是參照古物；三是以今證古。

一、目　驗

所謂目驗，就是親自在實際中觀察。這一方法既說明了求實的態度，也體現了科學的精神。注重實踐親驗、反對憑空臆造是有清一代考據學者共同的治學方式，其中程瑤田在這一方面最爲突出。他明確提出了「陳言相因，不如目驗」的觀點，並以此指導他的考據工作。程瑤田《通藝錄》一書，「目驗」二字，頻度最高。程氏利用目驗，或提出新解，或訂正舊說，多有創獲。舉例如下：

> 1、禾有赤苗、白苗之異，謂之「虋」、「芑」。《詩》曰「維穈維芑」是也。《集韻》：「虋，或作䵂，穈稭。」余細詢農人，又以目驗知之。余見禾之赤苗初生，一二葉，純赤色；三四葉後，赤與青相間；七八葉後，則純青矣。今直隸、山西人猶別而呼之曰「紅苗穀」、「白苗穀」。赤、白苗之外，又有黃苗者，黃苗穀殼有黃色、白色二種，米皆不黏。白苗之穀，穀黑米白者黏，穀黑而米亦帶緇色者不黏。黑穀，俗謂之「拖泥穀」。白苗者，即青苗也。初出時色微白，故農人通呼「白苗」，以別於紅苗也。穀之種類甚多，大致皆白苗，米之大致皆黃色，亦有白米。白米亦有黏者。然大致米白者多不黏。赤苗之穀，其黃者有黏、不黏二種。苗赤、穀亦赤者，則其最黏者也。是故，黍亦禾屬，稱嘉穀，而知嘉穀之虋、芑，必非黍者，以黍之苗惟一色，而無赤、白之異。（《九穀考・梁》）

案：程瑤田考「虋」、「芑」，親自觀察禾之赤苗、白苗之異，指出「虋」、「芑」二字專屬於禾。

> 2、麻之一事，余居北方久，又嘗所留心，故能詳之。及自北南歸，因以余所目驗者，證之南方藝麻人，雖或有小異，然種必於春，及五月，有牡麻開花，旋即刈之者，則南北無不同也。（《九穀考・麻》）

案：此條目驗麻之生長過程。

3、根生大菌者，曰菰首，韓保昇曰：「三年中心生白臺如藕狀，曰菰首。」余案：菰首初年分蒔即生，二三年後，根盤結，則生漸少，必更蒔之。韓氏三年生菰首之說，不知何據？菰菜又是一種，一名茭兒菜。亦不與菰首族生，而其草則相似，長亦並有五六尺。菰菜生於夏，菰首生於秋。此吾歙所目驗者。(《九穀考·菰》)

案：此條考菰首，通過目驗駁韓保昇之說。

4、又有一種，俗呼「二耬子」。耬，盛穀播種之器，《廣韻》：「耬，種具。」形如斗，底中有孔。為三股，迆立於前。股空其中，上通於底孔。股端有鐵，銳其末。於斗兩旁施轅設軛，牛駕之行。行則股端鐵畫地，鐵上皆有小孔向後。一人在後，扶其斗而搖之，穀種從底孔入三孔，復自小孔中漏出，恰入畫中，所謂耩也。此余所目驗之耬。(《九穀考·稙稺種秲稼穡》)

案：此條考耬之形制，以目驗得之。

5、惟稷為首種，黍最晚生，而《詩》反言「彼黍離離，彼稷之苗」者，於此不能無疑焉。今年小暑節過天津，見黍麇正秀，而高粱但有長苗，竟斂無一秀者，然後其疑乃釋。立秋十日後南歸，道經直隸、山東諸郡縣，正黍、稷、粱三穀登場之時。大率兗州府以北，黍麇全穫，高粱穫者半，小米未穫者尚多也。問之農人，則曰：立秋穫黍正時，處暑穫高粱正時，白露穫小米正時也。鄒勝以南，三穀盡登。蓋其節氣較前半月。余因叩其秀之時，曰：黍先秀，高粱次之，小米九十日熟者，與黍同秀，百二十日熟者，後於黍麇也。然則所謂黍離離而稷苗者，至是愈無疑矣。(《九穀考·圖黍稷稻粱四穀記》)

案：此條用目驗解《詩》「彼黍離離，彼稷之苗」一句。稷先種，黍後種，但黍秀先於稷，因此有「黍離離而稷苗」之象。

6、《月令》仲冬之月「芸始生」，則鄂州所謂「一陽初起」者是也。《夏小正·正月》「採芸」，傳曰「為廟採也」，二月「榮芸」，是花作於二月矣。諸家惟《群芳譜》言三月開花。山谷祇言春開，不著何月。及閱昔人詩，亦但有「殿春」、「春盡」之云。而余所見作花時，又在六七八九月，疑不能明。余乃蒔一本於盆盎中，霜降

後枝葉枯爛。越兩月，日短至矣，宿根果拙其芽，叢生三五枝。以
爲產於山者盡生矣，乃冬春之間，求之不可得。然則《月令》所謂
「始生」者，不遍生之云也。明年二月十九日春分。廿一日求之山
徑間，處處有之，大者五六寸，小者一二寸，綠葉密佈。心皆有細
葉包裹。某甲拆者，有葐頭攢簇十餘點，花初胎矣，然皆黃色者也。
未拆者，剝開視之，亦並有作花意。蓋此花始作於二月也。至是而
《月令》與《小正》之言皆驗。（《釋草小記·釋芸》）

　　諸家但言白花，而余所見深秋及初胎時皆黃花者，惟郭璞以
「芸」解《爾雅》之「權，黃華」者合。然又不言白花，蓋此花從
仲春至季秋，舒英不歇者閱八月。百花氣候，無長於此者。而又黃
白間作，因時變易。著錄者各以其所見時言之，見於夏日者多，故
率言白花；而不言黃花者，見於深秋及初作花時者少也。又《太傅
禮》，唐宋後晦而不顯，鮮據以爲說，是以言之不能詳。（《釋草小記·
釋芸》）

　　曩年於六月見香草白花呼九里香者，考之爲《月令》仲冬始生
之芸。經四季而察之，乃得明白：始生於十一月，正月可採食，二
月生花，皆與《月令》、《太傅禮》合。惟其花初開者皆黃色，至六
月開者，乃皆白色，而八月以後開者，或雜黃花於白花中。宋明以
來著錄者多，但曰白花，此非目驗不能知也。（《釋草小記·蒔莒蓿
紀譌兼圖草木樨》）

案：程瑤田考芸，親自種植芸草，觀察了一年多的時間，解決了兩個問題：
　　一是確定作花之時，此花始作於二月，可證《月令》與《夏小正》記載
　　之是。二是觀察花色變化，更正諸家言花色之誤，指出此花黃白間作，
　　因時變易。

　　7、嘉慶三年三月廿日立夏，其明日，訪茾蘭於定光寺僧僚後
山，花正大放。此藤本，花葉濃密，可謂垂條而結繁矣。其藤繚曲
紛亂，對節生葉，亦對節歧出生條開花⋯⋯其花五出，偏繞周遭而
中成一孔，空空如也，不見心，亦不見鬚。然五出同本，本作一苞。
剝開中藏五鬚，共繞一心，其心蓋即結角生茾蘭之仁也。世人以其
偏繞成形如卐字，故呼卐字花，而誤以爲四出。又呼車輪花，亦象

其形也。其花苞有足承之，所謂鄂不也，亦五出，如茉莉之花鄂相承然。茲不畫其藤葉，畫正面五出者一，又畫背面連鄂者一，以為多識之一助云。(《釋草小記·圖芄蘭花記》)

案：程瑤田據目驗指出芄蘭花為五出，糾正四出說之誤。

8、關於「苜蓿」的記載見於《本草綱目》和《群芳譜》。《本草綱目》曰：「《雜記》言『苜蓿原出大宛，漢使張騫帶歸中國』。然今處處有之。陝隴人亦有種者。年年自生。刈苗似蔬，一年可三刈。三月生苗……入夏及秋，開細黃花。結小莢，圓扁施轉，有刺累累，老則黑色。」《群芳譜》云：「張騫帶歸。苗高尺餘，細莖分叉而生。葉似豌豆，每三葉攢生一處。梢間開紫花，結彎角，有子黍米大，狀如腰子……夏月取子和蕎麥種。刈蕎時苜蓿生根，明年自生，止或一刈。三年後便盛，每歲三刈。欲留種者，止一刈。六七年後，墾去根，別用子種。」程瑤田亦考苜蓿云：

上二說略同，惟一開黃花，一開紫花，則大異。適兒子藍玉客都中，令其求苜蓿子寄來。大如黍，圓扁而稍尖，皂色，不堅不滑。甲寅花朝節種之，匝月始生。六月作黃花，環繞一莖，莖寸許，著十餘花，莖直上而花下垂。即吾南方之草木樨，女人束之壓髻下，以解汗濕者也。生南方者有清香。此較大，無氣味。開花匝月。七月漸結子，黑色，亦離離下垂。時珍所謂開黃花者，檢所繪圖，即此物。時珍黃州人，當亦求子於北方，而得木樨子以試種者。蓋木樨、苜蓿，北人聲音相似，李氏譌言是聽，而二物又皆一枝三葉，有適然同者，於是圖其狀而筆之書，而不知其大誤也。且若果黃花，不應《群芳譜》獨以為紫，乃復寄書令藍玉詢之山西人。

丙辰秋，乃以真苜蓿子寄來，則與前大異，形如腰子，似豆，又似沙苑蒺藜，而極小，僅如粟大。有薄衣，黃色。衣內肉，淡牙色。中堅而外光。衣肉相著，如麥之著皮，非若他穀有殼含米也……是年未開花。折取草木樨一莖，又取此一莖，兩相較，幾不能辨。惟分別觀之，則木樨如樹成枝幹，此則長莖百十為叢，互相繚結，竟區一片如亂髮然。因其久不作花，乃於初秋傚《群芳譜》和蕎麥復種之。明年戊午春，宿根生苗。四月廿一日，芒種前二日，見其作花，如鴨兒花而較小，連跌約長三分許，淡紫色，四出。一出大

者，專向一方，三小出相對向一方。小出之本，以大出之本包之，跌作小苞含之。苞之末亦分四出。花中有心，作硬鬚靠大出，末有黃蕊。其作花也，於大莖每節葉盡處，生細莖如絲，攢生花四五枝，一簇順垂，不四向錯出。其花自下節生起，次第而上，下節花落，上節漸始生花。此則與《群芳譜》大合。而李氏秋開黃花之說，信為誤認草木樨而為之辭。至其所謂「一科數十莖」、「結莢員扁」、「一年三刈」者，則又拾取古人之說苜蓿者而言之。是非雜糅，均之為考之未審也。其莖分叉，誠如《群芳譜》所云。細察之，自根而上，一莖分兩叉，漸上，一股又分為兩，如此又上至五六成皆然。長者二三尺。五月廿四日小滿，厥後花漸結莢。莢形曲而員，末與本相湊，如小荷包。數莢攢聚，如其作花時……處暑節……筴已黃落，留一二筴，尋得之。剝開，含二子，如所求北方之種焉。因說而圖之，以正李氏《綱目》之譌而還其真。草木樨，亦附圖於後。（《釋草小記‧薊苜蓿紀譌兼圖草木樨》）

案：《本草綱目》記苜蓿開黃花，《群芳譜》記苜蓿開紫花，程瑤田從他處索苜蓿種子親自種植而知是開紫花，李時珍所言開黃花者實是木樨而非苜蓿。

9、蜾蠃、螟蛉一事……揚雄有「類我」之說，陶景破「純雄」之論，余烏知陶之必是而揚之必非與？雖然，世俗相傳所謂螟蛉窠者，則細腰蜂所為之土房者也，是安可不有以察之乎？

歲在壬寅五月夏至後，有如蠅大之小蜂，捷土納筆帽中以間之，然後實小蜘蛛數枚，又捷土間之，又實小蜘蛛數枚，然後以土封其端而去。中兩間，共長寸許。未十日，其端土破。余疑為童子鑽壞之，乃復以土塗其端。越廿餘日，不見復破。及劈開視之，不層有遺蛻一，上層有遺蛻二，赤黑色，如菉豆大而皺瘦，其小蜘蛛盡枯矣。可知是物有子，其必以蜘蛛實之者，豈取其生氣，若鳥之伏卵，以其母之氣，養蠶者納蠶子於當胸之衣間，取暖氣乃出也？陶氏所謂「以擬其子為糧」者，亦意逆之辭耳。此蜂小而瘦，其捷土作之，及封其端，約四日耳。初作時，有蠍蚵之聲，後二日時，藏身其中，則無聲。豈產子其中？至以土封之而去，即不復來矣。

又有一種在壁柱及窗櫺諸阿處，捷土作突起圓房，即俗呼為

「螟蛉窠」者。其蜂首腹分兩段，如小胡盧，中分處，幾有欲斷之勢，蓋所謂「細腰」是了。頭腦及喙，亦如小胡盧，通長太半寸。余於壬寅六月十六日，見其捷土如黍子大，其足六，以前二足及口融其土而作之。須臾之間，蓋往返十餘巡，以成其房。最後於其頂為口，如菉豆大，起緣如小瓶口，哆而張之。既成，以尾納口中而小動之。疑產子也。然後往抱青蟲大者一，長寸許，又往連抱小者二，並納房中，乃毀其口之哆者。又捷土而封之，復以白灰塗其封處而去，亦不復來矣。其成也不半日，作時無聲，飛來有聲，亦不審其為飛聲或鳴聲也。然止即無聲，銜蟲飛來亦無聲。封後七八日，窠旁破一口而去。時未破其窠觀之。又見成一窠，廿餘日不破口，壞其窠視之，則已成細腰蜂，僵死其中。此皆余所目驗。則《法言》所謂「祝之曰『類我』，久則肖之」者，乃想當然之詞，實未得其審也。

是年又見一種大蜂，甚肥，捷土為窠於壁拆縫中。又見一種，連作數窠如竹節於衣摺中，甚黏，諦視之，乃銜松香為之者。二種皆未深考，不具論。論其捷土為房及為於筆帽中者。其為蜾蠃、螟蛉，已非一種。若吾所見抱繭之蜘蛛有螟蛉之名於世俗人之中口，夫固有所受之，正不得謂其非蜾蠃也。然則，蜾蠃信無定形，而螟蛉信無定名也。（《釋蟲小記·螟蛉蜾蠃異聞記》）

案：關於螟蛉蜾蠃一事，歷來有不同的說法。程瑤田通過目驗，詳細記載了蜾蠃捕蟲喂子的過程，知揚雄之言乃臆斷之說。並且進一步提出蜾蠃無定形，螟蛉無定名。

二、參照古物

古物是古代遺留下來的實物資料，與文字資料相比它更加真實可靠。古物可以驗證文獻記載的正誤，也可以彌補文獻記載的缺佚，從而為人們提供更加詳細和精確的資料，這是古物的價值所在。利用出土文物治經考史早在漢代即已有之，比如用孔壁古文經校訂傳世的今文經；後來到了宋代又有金石學，宋人以金石與文獻相印證治考據。但是這些研究基本上都是考證出土文物上的古文字。程瑤田治考據也非常重視考古實物，不同的是，他用出土古物考證文獻記載中的名物。程氏嘗論及古物曰：

今讀《墨子》至《節葬》篇，其言厚葬者曰諸侯死者「多爲屋幕、鼎鼓、几梴、壺濫、戈劍、羽旄、齒革，寢而埋之」。諸侯之葬如是，則等而上之，王者加隆，等而下之，大夫、士以次降殺，莫不埋以是物，數有多寡耳。由是言之，戈、劍之藏於冢墓者，無論夏殷，即周八百年中，殆不可以數記。漢世古制浸變，先代舊物除秦人銷鑄外，其時並在壙中，即有一二出土者，或在凡愚之手，儒者或不得見，鄭氏之不能目驗，勢固然耳。迨歷世既久，冢墓平毀者多，遲之又久，犂之，掘之，嚮之埋藏者稍稍見於世。此數千年後之人，反得見之以證《記》文，而鄭氏不能無誤者，故曰勢也。墨子，周人也，其言足徵。由是言之，戈、劍在今日不乏周人法物者，有由然也。余考磬爲直懸，獨不得古磬證之，今《墨子》言厚葬果不及磬，益見戈、劍流傳者，眞古物也。（《考工創物小記‧讀墨子因論戈劍流傳今世之由》）

此段話程氏主要是客觀分析了鄭玄作注失誤的原因，但是從這一段議論我們也可瞭解他以古物治考據的方法。程氏以此法治《考工》，多有發明。例如，程瑤田考證戈戟，根據二十餘件古戈定戈的形制，後來又發現古戟，據之定戟制。程氏云：

冶氏爲戈，廣二寸，內倍之，胡三之，援四之，倨句外博，重三鋝。戟廣寸有半寸，內三之，胡四之，援五之，倨句中矩，與刺重三鋝。戈、戟並有內有胡有援，二者之體大略同矣，其不同者，戟獨有刺耳……此據《記》文。又驗古戈之流傳於今者皆如此。戟之制，初以未見古戟，惟據《記》文擬而圖之，凡再易稿，付之開雕，於今十餘年矣，復披覽而疑焉。以古戈所見不下廿餘事，而戟不應不一見。乃取所嘗見諸戈之拓本觀之，見內末有刃者數事，中有其援更昂於他戈者，怳然曰：是乃所謂戟也。刺非別爲一物，內末之刃即刺也。既考定戟之眞形，乃盡錄前所逸之拓本，詳爲之說以刻於卷後，而茲篇至是凡三易其稿也。（《考工創物小記‧冶氏爲戈戟考》）

又如程氏考劍，據十餘把古劍疏通證明《桃氏》，定劍各部份名稱，並訂正先後鄭言劍之誤：

劍之諸名義度法，譌互難明，然余觀《桃氏》所記，文從字順，

本自了然。讀者不潛心玩索，專憑後人解說，以先入之言主之，所以纏縛莫解也。余既三復《記》文，因文見義，又幸得觀古劍數以十計，疏通而證明之。(《考工創物小記·桃氏為劍考》)

又如考車制，程氏據古銅鐗求轂外端軸末之圍徑，並以之與文獻相驗證：

余疑鄭氏賢軹之說，大小兩穿圍徑相懸，竊據《記》文，斷以賢軹歸於飾轂。然轂內端函軸之處，其徑四寸四分，有其度矣，而轂外端軸末安轄處，既不憑注小穿之說，而於《記》別無明文，安能憑空立算而知其圍徑乎？靈山方補堂藏古銅器一事，戴以獸首。首下為柄，今尺厚二分，廣三之，長九之。今尺長一寸八分，於古尺為三寸。首接柄處，面背並為偃月形。持以問余，余曰：此車轄也。為偃月者，蓋與軸凹凸相函者也。依其偃月規之，度以今尺，徑二寸二分，於古尺約三寸六分也。以為軸末安轄處之圍徑，雖與其四寸四分者有大小之殊，然與注所擬小穿之徑較，寬一寸三分四釐矣。或曰：《記》無明文，憑此一物，得無孤證乎？余曰孤證固疑，不可為典要也，然其柄適當古尺之三寸，與《墨子》、《淮南子》所謂「古寸之轄」者合，連首適四寸，與《尸子》所謂「四寸鍵」者合，則以是定轂外端軸末之圍徑，其庶矣乎！(《考工創物小記·觀古銅轄求知轂空外端軸末圍徑記》)

他例如：

1、周公華鐘，今尺度之，高六寸六分，通於同身寸，當林鐘倍律也。銑十，銑間八，鼓間六，舞修六，與《考工記·鳧氏》合。銑間、鼓間自漢人誤釋至今，余能知之，得是鐘足為佐證矣……大宗伯河間紀公藏是鐘，命瑤田察其度法，以瑤田嘗考正《鳧氏》舊注，辨之能審也。因據周公華定為周之法物，圖之並橅其銘於後，以與讀《考工記》者共證之。(《考工創物小記·周周公華鐘圖說》)

2、《考工記·梓人》：「凡試梓飲器，鄉衡而實不盡，梓師罪之。」余得是爵試之，而後知先鄭之注允矣。其注云：「衡謂麋衡也。」疏云：「麋即眉也。」案：《王莽傳》「盱衡屬色」，注：「孟康曰：眉上曰衡。盱衡，舉眉揚目也。」《蔡邕傳》「揚衡含笑」，注云：「衡，眉目之間也。」《路史》舜「龍顏日衡」。日衡者，眉骨圓起也。三說衡皆指眉言。鄉衡者，飲酒之禮，必頭容直也。經

立之容，固頤正視，則不能昂其首矣。今余試舉是爵飲之，爵之兩
柱，適至於眉，首不昂而實自盡。衡指眉言，兩柱鄉之，故得謂之
鄉衡也。而後鄭之注則曰：「衡，平也。平爵鄉口，酒不盡，則梓
人之長罪於梓人。」衡指爵之平，是衡而鄉之，非鄉衡也。已又見
族叔盧谷翁所藏古銅爵，取以證之，形制一同。鋬內有銘……據銘，
應亦商爵也。惟口足間有篆，則《士虞禮》所謂縮爵也。等之，重
二十一兩。試之飲，亦鄉眉衡而實盡焉。由是觀之，兩柱蓋即飲酒
之容，驗梓人之巧拙也。(《考工創物小記‧述爵兼訂梓人鄉衡注》)

　　3、今得見古矛，因披《盧人》之文，三復之以疏通而證明焉，
然後矛之爲用，昭然無遁形矣。(《考工創物小記‧盧人刺兵疏證》)

案：以上三例，第 1 例考鳧氏爲鐘，以所得古鐘爲證，第 2 例據古銅爵驗證
　　古注，第 3 例根據古矛疏通文獻，皆據古實物考證名物。

三、以今證古

　　以今證古包括兩個方面：一是以當時的方言口語證古語；二是以當時的
名物證古物。

（一）證以方言口語

　　方言是語言的活化石。方言中保留了大量的古語成分，這就爲方言證義
提供了可能。早在漢代，訓詁學家就已經知道利用方言探求詞義，此後歷代
學者大多重視此法。程瑤田考證文章中多次談及方言口語的重要性，可見他
對方言的重視。程氏云：「夫簡策之陳言，固有存人口中之所亡者也；而其
在人口中者，雖經數千百年，有非兵燹所能劫，易姓改物所能變。則其能存
簡策中之所亡者亦固不少。」〔註10〕「舊名之在人口，世世相受，雖經兵燹
喪亂，不能一日不舉其名，欲其異也，得乎？」〔註11〕程瑤田認爲典籍中所
記載的詞語有一些會在口語中消失，而口耳相傳之語因日日習用往往能夠長
久地保存下來，而且不會隨意發生變化。因此程氏治考據多參證方言口語，
如考定九穀：

〔註10〕程瑤田《釋蟲小記‧螟蛉蜾蠃異聞記》，《程瑤田全集》第三冊，黃山書社，
　　　　2008 年，第 281 頁。
〔註11〕程瑤田《九穀考‧稷》，《程瑤田全集》第三冊，黃山書社，2008 年，第 36
　　　　頁。

　　黍、稻二穀，夫人而知之也。北方之人盡謂黍，南方之人盡識稻也。黍，大名也。黏者得專黍名；其不黏者，則曰穈，或曰穄。今持一黍以示北方之童子，必應之曰「黍」；持穈以示之，其應之者，不曰「穈」，必曰「穄」也。於是求之古人言小學之書，若《說文》、《方言》者，無不與今人口中之言相響應。故曰：黍，夫人而知之也。稻，大名也。黏者別之曰糯，不黏者曰秈、曰粳。今持一稻之糯者或秈若粳者，以示南方之童子而叩之曰：「是何也？」則將笑之而曰：「是人也，奚至於不辨稻之黏與不黏也？」故曰：稻，夫人而知之也……至於梁之一穀，北方謂之小米，亦單呼爲穀。南方謂之粟，與北方黃米之爲黍穈者大異，亦夫人而知之。（《九穀考‧圖黍稷稻梁四穀記》）

　　或謂：稷者，北方所謂小米；黍者，北方所謂高粱也。瑤田案：小米，《說文》謂之「禾」，釋之曰「嘉穀」。嘉穀實曰「粟」，粟實曰「米」，米名曰「梁」……蓋黍、稷、稻、梁四穀中之梁也，今北方亦以此爲食之主，故單呼曰「穀」……其米曰「小米」，所以別「大米」之名也。米色微黃，不曰「黃米」者，所以別黍穈之米名「黃米」也。然則，小米之非黃米，北方之民，夫人而知之也。瑤田又案：黃米，《說文》謂之「黍」，釋之曰「禾屬而黏者也」；其不黏者，曰「穈」，曰「穄」，互釋之曰「穈，穄也」，「穄，穈也」……今北方呼黍子、穈子、穄子，古今無異稱，惟加「子」字而已。其米通呼黃；或又呼穈子爲稷米，蓋因唐蘇恭輩冒之爲稷，故相沿至今有稷米之稱也。小米播於二三月，黃米播於五月。黃米穫在前，小米穫在後。播之時異，穫之時異，米穀之色皆異。北方農民，雖婦孺皆能辨之。瑤田又案：高粱，昔人稱蜀黍，南方呼蘆穄，北方呼紅梁，以農家多種赤色者。又呼粗梁，以其米粗硬，不如黍、稻、梁之美也……通呼高粱，亦通呼秫秫，其稭呼秫稭。瑤田南北上下凡五反，市井商賈交易，輒索其簿券觀之，無不作「秫」字者。曾在鳳陽郡守署，適高粱將穫時，盜者甚眾。告於官，其詞並稱秫秫、秫稭云。《說文》：「秫，稷之黏者。」今則無論黏與不黏，皆曰秫，且稱名半海內。定之爲稷，良亦非誣。是故梁歸於梁，證以赤、白苗而無可遊移；黍歸於黍，則以其今不異於古所云也；稷歸於稷，

又以五方之民舉稱秫秫，而未嘗或有異詞者也。(《九穀考・辯論黍
稷二穀記》)

案：程瑤田定黍、稷、稻、粱之名，求之方言口語，以今證古，理清紛亂之
說。黍、稻二穀，一北一南，舊名沿襲，人而知之。粱之一穀，南北異
稱，北人稱小米，南人稱粟，亦無疑義。稷之一穀，自古以來，眾說紛
紜。程氏據今人口中「秫秫」、「秫稭」之語定爲高粱，亦言之有據。

以上爲考九穀。此外，程氏釋草、釋蟲亦多參證方言，其例如下：

1、藜有數種。一種最小，葉無定形，或橢圓，或歧，或缺。
四五月生，出土數寸，便作穗成秀。至七八月，猶有生者。山西農
人告余曰：「此落藜也。」嫩葉可食……小者，山西人呼落藜，而不
呼灰藿，以其綠葉無灰也。(《釋草小記・釋藜》)

2、委葉之荼不一種，凡花萼作苞含子、生白毛以承花英者皆
是也……一爲小黃花，徽俗呼野苦蕒。三四月間，宿本叢生十餘莖，
每莖又節節生莖……一爲大薊，亦四五月開花，紫英衰衰然，莖上
生芒，綠葉形如芥菜，葉邊歧出，銳而作刺，野人呼爲刺芥菜，亦
呼野芥菜，亦呼虎爪，亦呼虎刺。其小者曰小薊。(《釋草小記・釋
薊》)

3、《詩》：「白華菅兮，白茅束兮。」菅茅亦萑葦醜，然菅柔忍
而茅脆，其用大別。間嘗考之。茅短者不過一二尺，秀於三月，一
莖秀祇一條。小兒採食之。吾歙呼茅尾，讀曰米。四月成荼，白如
雪。菅有二種。小者五月秀，初色紫，後漸白。每莖末，其秀疏散，
多者數十條。取其莖爲埽彗，呼苕帚，歙人謂之荻芭，江北人謂之
芭芭。其心之包莖者祇一葉，未秀時拔之，亦可爲繩作屨……荼落
則莖末禿然，無疏散長出數十條者，故不可爲埽彗，但可用爲流星
桿耳。爆竹類之火引上昇干霄者，俗呼流星。歙人謂之蘆芒，江北
人謂之家芒，亦呼八月芒。其心之包莖者，拔出剝之，有三重，未
秀皆可取爲繩作屨也。(《釋草小記・釋萑葦》)

4、《月令》：「仲冬之月，荔挺出。」鄭氏注：「荔挺，馬薤也。」
高誘注《呂氏春秋》云：「荔，馬荔，挺生出也」……蘇頌《圖經》
云：「馬藺子，北人音譌，呼爲馬蘭子。」《說文》：「荔，似蒲而小，

根可爲刷。」《廣雅》:「馬薤,荔也。」蔡邕、高誘皆云「荔以挺出」,則鄭以「荔挺」爲名,誤矣。余居豐潤,二三月間,見草似幽蘭叢生,近根處則兩葉重重相包如菖蒲。其葉中有劍脊至四五寸,脊之兩旁漸合而爲一邊,其脊自爲一邊。直上至末,則剗其一邊,如腰刀形,長者二尺許。開花藕褐色,亦略似蘭。土人呼爲馬蓮,亦呼爲馬蘭。意其爲《月令》之荔也。形與韭韯相類,故又有馬韯之名。草甚堅靭,市人以貫錢及繫物皆用之。《玉篇》言「蘭似茪」,「茪似蒲」,並言「可爲席」。《圖經》言「江東呼旱蒲」,與《說文》「似蒲」之說同矣。(《釋草小記・釋荔》)

5、裘君弘曰:「曾端伯謂山礬即玉蕊花。」胡仔《漁隱叢話》、葛立方《韻語陽秋》二書,已駁辨之,謂玉蕊佳名,魯直不應捨之而更曰山礬。周平園尤非之,而作《玉蕊辯證》。其實山谷所名山礬,即今之瑒花。江南鄉音呼鄭爲瑒。非唐昌之玉蕊及揚州之瓊花也。(《釋草小記・釋芸續考》)

6、采、孚一物而先後異名,字並從「〔爪〕」,蓋象形。「采」從「禾」從「爪」;「孚」則從「采」省,從「子」。從「子」者,以其秀成米矣。「采」但禾上爪,象初秀時采采然開。故今北方人猶稱禾作「采」,曰「秀采」。蓋故老相傳語也。(《九穀考・梁》)

7、庚子七月既望,余居京師,見小蜘蛛首腹相等而細其腰,腹大如荩豆,八足,足長而弱,口下有二短綏,負圓繭上,繭色白,其大倍蓰於其腹。行則惟二綏鉤繭,足不抱之,繭若黏其腹者然。余問奴子曰:「蟲何名?」則對曰:「螟蛉。」余異之而疑焉。疑夫吾向者初不謂其爲螟蛉,而心中自有所謂螟蛉者,則《爾雅》及毛鄭諸人之說也。再問,則又對曰:「螟蛉。」又問,則對曰:「吾鄉之人,皆相呼螟蛉也。」於是件繫前所錄諸書而紬繹之。其謂蜾蠃,所負者爲桑蟲,桑蟲,螟蛉也。其亦謂蜾蠃所負者爲小蜘蛛,小蜘蛛獨非螟蛉乎?夫螟蛉、果蠃、蒲盧,皆字之雙聲疊韻者也。擬諸形容,大率無專物。如果蠃之實栝樓,則謂瓜爲「果蠃」。玄雉入淮爲蜃,則謂蜃爲「蒲盧」。鳥亦有「果蠃」之名,禾穗亦謂之「果蠃」,夫螟蛉也,而豈有專名乎?則余奴子口中之螟蛉,夫固有所受之。而文人學士不知者,以其所習聞者,簡策之陳言而已。夫簡

策之陳言，固有存人口中之所亡者也；而其在人口中者，雖經數千百年，有非兵燹所能劫，易姓改物所能變。則其能存簡策中之所亡者，亦固不少。矧夫蜘蛛之爲蟏蛸，亦或若滅若沒，若存若亡，於陶氏以下諸人之簡策中，則簡策中亦非正亡之矣。夫然而《小宛》之詩之云，可得而紬繹之矣。蜾蠃無定形也，蟏蛸無定名也。（《釋蟲小記·蟏蛸蜾蠃異聞記》）

　　8、《爾雅·釋畜》：「羊，牡羒，牝牂；夏羊，牡羭，牝羖。」注謂「羒」爲「吳羊白羝」。然則羭、羖，夏羊；羒、牂，吳羊也。云牡羭、牝羖，疑牝、牡二字轉寫互譌，蓋牝羭、牡羖也……余更適屠羊之肆而問之，其人曰：「綿羊牡曰羝，羯之則曰羖。」《一切經音義》別譯《阿含經》「牂羖」注云：「羖，羥羯也。」檢字書無「羥」字，疑爲「羳」之譌。「羳」同「羝」，謂「羖」乃羝之羯者也。可證屠羊者世俗流傳之語。牡者多有角，亦間有無角者，百中之數頭耳。其牝多無角，亦間有有角者，亦百中之數頭耳。然即有角，亦不能如牡者之角大也。夫羖之爲牡也，考之於古，即爲疏通而證明之，及詢之今之屠羊者，復無異詞。牡羖之說定，則牝羭之說，亦從之而定。（《釋蟲小記·改正爾雅羭羖牝牡轉寫互譌記》）

案：以上 8 例，1～6 例釋植物，7～8 例釋動物，都是借助方言口語考證名物。其中第 3 例程氏利用方言考菅茅，詳述其形狀及用途，爲其他學者所不及。《說文》菅茅互釋，段玉裁作注僅指出：「統言則茅菅是一，析言則菅與茅殊。」〔註 12〕而未詳言其殊。王念孫疏「菅」、「茅」亦未及之。第 7 例，考蟏蛸蜾蠃，程氏受奴子之語啓發而悟蜾蠃無定形，蟏蛸無定名。第 8 例是校勘，證據之一就是屠羊人對羊之牝牡稱呼。

（二）證以時物

程瑤田不僅重視當時的方言口語，而且重視時物，經常用當時的名物來說明古物，古今溝通，考證靈活。例如：

　　1、《良耜》之詩，箋云：「豐年之時，雖賤者猶食黍。」疏云：「賤者食稷耳。」金輔之榜云：「《大戴禮》：『無祿者稷饋，稷饋者無尸。』注云：『庶人無常牲，故以稷爲主，無牲宜饋黍，黍者，食

―――――――――――――――――――――

〔註 12〕段玉裁《說文解字注》，上海古籍出版社，1988 年，第 27 頁。

之主也。』不饋黍而饋稷，正賤者食稷之一證。」今北方，富室食以粟為主，賤者食以高粱為主。是賤者食稷，而不可以冒粟為稷也。若糜之為穄，今賤者亦不常食。且為穀中最後種而疾熟者，不得云「首種」。土地之所生，民俗之所安，以今證古，穄萬不能冒稷。而唐宋以後人之著錄，其言稷者，恒主於穄。此又不足深辨者也。（《九穀考・黍》）

2、承霤，謂若今水筧；承壁材，謂若今椽端上橫木。（《釋宮小記・棟梁本義述下》）

3、師古以為「輦道謂閣道可以乘輦而行者也」，余謂如今甬道之有天棚，即閣道之遺與？蓋架橙為屋即謂之閣，今重屋樓居謂之閣上，亦名之相因緣者也。頃閱《博雅・釋室》云：「棚，閣也」。《通俗文》：「連閣曰棚。」余言適與之合。然則宮室之蓋於上者，通謂之閣。閣、蓋，一聲之轉也。當檐處阿曲而仰，故謂之曲閣，亦謂之阿閣也。又「樓」與「麗廔」字同，昔以啓明，今以居人，積漸之勢然也。（《釋宮小記・當阿義述》）

4、嘗試論之，古者初有宮室時，易復穴為蓋構，度亦未遽為兩下屋與四注屋也，不過為窿然之物以覆於上，當如車蓋然，中高而四周漸下以至於地。中高者棟，四周漸下者宇，度所謂上棟下宇者或如是。今之蒙古包如無柄傘，可張可斂，得地則張之，將遷則斂而束之以去，即古棟宇之遺象，亦通謂之壁。古者之壁，度即屋之上覆者，鄭氏於《明堂位》所以釋檐為承壁材。非如後世墻垣始謂之壁，大別於棟宇者也。軍壘曰壁，殆古者壁之遺象與？今軍營中布為之，如屋兩下而垂於地。（《釋宮小記・中霤義述》）

5、阰謂階之兩旁，自堂至庭地，斜安一石，捍階齒而輔之。如今樓梯，必有兩髀以安步級，俗謂之樓梯腿也。（《釋宮小記・夾兩階阰圖説》）

6、然則總角之總，亦是為物以斂髮，蓋聚兩髦為角，著於總之兩邊如角然，略似成人總著於額項之間者。今小兒戴首圈，周遭垂黑綫以象髮，長二寸許，前覆眉上，旁著兩髦，殆總角之遺象與？蓋子事父母，其成人有總，又有髦，「未冠笄者」則拂髦總角或稍異

於成人，然而不可得聞矣。（《儀禮喪服文足徵記‧述總》）

　　7、如注所謂大小穿之數，則置輻處之藪，其徑有五寸六分八
釐六豪六絲強，豈不穿傷輻鑿之深乎？況云去二爲賢，去三爲軹，
是賢軹不連金名之；而於既捎之後，更加一寸之金，《記》當明見
以曉人，而乃闕之而不言。然則以金補空，其說太鑿，必不然矣。
軸圍納轂必設鐧，令礦之不敝。余目驗今制，爲楕長寸鐵五六枚，
嵌於軸圍當貫轂處，與軸木齊平。此殆古之遺法與？釭金今制，余
未目驗，然鐧金不得加高於軸，則釭金亦豈得加厚於其大小穿耶？
（《考工創物小記‧輪人造轂義述》）

　　8、余以句櫨爲鉏屬，斫斸爲斤屬，謂二器同名異實。既考《農
書》，得田器之端緒，復從木工取所謂某子者觀之，校其倨句，適
中一宣有半。因問木工曰：「倨句有定限乎？」曰：「無二形也。
開而向外，則斫木易入而難出；斂而向內，則斫木滑過不能入。」
此即冶氏爲戈「已倨則不入，已句則不決」之病所不免者也。（《磬
折古義‧磬折說》）

案：以上 8 例都是以當時的名物證古物。第 1 例用當時北方賤者所食之高粱
　　證穄；第 2 例用當時房屋上的水筧證承霤，用椽端上橫木證承壁材；第
　　3 例用當時有天棚的甬道證閣道，用重屋樓居證閣；第 4 例用當時的蒙
　　古包證古棟宇之制，用當時的軍營證古壁；第 5 例用當時俗稱爲樓梯腿
　　的東西證阤之爲物；第 6 例用當時小孩頭髮的妝扮證總角之制；第 7 例
　　用當時的鐧金之制證古賢軹；第 8 例用當時木工所用工具證戈之制。

第三節　制度考證的方法

　　程瑤田《通藝錄》所考制度包括宗法制度、喪服制度和溝洫制度，考證
的方法有三種，一是歸納經文通例，據體例疏通經義；二是以經證經；三是
以今制證古制。以前兩種爲主，後一種爲輔。

一、據例求義

　　程瑤田治經善於發凡起例，從全經之文中找尋並總結出規律性的凡例。
以經之義例，解經文之意，最終達到融會貫通。程氏通過歸納體例考證制度，

主要見於《儀禮喪服文足徵記》中。他所歸納的《喪服》體例有六種：傳中別舉傳例，經傳報文例，經傳屈厭降例，妾服例，殤服例，省文互見例。

（一）傳中別舉傳例

《儀禮‧喪服》「齊衰」章：「慈母如母。傳曰：慈母者何也？傳曰：『妾之無子者、妾子之無母者，父命妾曰：「女以爲子」，命子曰：「女以爲母。」若是，則生養之，終其身如母；死則喪之三年如母。貴父之命也。』」程瑤田云：

> 傳中別舉傳，賈疏以爲子夏引舊傳證成己義，凡六條：經五條，
> 《記》一條。（《儀禮喪服文足徵記‧喪服考定原本上》）

案：此條傳文中別有「傳曰」二字，這是傳中別舉傳例，在《喪服》經文中首見，於是程瑤田發凡起例。賈疏認爲是子夏引舊傳說明己義，程氏採用賈氏觀點，並指出《喪服》中傳中別舉傳例共六條，其中經五條、《記》一條。程氏未詳列，現將其餘五條補出：

（1）「齊衰杖期」章：「出妻之子爲母。傳曰：出妻之子爲母期，則爲外祖父母無服。傳曰：『絕族無施服，親者屬。』出妻之子爲父後者，則爲出母無服。傳曰：『與尊者爲一體，不敢服其私親也。』」

（2）「齊衰杖期」章：「繼父同居者。傳曰：「何以期也？傳曰：『夫死，妻稚子幼，子無大功之親，與之適人。而所適者亦無大功之親，所適者以其貨財爲之築宮廟，歲時使之祀焉，妻不敢與焉。若是，則繼父之道也。同居則服齊衰期，異居則服齊衰三月。必嘗同居。然後爲異居；未嘗同居。則不爲異居。』」

（3）「緦麻」章：「庶子爲父後者爲其母。傳曰：何以緦也？傳曰：『與尊者爲一體，不敢服其私親也。然則何以服緦也？有死於宮中者，則爲之三月不舉祭，因是以服緦也。』」

（4）「記」：「兄弟皆在他邦，加一等；不及知父母，與兄弟居，加一等。傳曰：何如則可謂之兄弟？傳曰：『小功以下爲兄弟。』」

（二）經傳報文例

1、《儀禮‧喪服》「齊衰杖期」章：「父卒，繼母嫁，從，爲之服，報。傳曰：何以期也？貴終也。」程瑤田云：

> 經於爲某服下見報文者，則報某之服不重見於經，此經之例

也。如此嫁母爲所從之子當報以期，不見《杖期》章者是也。余有
《報服舉例》詳之。(《儀禮喪服文足徵記·喪服考定原本上》)

2、《儀禮·喪服》「齊衰不杖期」章：「世父母、叔父母。傳曰：世父、
叔父，何以期也？與尊者一體也。然則昆弟之子，何以亦期也？旁尊也，不
足以加尊焉，故報之也。父子，一體也；夫妻，一體也；昆弟，一體也。故
父子，首足也；夫妻，牉合也；昆弟，四體也。故昆弟之義無分；然而有分
者，則辟子之私也。子不私其父，則不成爲子。故有東宮，有西宮，有南宮，
有北宮。異居而同財，有餘則歸之宗，不足則資之宗。世母、叔母，何以亦
期也？以名服也。」程氏云：

> 經於爲某服而某當報者，本經不見報文，則報某之服，必重見
> 於經，其傳亦必見「報之」之文。此經例，亦傳之例也。如引經爲
> 世父母、叔父母期，則二父母亦報以期，見於後經，而傳必曰「報
> 之」是也。(《儀禮喪服文足徵記·喪服考定原本上》)

3、《儀禮·喪服》「緦麻三月」章：「從父昆弟之子之長殤，昆弟之孫之
長殤。」程氏云：

> 此二人，成人服小功。而《小功》章不見者，以此二人一爲從
> 祖父母，一爲從祖祖父母。在《小功》章，經已見「報」字，故不
> 復重見報服，是《喪服》經之例也。余有《報服舉例》詳之。(《儀
> 禮喪服文足徵記·喪服考定原本下》)

案：此三條爲程瑤田疏《喪服》經傳發報服體例。何爲「報」？程瑤田釋曰：
「報者，同服相爲之名。此之服彼也，必有以也，則彼必報之；彼之服
此也，非無因也，則此必報之。是故以期報期，以大小功報大小功，以
緦報緦，無此重彼輕之殊，故謂之報。」經傳書「報」的體例有二種，
第一種是經文見「報」字的情況，此爲彼服有「報」字，那麼就不再出
現彼爲此服之條；第二種是傳文見「報之」，此爲彼，彼爲此，都見於
經文，傳解釋之。此外，程瑤田由以上諸例得出《喪服》制服又一體例，
即至親不言報。程氏云：

> 吾於是有以通其義焉，而知至親一脈之服，無所謂報也。子
> 爲父斬衰三年，父爲長子亦斬衰三年，非報也。傳曰：「正體於上，
> 又乃將所傳重也。庶子不爲長子三年，不繼祖也。」是以眾子同爲
> 父服斬衰三年，而父爲眾子在《不杖期》章，故曰非報也。父卒爲

母疏衰三年，母爲長子變疏衰三年，非報也。傳曰：「父之所不降，母亦不敢降也。」是以眾子於父卒同爲母服疏衰三年，而母爲眾子與父同服在《不杖期》章，故曰非報也。孫爲祖父母不杖期，祖父母爲適孫亦不杖期，非報也。傳曰「不敢降其適也，有適子者無適孫。」是以庶孫同爲祖父母服不杖期，而祖父母爲庶孫在《大功》章，故曰非報也。曾孫爲曾祖父母齊衰三月，傳曰：「小功者，兄弟之服也，不敢以兄弟之服服至尊也。」意蓋謂上殺之法，宜服小功，今不敢以小功服之，於是重其衰麻，減其日月，爲服齊衰三月之服。而曾祖父母之爲曾孫，則服緦麻。以緦麻與齊衰三月較，非報也。即以緦麻與小功較，尤非報也。是故婦爲舅姑服期，舅姑爲適婦大功，庶婦小功也。爲夫之祖父母服大功，爲庶孫之婦緦麻也。爲夫之曾祖父母服，不見於經。其夫服曾祖父母齊衰三月，妻或如夫之月數而從服緦與？若曾祖於曾孫之婦則無服。幾此之服，皆非報也。蓋服之言報者，謂旁親也。故傳曰：「世父、叔父何以期也？與尊者一體也。然則昆弟之子何以亦期也？旁尊也，不足以加尊焉，故報之也。」此發「報」文之例也。（《儀禮喪服文足徵記・報服舉例述》）

案：凡經傳中見「報」字的都是旁親，至親一脈之服，無所謂報，程氏舉至親之服例以證至親無報。

（三）經傳屈厭降例

傳文解釋經文喪服之例，時用到「屈」、「厭」、「降」三詞，三詞代表三種服例。程瑤田歸納屈、厭、降之義例，以之解釋《喪服》相關經文，兼正前人注疏之誤。程氏云：

屈者，屈於父……何謂屈於父？父在爲母期也。父者子之天，家無二尊，故父在無爲母三年之服。無其服，則不得謂之降。且父之所不降，子亦不敢降也，故曰屈也……

厭者，厭以君……何謂厭以君？「公子爲其母，練冠麻，麻衣縓緣；爲其妻，縓冠葛絰帶，麻衣縓緣。皆既葬除之。」蓋諸侯之妾，與其庶婦，以諸侯而厭之也……君尊，公子之母賤，其妻更疏遠，在君前則不得伸，故五服中無其服也。無其服，斯之謂厭……

降服者，降其親服一等也。有尊降，有從降，有出降。尊者大

夫也。大夫尊，則降其旁親也……其從降者何也？父爲大夫，尊降
旁親，子亦從之而降也。蓋父之所降，子亦不敢不降也……其出降
者何也？爲人後者降其小宗也，女子子適人者降其旁親也。（《儀禮
喪服文足徵記・降服說》）

案：程瑤田認爲屈是屈於父，父在爲母期這種情況就可以稱作屈。厭是厭於
君。厭，指的是天子、諸侯之庶子因君而受壓，不能服私親。降服有三
種情形：尊降、從降、出降。尊降就大夫言，大夫因地位尊而降旁親。
從降是指父爲大夫，子從父而降。出降包括兩類，一是小宗之子出繼爲
大宗降其小宗，二是女子出嫁則降其旁親之服。以下是程瑤田據其所歸
納之義例指出他人錯誤之例：

（1）「斬衰」章：「公士大夫之眾臣，爲其君布帶繩屨。傳曰：公卿大
夫、室老、士，貴臣；其餘皆眾臣也。君，謂有地者也，眾臣杖不以即位。
近臣，君服斯服之矣。繩屨者，繩菲也。」鄭注：「公卿大夫厭於天子諸侯，
故降其眾臣布帶繩屨，貴臣得伸，不奪其正。」程氏云：

> 臣爲君，無不斬衰者，而斬衰中有降殺者，則公士大夫之眾臣
> 異於其貴臣者也。注以爲「厭於天子諸侯，故降其眾臣布帶繩屨」，
> 非也。降則非厭；降論親疏遠近，與厭義大別。例在《大功》章「公
> 之庶昆弟」「爲母妻」，味之自見。（《儀禮喪服文足徵記・喪服考定
> 原本上》）

案：公卿大夫的眾家臣爲其君服斬衰，但用布帶，穿繩屨。斬衰服本該用絞
帶，穿菅屨；而布帶是齊衰之帶，繩屨是大功之屨。也就是說，眾家臣
爲其君服不純之斬衰。鄭玄解釋說，因爲公卿大夫厭於天子諸侯，所以
要降其眾臣。程瑤田辨其非，認爲此處非厭，而是降。降是以親疏遠近
論，眾臣較貴臣疏遠，所以降服。程氏曰：「眾臣疏遠，恩較殺，故不得
如其貴臣，非以天子諸侯而厭之也。若以君之尊厭其公士大夫，則其貴
臣已先不得伸矣。」程說是也。

（2）「齊衰杖期」章：「父在爲母。傳曰：何以期也？屈也。至尊在，不
敢伸其私尊也。父必三年然後娶，達子之志也。」賈疏：「屈也者，答辭。以
家無二尊，故於母屈而爲期。是以云『至尊在，不敢伸其私尊也』，解父在母
屈之意也。」程氏云：

　　　　禮家輒云母以厭降，余謂觀傳一「屈」字，不得云厭，亦非降
　　也。三年後娶，達子之志。故賈疏云：「《左氏傳》：叔向云：『一歲
　　王有三年之喪二。』據大子與穆后，天子爲後亦期，而云三年喪者，
　　據達子之志而言三年。」後世目以厭降，殊失禮意。(《儀禮喪服文
　　足徵記‧喪服考定原本上》)

案：父在世，子爲母服齊衰杖期之服。至於何以服期？先儒有解釋爲因厭而
　　降者。今之治禮者亦有人持此觀點，如丁鼎《〈儀禮‧喪服〉考論》：「若
　　父在則爲母降服齊衰杖期之服，這就是屬於一種因『厭』而降的情形。」
　　〔註13〕程瑤田認爲非「厭」也，當依傳之言爲「屈」也。屈者，屈於父。
　　「父者子之天，家無二尊，故父在無爲母三年之服。」而厭者，厭於君，
　　指天子、諸侯之庶子厭於其君也。

　　（3）「齊衰不杖期」章：「大夫之適子爲妻。傳曰：何以期也？父之所不
降，子亦不敢降也。何以不杖也？父在則爲妻不杖。」鄭注：「大夫不以尊降
適婦者，重適也。凡不降者，謂如其親服服之。降有四品：君、大夫以尊降；
公子、大夫之子以厭降；公之昆弟以旁尊降；爲人後者、女子子嫁者以出降。」
程氏云：

　　　　注言「公子、大夫之子以厭降」。余以爲公子厭降，《記》所謂
　　公子爲其母、爲其妻是也。大夫之庶子已不厭降，何況大夫之子？
　　例在《大功》章：「公之庶昆弟、大夫之庶子，爲母妻」，傳曰：「何
　　以大功也？先君餘尊之所厭」，此指公之庶昆弟。「大夫之庶子則從
　　乎大夫而降也。」據傳，則大夫子何厭之有？余論「厭」義，屢有
　　文詳之。

案：大夫之嫡子爲妻服齊衰不杖期。於此條，鄭玄認爲大夫之子以厭降。程
　　瑤田非之，認爲祇有公子纔是以厭降，大夫之子是從降，所謂「父之所
　　不降，子亦不敢降也」。

（四）妾服例

妾之服見於《喪服》經文者：

　　「不杖麻屨」章：「公妾、大夫之妾，爲其子。傳曰：何以期也？妾不得
體君，爲其子得遂也。」

〔註13〕丁鼎《〈儀禮‧喪服〉考論》，社會科學文獻出版社，2003年，第206頁。

「不杖麻屨」章：「公妾以及士妾，爲其父母。傳曰：何以期也？妾不得體君，得爲其父母遂也。」

「大功」章：「大夫之妾，爲君之庶子；女子子嫁者、未嫁者，爲世父母、叔父母、姑、姊妹。傳曰：嫁者，其嫁於大夫者也；未嫁者，成人而未嫁者也。何以大功也？妾爲君之黨服，得與女君同。下言『爲世父母、叔父母、姑、姊妹』者，謂妾自服其私親也。」

「小功」章：「大夫之妾爲庶子適人者。」

「記」章：「凡妾爲私兄弟，如邦人。」

程瑤田總結妾之服例，云：

> 妾者，公卿、大夫、士之妾也，庶人則無妾。《不杖麻屨》章曰：「公妾、大夫之妾，爲其子」，「公妾以及士妾，爲其父母。」傳曰：「何以期也？妾不得體君，爲其子得遂也。」又曰：「妾不得體君，得爲其父母遂也。」不得體君者，不體君也。謂妾無體君之事，故得遂服其私親，此一例也。《大功》章曰：「大夫之妾，爲其庶子、女子子嫁者、未嫁者。」傳曰：「何以大功也？妾爲君之黨服，得與女君同。」此又一例也……妾之服，唯此兩例。經傳自相貫通，無豪髮爽，女子子無成人逆降之說明矣。（《儀禮喪服文足徵記·妾服發例述》）

案：據程氏所言，妾服例有二：一是「妾無體君之事，故得遂服其私親」；一是「妾爲君之黨服，得與女君同」。公卿、大夫、士之妾爲兩種人服，一是私親黨，一是君之黨。

（五）殤服例

1、《儀禮·喪服》「小功」章：「爲人後者，爲其昆弟、從父昆弟之長殤。傳曰：問者曰：『中殤何以不見也？』大功之殤中從上，小功之殤中從下。」

程氏云：

> 此因《小功殤》章中初見長殤不連見中殤，與上《大功殤》章中每言長殤必連見中殤，故發此中從上下之傳。此大功、小功并指殤服言，非若後經論殤服由本服而制。其曰「齊衰之殤」、「大功之殤」，皆指成人本服言之。鄭君誤以後經文爲傳文，遂誤以此傳爲亦言成人之服，所以經傳中有數處不可通，鄭君致欲改經以通之。余作《兩殤服章發例述》數篇，反覆以辨之。（《儀禮喪服文足徵記·

喪服考定原本上》）

案：「大功之殤中從上，小功之殤中從下」一句實際上發殤服之例，是就殤服
而言。與下一條緦麻章四句相呼應，下四句是就成人服而言。

2、《儀禮・喪服》「緦麻」章：「長殤、中殤降一等，下殤降二等，齊衰
之殤中從上，大功之殤中從下。」程氏云：

> 四句乃《喪服》經文。若傳則皆依經發義，無憑空立義之例。
> 自鄭氏誤以上文同室生緦之傳連言，遂並此四句以爲傳文而注之。
> 又不審此經發殤服之例者，專爲制《大功》、《小功》兩殤服章而發
> 之，且不審兩殤服章專爲成人服齊衰，今爲長、中殤降在大功，下
> 殤降在小功，而爲之制此服也。何以知其專爲成人服齊衰者而制
> 之？觀此經發例四句而知之。其降一等之大功殤服，齊衰之長、中
> 殤也；降二等之小功殤服，齊衰之下殤也。所以有降一等、二等之
> 殊者，以齊衰之殤中從上，故長殤、中殤并降一等，而下殤則降二
> 等也，故特發引例以明制兩殤服章之精義微意。（《儀禮喪服文足徵
> 記・喪服考定原本上》）

案：程瑤田指出《緦麻》章最後四句專發殤服之例：「長殤、中殤降一等，
下殤降二等，齊衰之殤中從上，大功之殤中從下。」齊衰、大功皆以成
人服言之。成人服齊衰，其殤服則長殤、中殤降一等爲大功，下殤降二
等爲小功；成人服大功，其殤服則長殤降一等爲小功，中殤、下殤降二
等爲緦麻。程氏作《殤服中從上中從下辨》通考全經殤服相關內容，以
證殤服之例。程氏云：

> 抑余又攬服例而通考之，凡成人齊衰見於殤服者十四人：子
> 也，女子子也，叔父也，姑也，姊妹也，昆弟也，昆弟之子、女子
> 子也，適孫也，公爲適子、大夫爲適子、大夫庶子爲適昆弟也，其
> 婦人爲之則夫之昆弟之子，女子子也，并長殤中殤大功、下殤小功。
> 以成人服言之，所謂「齊衰之殤中從上」也；以殤服言之，所謂「大
> 功之殤中從上也」，非有異例也。凡成人大功見於殤服者十一人：從
> 父昆弟也，庶孫也，大夫公之昆弟，大夫之子爲昆弟，爲庶子、爲
> 姑、爲姊妹，爲女子子也，爲人後者爲其昆弟也，其婦人爲之則夫
> 之叔父也，姑爲姪也，大夫之妾爲庶子也，長殤小功，其中、下殤

服，惟於從父昆弟姪見下殤緦麻、於庶孫見中殤緦麻、於夫之叔父見中殤下殤緦麻，以明「中從下」之例。所見三條，即傳所發問之旨。經雜陳之，人不易曉，傳特於其始見長殤處發問以明之。是故以成人服言之，所謂「大功之殤中從下」也；以殤服言之，所謂「小功之殤中從下」也，亦非有異例也。

（六）省文互見例

《喪服》有省文互見之例，程瑤田一一指出並詳辨析之。

1、「齊衰」章報服省文例

（1）「齊衰不杖期」章：「姑、姊妹、女子子適人無主者。姑、姊妹報。傳曰：無主者，謂其無祭主者也。何以期也？為其無祭主故也。」

（2）「齊衰不杖期」章：「大夫之子為世父母、叔父母、子、昆弟，昆弟之子，姑、姊妹、女子子無主者：為大夫命婦者。唯子不報。傳曰：大夫者，其男子之為大夫者也。命婦者，其婦人之為大夫妻者也。無主者，命婦之無祭主者也。何以言『唯子不報』也？女子子適人者為其父母期，故言不報也，言其餘皆報也。何以期也？父之所不降，子亦不敢降也。大夫曷為不降命婦也？夫尊於朝。妻貴於室矣。」

程瑤田曰：

> 經特見「姑、姊妹報」者，言「唯子不報」也；特見「唯子不報」者，言「姑、姊妹報」也。蓋互言省文之法也。

案：第一條，為姑、姊妹適人者當服大功，而此姑、姊妹是適人無主者，即既無子，又喪夫，死後無人為她們主祭，所以為她們加服期。第二條，大夫之子為姑、姊妹、女子子嫁於大夫者，在《大功》章。今則嫁於大夫而又無主，故在此《不杖期》章。第一條言「姑、姊妹報」，沒有說女子子怎麼樣；第二條言「唯子不報」，則其餘皆報，此處「子」指女子子。程瑤田指出此兩條是省文互見之法，兩條合觀乃見其義。上條「姑、姊妹報」實包「唯子不報」義，下條「唯子不報」實包「姑、姊妹報」之義，顯經互足之意。為什麼「唯子不報」？因為女子子適人本來就為父母服期，所以不言報。姑、姊妹適人本來為姪與昆弟服大功，因姪與昆弟為己加服期，那麼己要報以期。

2、兩殤服章互文例

兩殤服章指大功殤服章和小功殤服章，二章有互文之例。

（1）成人服齊衰，其長中殤服大功，下殤服小功。

「大功殤服」章：「子、女子子之長殤、中殤；叔父之長殤、中殤；姑、姊妹之長殤、中殤；昆弟之長殤、中殤；夫之昆弟之子、女子子之長殤、中殤；適孫之長殤、中殤；大夫之庶子爲適昆弟之長殤、中殤；公爲適子之長殤、中殤；大夫爲適子之長殤、中殤。」《小功殤服》章：「叔父之下殤；適孫之下殤；昆弟之下殤；大夫庶子爲適昆弟之下殤；爲姑、姊妹、女子子之下殤；昆弟之子、女子子，夫之昆弟之子、女子子之下殤。」程瑤田云：

> 凡上諸人，惟昆弟之子、女子子之長、中殤未見《大功殤服》章。此亦如《大功殤服》章見子之長、中殤，而其下殤不見於《小功》章。蓋兩章互見可知也。

案：就殤服而言，大功之殤中從上。以上諸人皆是大功之殤，長殤、中殤同是大功，下殤在小功。《大功殤服》章有子、女子子之長殤、中殤，而《小功殤服》章不見其下殤；《小功殤服》章有昆弟之子、女子子之下殤，而《大功殤服》章不見其長殤、中殤。程瑤田指出這是省文之法，兩章互相補充，須合而觀之。

（2）成人服大功，其長殤服小功，中下殤服總麻。

「小功殤服」章：「爲人後者爲其昆弟，從父昆弟之長殤；爲夫之叔父之長殤；爲侄、庶孫丈夫、婦人之長殤；大夫、公之昆弟、大夫之子爲其昆弟、庶子、姑、姊妹、女子子之長殤；大夫之妾爲庶子之長殤。」

「總麻」章：「庶孫之中殤；從父昆弟、侄之下殤；夫之叔父之中殤、下殤。」

此例互見省文之處有二：

一是「總麻」章內部之三條互見互省。程氏析之曰：

> 經止列此三條：初一條見中殤者，爲人必疑《小功》章不見中殤之故，故首見之，以明中之從下，故在《總麻》章也；次二條見下殤者，明下殤在總麻，而所謂「中從下」者視此也；次三條連見中殤、下殤者，明中必從下，特連見之，亦如「中從上」者長殤、中殤連見之例也。

案：「總麻」章三條，第一條衹見中殤，第二條衹見下殤，第三條則中下殤連

言，三條互見。

二是「小功」章之長殤有不見於「緦麻」章者，程氏云：

且已見長殤，今不見者蓋省文，亦如《大功殤服》章見公與大夫爲適子之長、中殤，而其下殤不見於《小功殤服》章中同一例也。且亦以兩《殤服》章中錯互相足，其不可省者靡弗見，其可不必見者皆其顯然有脈可尋，惟不詳校錄之，則若沒若減，望之茫無津涯也。

案：「小功」與「緦麻」兩章亦是互相足。

3、「記」之兄弟服省文例

《喪服》有經、傳、記，記爲兄弟服舉例，有六條：「大夫、公之昆弟，大夫之子，於兄弟降一等。爲人後者於兄弟降一等，報；於所爲後之子兄弟若子。兄弟皆在他邦，加一等；不及知父母與兄弟居，加一等。君之所爲兄弟服，室老降一等。夫之所爲兄弟服，妻降一等。凡妾爲私兄弟，如邦人。」程瑤田曰：

是故《記》數兄弟服例不一條，惟爲人後者於兄弟見「報」文。言雖爲其父母亦報也，又何論於兄弟服耶？特著「報」文以明其例，且以見他兄弟服之無不報。省文互見，亦《喪服》之例也。

案：「兄弟服云者，如兄如弟，平等往來，施則必報之義。」〔註14〕兄弟服是旁親之服，服之必報者也。「記」所載六條兄弟服，唯第二條有「報」字，其他皆無。程瑤田指出這是省文互見之例，所有的兄弟服都要報，不言者，是省文也。第二條言「報」，可知其他條亦有報。

4、「小功」章省文例

「小功」章：「爲人後者，爲其姊妹適人者。」程氏云：

此爲人後者於兄弟降一等，報也。姊妹適人，通服在《大功》。此降一等，故服小功也。此項惟見昆弟、姊妹一輩人，其餘皆可省文。且正服可覆，降一等類推之，亦一例也。

5、「不杖期」章省文例

「不杖期」章：「世父母，叔父母；昆弟；爲眾子；夫之昆弟之子。」程

〔註14〕程瑤田《儀禮喪服文足徵記·兄弟服說》，《程瑤田全集》第一冊，黃山書社，2008年，第369頁。

氏曰：

> 《不杖期》章：見世叔父而不見姑，注云姑「在室亦如之」；
> 見昆弟而不見姊妹，注云姊妹「在室亦如之」；見眾子而不見女子
> 子，注云「女子子在室亦如之」；見夫之昆弟之子而不見其女子子，
> 注云「男女皆是」。此經文互見省文之法也。

案：「不杖期」章見男不見女，程氏指出這是互見省文之法，因男女服同，因
此同輩之女皆省文。

二、以經證經

利用以經解經、以經證經的方法治考據，往往最能得經文原意，所得結
論比較可靠，正如馬瑞辰所言「考證之學，首在以經證經，實事求是」〔註15〕。
以經證經，既可用本經經文互相證明，曰本經互證；亦可以他經證本經，曰
他經參證。程瑤田治考據多用本經互證，他將研治《儀禮·喪服》之文章集
為一編，命名為《儀禮喪服文足徵記》，自敘曰：「治經不涵泳白文，而惟注
之徇，雖漢之經師，一失其趣，即有毫釐千里之謬……今《喪服》經文具在，
足則能征，知其解者旦暮遇之可也。作《儀禮喪服文足徵記》。」敘中程氏
自述考據方法：涵泳白文，徵於本經。程氏云：「余合《喪服》全篇經傳，
考其義例，皆據其本文以疏通而證明之。余以『足徵』名此編，亦徵之於其
本文而無不足也。」阮元作敘云：「夫玩索經之全文以求經之義，不為傳注
所拘牽，此儒者之所以通也。」程瑤田考定《喪服》，全以本經經文校訂之，
如：

1、「緦麻」章：「為夫之從父昆弟之妻。傳曰：何以緦也？以為相與同室，
則生緦之親焉。長殤、中殤降一等，下殤降二等，齊衰之殤中從上，大功之
殤中從下。」程瑤田云：

> 余以《緦麻》章末四語為經，而斷其為為兩《殤服》章發例，
> 揭鄭氏之誤注與賈疏之承襲，若示諸掌矣。然必詳陳經傳而經之綸
> 之，始不致如治絲而棼之也。
>
> 經曰：「大功布、衰裳、牡麻絰無受者，子、女子子之長殤、
> 中殤」，「叔父之長殤、中殤，姑、姊妹之長殤、中殤，昆弟之長殤、

〔註15〕馬瑞辰《毛詩傳箋通釋·例言》，中華書局，1989年，第1頁。

中殤，夫之昆弟之子、女子子之長殤、中殤，適孫之長殤、中殤，大夫之庶子爲適昆弟之長殤、中殤，公爲適子之長殤、中殤，大夫爲適子之長殤、中殤，其長殤皆九月纓絰，其中殤七月不纓絰。」凡此並在《大功殤服》章中，傳所謂大功之殤也。言長殤必見中殤，傳所謂「大功之殤中從上」也……然此大功殤者，在成人並齊衰之親也，經曰「不杖麻屨者」是也……此《大功殤服》章之義例顯著於經傳中者也。

若成人齊衰而下殤者，宜服小功，故又制小功殤服。經曰：「小功布衰裳，澡麻帶絰五月者，叔父之下殤，適孫之下殤，昆弟之下殤，大夫庶子爲適昆弟之下殤，爲姑、姊妹、女子子之下殤」，「昆弟之子、女子子、夫之昆弟之子、女子子之下殤。」凡上諸人，惟昆弟之子、女子子之長、中殤未見《大功殤服》章。此亦如《大功殤服》章見子之長、中殤，而其下殤不見於《小功》章。蓋兩章互見可知也……此小功殤服亦本爲齊衰親重而制之也。若夫大功親之長殤降一等，亦應服小功，今已爲齊衰親之下殤制小功殤服，而此長殤適應服小功。雖不必特爲制服，以其中、下殤不別制緦麻殤服而知之。而以已制之殤服服此殤，自應亦入小功殤服中。故《小功殤服》章經又曰：「爲人後者爲其昆弟、從父昆弟之長殤」，「爲夫之叔父之長殤」，「爲姪庶孫、丈夫、婦人之長殤，大夫公之昆弟、大夫之子爲其昆弟、庶子、姑、姊妹、女子子之長殤，大夫之妾爲庶子之長殤。」此傳所謂「中殤何以不見」、「小功之殤中從下」者也。其在成人，並大功之親……此《小功殤服》章中得入小功長殤，不得入其中殤之義例顯著於經傳中者也。

是故《小功》章中之長殤，其中、下殤直入於緦麻正服。不別制緦麻殤服。經曰：「緦麻三月者」，「庶孫之中殤」，「從父昆弟姪之下殤，夫之叔父之中殤、下殤。」經止列此三條：初一條見中殤者，爲人必疑《小功》章不見中殤之故，故首見之，以明中之從下，故在《緦麻》章也；次二條見下殤者，明下殤在緦麻，而所謂「中從下」者視此也；次三條連見中殤、下殤者，明中必從下，特連見之，亦如「中從上」者長殤、中殤連見之例也……且亦以兩《殤服》章中錯互相足，其不可省者靡弗見，其可不必見者皆其顯然有脈可尋，

惟不詳校錄之，則若沒若滅，望之茫無津涯也。抑余以《緦麻》章末之四語斷以為經文，且以為專為兩《殤服》章發例，又必以為專為齊衰親之殤服發例者，以經但言「長殤、中殤降一等，下殤降二等」，偏指齊衰親服降為大功殤服之「中從上」者以為言。(《儀禮喪服文足徵記·殤服經傳中從上下異名同實述》)

案：程瑤田通過考兩《殤服》章經文來證明《緦麻》章末四句為經文非傳文，此乃本經互證。

2、「大功」章「大夫之妾，為君之庶子，女子子嫁者、未嫁者，為世父母、叔父母、姑、姊妹」條。舊讀以「大夫之妾」建首，下二「為」字貫之，即大夫之妾為三種人服大功——君之庶子，女子子嫁者及未嫁者，世父母、叔父母、姑、姊妹。鄭氏分此一條為兩條，一是大夫之妾為君之庶子服大功，一是女子子嫁者及未嫁者為世父母、叔父母、姑、姊妹服大功。程瑤田認為當從舊讀，程氏曰：

余細玩其章句，一經一傳，條理井然，無一字錯爛。三復之，覺舊讀彌可從……鄭氏不從舊讀，謂女子子嫁者、未嫁者為世父母、叔父母服大功。余以經傳服例考之不相應。且以女子子嫁者言之，其在室為世父母、叔父母服期，出降旁親，當服大功矣。今嫁於大夫，又當以尊而降在小功，大夫為世父母、叔父母服降服在《大功》章，此其例也。大夫妻為女子子嫁於大夫者，以尊同得服親服，亦在《大功》章，明尊不同則降，是又大夫妻尊降旁親之例也。然則女子子嫁於大夫者，其不得為世父母、叔父母服大功服矣……余更檢大夫之妾為君黨服之見於經者，復有為庶子適人者在《小功》章，可見為嫁於大夫者服大功，為適人者服小功，是其服之差也……又檢大夫妻為夫黨服之見於經者，但見女子子嫁於大夫者之大功，餘皆不見。蓋與大夫妾之所見者互相足，亦因以明「妾為君之黨服，得與女君同」之例也。又檢大夫妻為父母黨服之見於經者，惟姑、姊妹之嫁於大夫者在《大功》章，可見尊同者服大功，則尊不同者服小功。而「女子子嫁者」，即所謂大夫妻者也，據經協例，為姑、姊妹降服小功。而鄭氏改讀為服大功，顯違經傳，其謬甚矣。又檢經見「姑、姊妹、女子子適人者」在《大功》章，此男子、婦人通例也。如鄭氏所改讀，則是女子子嫁為大夫妻，與不為大夫妻者同

爲姑、姊妹適人者服大功，烏在其爲尊降旁親也？推求至此，舊讀
信足多哉。(《儀禮喪服文足徵記·大功章大夫之妾條從舊讀說》)

案：程瑤田檢《喪服》全經與此條相關經文，證舊讀可信，鄭氏改讀爲誤。
　　程說是也。

3、「大功」章「公之庶昆弟、大夫之庶子，爲母、妻、昆弟」條，程瑤
田指出條末「昆弟」二字當屬於下條之首。程氏云：

上條著大夫之服，則公之昆弟、大夫之子，皆在所包。何以知
之？《小功殤服》中「大夫、公之昆弟、大夫之子，爲其昆弟、庶
子、姑、姊妹、女子子長殤」一條，即上大夫條之長殤服。於其「大
夫」下連言「公之昆弟、大夫之子」，即可決大夫條之「大夫」二字
實包三人也……然則此條別出「公之庶昆弟、大夫之庶子」，專著其
爲母爲妻，遠不同於大夫及公之適昆弟，大夫之適子。蓋公之適昆
弟，其母，諸侯夫人也，服齊衰三年，其妻亦猶大夫妻服期；大夫
之適子，其母其妻皆大夫所不降者。今別出者，著二庶之爲母妻
也……大夫條得包公之昆弟、大夫之子，而公之昆弟、大夫之子亦
得包庶昆弟與庶子無疑矣。故大夫條，已見子、昆弟、昆弟之子諸
成人服，則二庶爲子、昆弟、昆弟之子諸成人服已包之矣，安得於
二庶別出爲母妻條復出「昆弟」二字乎？況上條發爲昆弟之爲士者，
言其尊不同而降，此條下又發皆爲從父昆弟之爲大夫者，言其尊同
得服親服，忽於中間言二庶爲母妻條中插「昆弟」二字，不言爵之
尊卑，不言親之等殺，其爲譌誤甚明。(《儀禮喪服文足徵記·喪服
考定原本上》)

案：此條程氏論《儀禮·喪服·大功章》「公之庶昆弟、大夫之庶子，爲母、
　　妻、昆弟」中「昆弟」二字歸屬。程氏據上文「大夫爲世父母、叔父母、
　　子、昆弟、昆弟之子，爲士者」，「大夫」二字已經包括「公之庶昆弟、
　　大夫之庶子」，而所服對象已有「昆弟」，則此處不當復言「昆弟」。又據
　　下文云「皆爲其從父昆弟之爲大夫者」，則上言「爲士者」，下言「爲大
　　夫者」，皆就爵之尊卑言之，當無於中插入「不言爵之尊卑、不言親之等
　　殺」之「昆弟」二字之理。

4、程瑤田考定高祖玄孫無服，因「不見其人，不空制服」。程氏徵之本

經他例以證之，曰：

> 是例也，吾於《喪服》經文中得一確證焉。姑、姊妹適人者大功，其在室期，男女同也。父之姑在《緦麻》章，不見「適人者」三字，或曰此必在室服也。夫在室男女同，豈於父之姑而有異乎？此人無在室服，但有適人服，故不必著「適人者」字也。夫父之姑何以遂無在室服也？女二十而嫁，男三十有室。兄妹年相差或十年以長，其又長至二十年止矣。比其嫁也，得見昆弟之子十歲者有之，安所更得見昆弟之孫哉？故父之姑得見昆弟之孫者必在適人之後，言告歸寧之日。是故姑、姊妹、女子子、女孫并見殤服，從在室正服降一等也。父之姑不見殤服，亦可決其無在室服也。《喪服》不見「適人者」字，要見在室無服，明此經不見其人不爲制服之例也。（《儀禮喪服文足徵記‧喪服不制高祖玄孫服述》）

> 經於「爲人後者」，特著「爲所後者之祖父母妻」諸人「若子」，以祖建首，不以曾祖建首，以所後者之曾祖即爲後者之高祖。高祖無服，故不見。此豈非不制高祖服之確證乎？（《儀禮喪服文足徵記‧喪服無逸文述》）

程氏考定《喪服》，多用「比例」一語。比例，即同類之例相比較，實則本經互證。程氏云：「瑤田謂一部《喪服》，精義在明於比例。」程氏考定《喪服》經傳擅用比例之法，《足徵記》一編明云「比例」二字者凡六事：

1、「齊衰不杖期」章：「公妾、大夫之妾，爲其子。傳曰：何以期也？妾不得體君，爲其子得遂也。」程瑤田云：

> 注以女君體君，爲妾不體君比例，大繆。余有《妾不體君說》辨之。（《儀禮喪服文足徵記‧喪服考定原本上》）

2、「齊衰不杖期」章：「公妾以及士妾，爲其父母。傳曰：何以期也？妾不得體君，得爲其父母遂也。」鄭注：「然則女君有以尊降其父母者與？《春秋》之義：『雖爲天王後，猶曰吾季姜。』是言子尊不加於父母。此傳似誤矣。《禮》：妾從女君而服其黨服。是嫌不自服其父母，故以明之。」程瑤田云：

> 鄭氏駁傳與解經，並大誤。此論妾服，安得以女君爲比例？妾爲父母，當以妾子爲外父母爲比例。下《記》云「庶子爲後者爲外祖父母」年服、「不爲後，如邦人」，是也。（《儀禮喪服文足徵記‧

喪服考定原本上》)

　　　　余曩論「妾不得體君」二條,當以妾子比例,不當以女君比例。其略曰:妾之爲其子,猶妾子之爲其母……是妾子本不與尊者爲一體,本爲其母得遂。今二妾不體君,亦爲其子得遂,是其例也……妾之爲其父母,猶妾子之爲其外祖父母……若妾子本不與尊者爲一體,是本爲外祖父母得遂也。下《記》曰「庶子爲後者,爲其外祖父母」無服,「不爲後,如邦人」,是也。今諸妾不體君,亦爲其父母得遂,是其例也。(《儀禮喪服文足徵記・妾不體君説》)

案:鄭玄注皆以女君體君爲妾不體君比例,程氏指出鄭玄大謬,認爲妾與女君不可比例,女君體君,而妾不得體君,當以妾子比例。

　　3、「大功」章有「大夫爲世父母、叔父母、子、昆弟、昆弟之子,爲士者」一條,此成人服;其對應的殤服爲「小功殤服」章「大夫、公之昆弟、大夫之子,爲其昆弟、庶子、姑、姊妹、女子子長殤」條。程氏云:

　　　　大夫條中有「世父母、叔父母」,而《小功殤服》不見者,二父母,祇叔父有殤服。此猶婦人爲夫之二父母,祇叔父有殤服,見於《小功殤服》,可以比例。亦猶《不杖期》章爲二父母,亦祇叔父有殤服,見於《大功殤服》,亦可以比例。故此條中並叔父之殤服,可省文不必見也。(《儀禮喪服文足徵記・喪服考定原本上》)

案:成人服有「世父母、叔父母」,而殤服章不見二父母。程氏指出二父母中祇叔父有殤服,比較他例可知:「小功殤服」章有「爲夫之叔父之長殤」,「大功殤服」章有「叔父之長、中殤」。

　　4、「小功」章:「從父姊妹、孫,適人者。」程瑤田云:

　　　　「適人者」三字總承「從父姊妹、孫」。鄭氏以「孫適人者」與「從父姊妹」離而二之,致賈疏謬釋之云:「姊妹既逆降,宗族亦逆降報之,故不辨正在室與出嫁也。」如此謬論,皆由鄭氏「女子子成人者有出道降旁親及將出者明當及時」之説誤之也。知「適人者」三字必連承「從父姊妹」者,以姊妹適人者在《大功》章,從祖姊妹適人者在《緦麻》章,比例而知之。(《儀禮喪服文足徵記・喪服考定原本下》)

案：此條言「從父姊妹、孫，適人者」，程氏指出可與之比例者有姊妹適人者
和從祖姊妹適人者，一在「大功」章，一在「緦麻」章，那麼從父姊妹
適人者在「小功」章可知也。

5、「緦麻」章「夫之諸祖父母，報。」鄭玄注：「諸祖父者，夫之所爲小
功，從祖祖父母，外祖父母。」賈公彥疏：「云『諸祖父者，夫之所爲小功』
者，妻降一等，故緦麻者。以其本疏，兩相爲服，則生報名。云『從祖祖父
母，外祖父母』者，此依《小功》章，夫爲之小功者。」程瑤田云：

> 注及疏「外祖」字皆當爲「從祖」之譌……且經曰「諸祖父母」，
> 是以從祖父母關從祖祖父母，況又有《小功》章其夫爲「從祖祖父
> 母、從祖父母」連文可比例耶？（《儀禮喪服文足徵記・喪服考定原
> 本下》）

6、「小功殤服」章：「叔父之下殤，適孫之下殤，昆弟之下殤，大夫庶子
爲適昆弟之下殤，爲姑、姊妹、女子子之下殤。」程瑤田云：

> 《小功殤服》章經所謂齊衰「下殤降二等」者，曰「叔父之下
> 殤」，「昆弟之下殤」，「爲姑、姊妹、女子子之下殤」，亦姑、姊妹與
> 叔父、昆弟同見。子不見下殤者，已見子長、中殤，可省文比例也。
> （《儀禮喪服文足徵記・姑姊妹女子子服述》）

案：殤服章見子之長中殤，而不見子之下殤。程氏指出由殤服章他例比較可
知此是省文。

三、以今制證古制

此法是考證制度的輔助方法，見於程氏考證溝洫制度的文章中，即用當
時存在的溝洫制度證明《周禮》所載古制，其例如下：

> 1、《信南山》之詩「我疆我理，南東其畝」，畫其經界之謂疆，
> 鄭注：「疆，畫其界也。」分其地理之謂理，鄭注：「理，分地理也。」
> 是故疆之以成井，所以別夫也；理之以成畝，所以爲畎也。畝有東
> 南，故畎有縱橫，順其地理以分之而已矣。故《左傳》賓媚人曰：
> 「先王疆理天下，物土之宜，而布其利。今吾子疆理諸侯，而曰『盡
> 東其畝』而已，無顧土宜。」所謂土宜者，東南之宜。所謂物而布
> 之者，相其地理之順以分畫之云爾。此古人爲畎之道也。南畝者，
> 其畎橫，蓋自北視之，畝陳於南也。東畝者，其畎縱，蓋自西視之，

畝陳於東也。故鄭氏《遂人》注云：「以南畝圖之，則遂縱溝橫，洫縱澮橫，以其畖橫，故得遂縱也。」今方幽燕之間有東西畛，南北畛，蓋物土之宜而爲之。據《遂人》畛爲溝上之道，南畝則溝東行，故其畛爲東西。東畝則溝南行，故其畛爲南北。此古制存於田間者。(《溝洫疆理小記‧畖澮異同考》)

　　2、余觀於野，而得《稻人》溝澮之制焉……始余之行於野也，見近川處，往往有大溝可通於川，今皆爲通車馬之孔道，私心以爲此古溝洫之遺也。當開阡陌時，所謂「徑容牛馬，畛容大車，塗容乘車一軌，道容二軌，路容三軌」者，皆不能容車馬矣。於是車馬皆在溝中行，今之孔道在溝中者，蓋自周秦之間，其來久矣。及余行於澤地，睹其形勢，私又以爲必有因地制宜之道，而詳考《周官》制度，如《稻人》所云者，至纖至悉，然後知法良意美，非聖人其孰能與於斯耶？至其所謂均水者，準之疏九河，事蓋相侔；所不同者，小大之異耳。(《溝洫疆理小記‧稻人溝洫記》)

案：第 1 例據清代幽燕間溝洫之制證古制；第 2 例言《稻人》溝澮之制，亦以今制證之。

第四節　地理考證的方法

程瑤田考證地理的文章有《禹貢三江考》和《水地小記》，考證的方法主要是以經證經，輔以目驗和方言。

以經證經的方法，程氏不僅用之於考證制度，還用之於考證地理。如考《禹貢》三江，程氏曰：「瑤田之意，專主《禹貢》經文。虞夏之書，夫子之所刪定，簡無脫爛，句無譌互，文從字順，信而有徵。至於秦漢以後，言人人殊，勿復聽焉。若夫酈氏之說，注《水經》也，宗班《志》也，乃於班《志》、《水經》獨處齟齬，胡可據之以難《禹貢》經文哉！」「捨《禹貢》經文，而欲得《禹貢》三江之實，此所以千古聚訟，而不能定一尊者也。」因此程氏依經說義，據《禹貢》經文言三江之語疏通而證明之，破三江必爲三條水之說。程氏曰：

　　今欲考定三江，要當取經文讀之。揚州經文曰：「淮、海惟揚州。彭蠡既豬，陽鳥攸居。三江既入，震澤底定。」蓋言揚州之水

大治，於是彭蠡水不沸騰而既豬定矣。則嚮之陽鳥散處澤旁之高丘
無定居者，今彭蠡豬而隙地出，遍生蘆葦，以為陽鳥之棲而得其所
居。於是匯澤之漢水，至是行江中而為北江；會匯之江水，至是亦
安瀾而為中江；而彭蠡所納上流之水北入於江者，自然東行江中而
為南江，而三江之名成矣……

　　荊州經文曰：「荊及衡陽惟荊州。江漢朝宗於海。九江孔殷，
沱潛既道，雲土夢作乂。」蓋言荊州之水大治，則江漢兩水非常之
原，於是並驅，由揚州而朝宗於海矣。由是回視上流，洞庭一湖，
納沅、漸、無、辰、敘、酉、澧、資、湘之九水，號為九江，其水
甚盛，已無汎濫之虞。沱為江之別，潛為漢之別，其始出也，皆在
梁州，已而合流於江漢矣……

　　經文又曰：「嶓冢導漾，東流為漢，又東為滄浪之水，過三澨，
至於大別，南入於江，東匯澤為彭蠡，東為北江，入於海。」「岷山
導江，東別為沱，又東至於澧，過九江，至於東陵，東迆北會於匯，
東為中江，入於海。」余涵泳之，竊為比物而言之……《禹貢》實
於導漢條下大書「東為北江」，實於導江條下大書「東為中江」。後
人必欲捨經文而從焚阬之後，世遠言湮，摸索而得之三江，此何說
也……導江自名其江為中江，則岷江之為中江，名之前定者也……
學者不涵泳《禹貢》，為之疏通而證明之，猥曰三江必有三條水，而
偏信後世揣擬之水，比附《禹貢》之三江，為先入之言以主之，余
滋惑矣。

　　程氏考《禹貢》全以本經經文互證，而考庚水和灅水則參以目驗和方言，
如：

　　　1、余於灅水入果河後，未經目驗，且恐古今水道復有變易，
難憑臆見以斷之。余之考灅水也，從豐潤縣西行四十五里，渡沙流
河。又西北行四十里，里許間，兩渡今之所謂黎河。土人云：南水
其經流也，水北曰王各莊。北望水門口，蓋三十里而近。又西行十
三里，則平安城。由平安城之西北渡灅水，北望群山迆隧道障，東
至水門口可二十里。又北行數里，入北障之小峽，俗呼小喜峰口。
乃迆山西行十餘里，曰石門鎮。余耳其名，因求灅水，不可得。又
北行可二十里，渡魏家河。又北行數里，至溫泉……乃登溫泉西北

之茅山最高峰……僧言大湯河伏流復見於韓各莊，東流水門口，始悟水門口爲《水經注》之石門口，而向所經之石門鎮，與灅水遠不相涉也。因與皆山論難輿地之學。明日行，經石門口，遊黎峪庵，出石門峽，渡今俗呼之黎河，取去時故道而歸。（《水地小記・灅水考》）

2、余自豐潤縣出北門，依還鄉河北行三十五里，復去河西北行一里，曰左家務。或指北行，又五里，即觀雞寺，因造焉……僧曰吾足下所立山東去，下竟而空，因北指最近吾山之一隖，曰：「是中有村莊，曰黃土嶺。」又指其隖北隔一山之一隖，曰：「是中有河，曰小河，東南流。出隖可五六里有村，曰小營，在其水東。水之屈而南，入還鄉河。」余私心以爲《水經注》「巨梁水出土垠縣北陳宮山，西南流經觀雞山，謂之觀雞水，水東有觀雞寺」，今寺在水西。今小河水出陳宮山後隖中，繞而流入還鄉河，又西南行經觀雞寺，豈是水爲酈元所謂巨梁水之源乎？然今還鄉河源，遠在東北數十里之崖兒口入縣境，或者酈元所稱陳宮山在彼不在此，後人倂陳宮、觀雞二山而一之，是皆不可以臆斷。（《水地小記・庚水考》）

3、余至遵化之平安城，其地介灅黎二水之間，其土人或呼灅河爲黎河，而呼黎河爲果河。余意「灅」、「黎」一聲之轉，「浭」、「果」亦一聲之轉，二名雖傳記久失，而故老相傳，存諸民口中者，其音猶未盡泯也。是黎河爲庚水之證四。（《水地小記・庚水考》）

案：程瑤田考證灅水和庚水，親遊灅水、庚水所經之地，目驗之後方爲定說。考庚水又參證以當地方言。其說可信。

第五節　文本校勘的方法

程瑤田校勘文本途徑有二：一是以本書校本書，即根據本書的體例、本書的上下文義、相關文句或注文疏文反覆尋按，對照比勘。二是用他書對校，即在單憑本書難以確定的情況下，利用他書異文或其他與本書相關的材料對比異同，定其是非。現在就以上兩種方法分項舉例，加以說明。

一、以本書校本書

（一）根據體例訂正譌誤

古人著書，最重義例，最重發凡起例。一旦有例可循，許多類似問題就可迎刃而解。從體例方面著手經籍校勘是乾嘉學者高明之處。程瑤田治經於凡例多有發明，因此他能夠根據體例發現問題，校勘文本。例如：

1、《喪服》「緦麻」章「爲夫之從父昆弟之妻」條，經文曰：「爲夫之從父昆弟之妻。」傳文曰：「何以緦也？以爲相與同室，則生緦之親焉。長殤、中殤降一等，下殤降二等，齊衰之殤中從上，大功之殤中從下。」對於傳文最後四句，程瑤田校曰：

> 四句乃《喪服》經文。若傳則皆依經發義，無憑空立義之例。自鄭氏誤以上文同室生緦之傳連言，遂並此四句以爲傳文而注之。又不審此經發殤服之例者，專爲制《大功》、《小功》兩殤服章而發之，且不審兩殤服章專爲成人服齊衰，今爲長、中殤降在大功，下殤降在小功，而爲之制此服也。何以知其專爲成人服齊衰者而制之？觀此經發例四句而知。其降一等之大功殤服，齊衰之長、中殤也；降二等之小功殤服，齊衰之下殤也。所以有降一等、二等之殊者，以齊衰之殤中從上，故長殤、中殤並降一等，而下殤則降二等也，故特發引例以明制兩殤服章之精義微意。若大功成人之殤，則中從下，並服緦麻，而不爲之特製中、下殤之服也。然則大功成人之長殤何以亦在《小功殤服》章中也？蓋既爲齊衰下殤制此小功之殤服，而大功長殤適當服小功，而又不可復入小功正服，於是亦令爲之服者服小功殤服，而初非特爲此人制長殤之服也。鄭氏不審此經義例，又誤以此經爲傳，於是不得其解，乃從而爲之辭，注之曰：「齊衰大功皆明其成人也。此語不誤。大功之殤中從下，則小功之殤亦中從下也，此主謂妻爲夫之親服也。凡不見者以此求之。」夫大功成人，其長殤在《小功殤服》章中，而中、下殤並在《緦麻》，謂之中從下是也。若小功成人，其長殤降在《緦麻》，中、下之殤並無服，已不得謂之中從下矣。且據其「主謂妻爲夫親服」之説而求之，夫之姑、姊妹之長殤緦麻，則中、下殤無服，可無論已。若夫之叔父之中殤、下殤緦麻，則長殤小功，現見《小功殤服》中。此條以成人大功降小功言之，所謂「大功之殤中從下」也。夫之昆弟之子、女子子之

長、中殤大功，則下殤小功，現見《小功殤服》章中。此條以成人齊衰降大功言之，所謂「齊衰之殤中從上」也。是篇中諸妻爲夫親之殤服與諸丈夫之爲殤者服無異，何分於此主謂妻而《小功殤服》章中中從上下之傳爲主爲丈夫也？至《小功殤服》章，本爲成人齊衰制下殤之服，以配《大功殤服》章所制長殤、中殤之服，故於章首即列下殤諸人以終前章之義。而成人大功之長殤，適當服小功，於是牽連書之，曰某某之長殤，遂不得如《大功》章之連長殤而見中殤也。故傳者發問曰：「中殤何以不見也？」乃答之曰：「成人齊衰之長、中殤降在大功。」是爲大功之殤，其中殤從上，故言長殤必見中殤。今成人大功之長殤降在小功，是爲小功之殤，其中殤從下，見於《緦麻》章。而此章言長殤，不得見中殤也。是此傳所謂大功之殤，其成人本服齊衰，即後經所謂「齊衰之殤」，故得同言「中從上」也。此傳所謂小功之殤，其成人本服大功，即後經所謂「大功之殤」，故得同言「中從下」也。一指成人服言，一指殤服言。余別有《異名同實述》詳之。鄭氏未審此傳發問之旨，指謂殤服言，而誤注之曰：「大功、小功，皆謂服其成人也。大功之殤中從上，則齊衰之殤亦中從上，此主謂丈夫之爲殤者服。凡不見者，以此求之。」是誤以成人大功之殤爲中從上，故舉齊衰之殤之中從上以就而亦之，故曰「問者據從父昆弟之下殤在《緦麻》」，意謂其中殤不在《緦麻》，乃中從上也。不知其下殤在《緦麻》，不言中殤者，正此傳所謂「小功之殤中從下」，其成人在《大功》，即後經所謂「大功之殤中從下」也。經傳義例顯然，鄭氏未能審知，既誤以爲成人大功其殤中從上，故於「庶孫之中殤」與從父昆弟之下殤，互文以明中從下者，不能貫通其精義微意，而遂欲改經之「中」字爲「下」字，以通其意中之見。而又與後經「大功之殤中從下」之義例相戾，故又從而爲之辭曰「此主謂妻爲夫之親服」，而曾不細檢諸章妻爲夫親之殤服與諸大夫之服殤者全無異同。一校錄之，宜其說之自相矛盾至於如此也。（《儀禮喪服文足徵記・喪服考定原本下》）

案：「長殤、中殤降一等，下殤降二等，齊衰之殤中從上，大功之殤中從下」四句，今本《喪服》作爲傳文。程瑤田指出這四句應是經文，不是傳文，當別爲一條。程氏認爲這四句經文專爲大功小功兩殤服章發例，且專爲

成人齊衰親之殤服發例。而鄭玄據誤本以經爲傳，於是強爲之辭，以至於認爲經文有誤，需改經纔可通。程氏一一駁之。程氏首先根據傳文的體例「若傳則皆依經發義，無憑空立義之例」，此四句與前面經文無意義關聯，由此可確定不是依經發義，不當是此經的傳文。然後根據經文殤服體例：就成人服而言，即成人服齊衰和大功，其殤服爲「齊衰之殤中從上，大功之殤中從下」；就殤服而言，即大功殤服和小功殤服，「大功之殤中從上，小功之殤中從下」；判定鄭玄之誤在於未明經文義例，把「大功之殤中從上，小功之殤中從下」中的大功、小功當作是成人服。

2、《記》「妾爲女君」條：「妾爲女君、君之長子，惡笄有首，布總。」賈疏：「妾爲女君之服，得與女君同，爲長子亦三年。但爲情輕，故與上文婦事舅姑齊衰同，惡笄有首，布總也。」程瑤田校曰：

> 「妾爲女君」，見《不杖麻屨》章。爲「君之長子」，經不見其服。故賈疏曰：「妾爲君之黨服，得與女君同，爲長子亦三年也。」今疏作「妾爲女君之服」，蓋「君之黨」三字轉寫譌作「女君之」三字也。今據經傳服例，參考改正。（《儀禮喪服文足徵記・喪服考定原本下》）

案：程瑤田據經傳服例，指出賈疏「女君之」三字當爲「君之黨」，轉寫譌誤。程說是也。

3、《黃帝內經素問・五常政大論篇》論金木水火土五運主歲時平氣、不及和太過的一般規律。先論其平氣，「木曰敷和」，「其穀麻。」王砅注曰：「色蒼也。」「火曰昇明」，「其穀麥。」注曰：「色赤也。」「土曰備化」，「其穀稷。」注：「色黃也。」「金曰審平」，「其穀稻。」注：「色白也。」「水曰靜順」，「其穀豆。」注：「色黑也。」次論其不及，「木曰委和」，「其穀稷、稻。」注：「金，土穀也。」「火曰伏明」，「其穀豆、稻。」注：「豆，水；稻，金穀也。」「土曰卑監」，「其穀豆、麻。」注：「豆，水；麻，木穀也。」「金曰從革」，「其穀麻、麥。」注：「麻，木。麥，火穀也。麥，色赤也。」「水曰涸流」，「其穀黍、稷。」注：「黍，火；稷，土穀也。」最後論其太過，「木曰發生」，「其穀麻、稻。」「火曰赫曦」，「其穀麥、豆。」「土曰敦阜」，「其穀稷、麻。」「金曰堅成」，「其穀稻、黍。」「水曰流衍」，「其穀豆、稷。」〔註16〕

〔註16〕《黃帝內經・素問》卷二十，文淵閣四庫全書電子版。

宋林億《新校正》於「水曰凅流」,「其穀黍、稷」條下曰:「本論上文,麥爲火之穀,今言黍者,疑麥字誤爲黍也。」認爲此處「黍」字當作「麥」。於「金曰堅成」,「其穀稻、黍」條下曰:「案本論,上文麥爲火之穀,當爲其穀稻、麥。」認爲此處「黍」字亦當作「麥」。〔註17〕程瑤田非之,云:

> 「金曰從革」,「其穀麻、麥」注云:「麥火穀,麥色赤。」三「麥」字,本皆「黍」字,後人妄改之也。彼見上「火曰昇明」,「其穀麥」注云麥「色赤」,遂疑此注「火穀」,「色赤」者亦當爲「麥」字也。既妄改注,因妄改經,不知麥之色赤,已見上注,此注不應重見。王砅以「從革」當有「火穀」,又見黍有赤色,故注之曰:「黍火穀,黍色赤也。」且以「黍」字初見於此,亦當如他穀,初見者,須顯其色也。下「凅流」之黍、稷,「堅成」之稻、黍,注并承此而以「火」言黍也。然則,「從革」條三「麥」字誤,而「凅流」、「堅成」兩條「黍」字不誤。林氏《校正》考之未審矣。經以二穀赤色,可互取之,且於火本令中,火穀取麥;金水令中,火穀取黍。此古人之神明,後有所弗能及者,是故昇明之火、赫曦之火,皆取麥;從革之金、凅流之水、堅成之金,皆取黍。火穀互取,其例畫一。故惟「從革」,知爲「黍」誤「麥」者。既以互取之例斷之,又以重見「色赤」之注斷之。「凅流」、「堅成」之「黍」,知其必不誤者。既以互取之例斷之,又以兩「黍」字不應并誤斷之。且苟兩處并誤,何以「赫曦」之當取「麥」者?不三處并誤爲「黍」也,是亦足以斷其不誤矣!(《九穀考・梁》)

案:《素問》經文言「金」云:「金曰從革」,「其穀麻、麥」,王砅注:「麻,木。麥,火穀也。麥,色赤也。」程氏以爲,經和注三「麥」字皆當作「黍」。證據有二:其一,「麥色赤」已見上注,此處不應重見。其二,經文有火穀互取例,所謂「火本令中,火穀取麥;金水令中,火穀取黍」。程說是也。

(二)根據文義判定是非

清代學者治經講究安於文義、合於文理,無論是考釋詞語還是校勘文字,都要反覆推敲文義、尋繹文理。因爲「一篇文章,其上下文中的詞語,往往

〔註17〕《黃帝內經・素問》卷二十,文淵閣四庫全書電子版。

會有文法上、邏輯上或意義上的聯繫」〔註 18〕，這種聯繫就使得據文義校勘成為可能。程瑤田對文義的作用亦有深刻的體認，每言「屬文有義，當於上下文求之」云云，皆是也。例如：

1、《儀禮・喪服》「不杖期」章「為人後者」條，傳曰：「何以期也？不貳斬也。何以不貳斬也？持重於大宗者，降其小宗也。為人後者孰後？後大宗也。曷為後大宗？大宗者，尊之統也。禽獸知母而不知父，野人曰：父母何算焉？都邑之士，則知尊禰矣；大夫及學士，則知尊祖矣。諸侯及其大祖，天子及其始祖之所自出。尊者尊統上，卑者尊統下。大宗者，尊之統也。大宗者，收族者也，不可以絕。故族人以支子後大宗也；適子不得後大宗。」
程瑤田校曰：

> 「禽獸」以下，言其尊之統有自然之別，由其所知各有限也。聖人緣人情以制禮，因以辨上下而別尊卑，此所以有尊者統上、卑者統下之殊。若夫豪傑之士，其知足以上通，雖秩然之分凜不可踰，而誠之所格者遠矣。昔嘗疑「何算」「算」字恐「尊」字之譌，觀下文連言，則知「尊」似蒙上文「何尊」言之。今檢《汗簡》載古文「尊」字，《華岳碑》作𥅿，似「算」字。《碧落文》作𥅿，不惟下同「算」，即上亦絕似竹頭。雖不敢蹈改經之妄，姑存其說以俟考。
> （《儀禮喪服文足徵記・喪服經傳考定原本上》）

案：此例程瑤田認為「傳曰：『父母何算焉？』」之「算」字可能是「尊」字之譌，首先是從上下文判斷，下文講都邑之士知道尊禰，大夫學士知道尊祖，那麼此句言父母亦當用「尊」字。然後尋找致譌的原因，古文「尊」與「算」字形相近，可能因形近而譌。但是程氏對他的考證非常謹慎，因此祇說「姑存其說以俟考」。筆者查閱 1959 年出土的《武威漢簡》，該簡有三個版本的《喪服》，分別是甲本、乙本和丙本。甲、乙兩本為《喪服傳》，丙本為《喪服經》。甲作「選」，即「父母何選焉」；乙本此句爛缺。沈文倬《〈禮〉漢簡異文釋》，比較《武威漢簡》與今本《禮》書之異同，整理異文 509 條，一一辨析釐定之。其中「父母何算焉」條，沈曰：今本『選』作『算』。《一切經音義》卷四引《三蒼》『算，選也』。《集韻》二十四緩『選，或作算、筭』。《論語・子路》『斗筲之人何足算也』，阮元《校勘記》云：『《漢書・公勝賀傳・贊》及《鹽鐵論・大論》並引

〔註 18〕 王彥坤《訓詁的方法》，《暨南學報》，2005 年第 6 期，第 105 頁。

作「選」，乃「算」之假借字。』〔註19〕余以爲程說亦言之有理，可存之備一說。今人彭林注譯《儀禮》於此字採用程說。

2、《禮記·禮器》：「宗廟之祭，貴者獻以爵，賤者獻以散；尊者舉觶，卑者舉角。」孔穎達疏：「案《異義》：『今《韓詩說》：「一升曰爵……二升曰觚……三升曰觶……四升曰角……五升曰散……總名曰爵。其實曰觴，觴者餉也。觥亦五升……非所以餉，不得名觴。」古《周禮說》：「爵一升，觚二升。獻以爵而酬以觚，一獻而三酬，則一豆矣。食一豆肉，飲一豆酒，中人之食。」《毛詩說》：「觥大七升。」許愼謹案：《周禮》云一獻三酬當一豆，若觚二升，不滿一豆。又觥罰不過一，一飲而七升爲過多。』」程氏校孔疏之誤，云：

> 據文義，(《周禮說》) 二升乃三升之譌，轉寫者因《韓詩說》
> 誤改之也。(《考工創物小記·一獻三酬一豆說》)

案：程瑤田指出孔疏引許愼《異義》有誤，古《周禮說》中之「觚二升」當作「觚三升」。因其下文明言：「一獻而三酬，則一豆矣。」「獻以爵」，「爵一升」，即一獻爲一升。「酬以觚」，若觚爲二升，則三酬爲六升，一獻三酬但得七升，不足一豆（通「斗」）之數，唯觚三升，一獻三酬凡得十升，正好一豆也。程說是也。

3、《考工記·夏官·司弓矢》云：「凡矢，枉矢、絜矢利火射，用諸守城、車戰。殺矢、鍭矢用諸近射、田獵。矰矢、茀矢用諸弋射。恒矢、庳〔註20〕矢用諸散射。」鄭氏注：「此八矢者，弓弩各有四焉。枉矢、殺矢、矰矢、恒矢，弓所用也。絜矢、鍭矢、茀矢、庳矢、弩所用也。枉矢者，取名變星，飛行有光，今之飛矛是也，或謂之兵矢。絜矢象焉。二者皆可結火以射敵、守城、車戰。前於重後微輕，行疾也。」其中「前於重後微輕」一句，程瑤田校改作「前於後重微輕」，云：

> 謂其前於後殺鍭二矢之尤重者，爲微輕也。轉寫譌互作「重
> 後」。(《考工創物小記·矢人爲矢考》)

案：程校是也。孫詒讓即採程說。〔註21〕

〔註19〕沈文倬《〈禮〉漢簡異文釋（一）》，《文史》第33輯，1990年，第47頁。
〔註20〕注疏本作「瘦」，據阮校改。見楊天宇《周禮譯注》第463頁。
〔註21〕孫詒讓《周禮正義》，中華書局，1987年，第2560頁。

4、劉向《說苑》:「於是孟嘗君泫然泣涕,承睫而未殞。雍門子周引琴而鼓之,徐動宮徵,微揮羽角,切終而成曲。孟嘗君涕浪污增欷而就之曰:『先生之鼓琴,令文若破國亡邑之人也。』」程氏校曰:

　　劉向《說苑》載雍門子周以琴見孟嘗君,周未鼓而先答孟嘗君之問,孟嘗君聞其言,即泫然泣涕,承睫而未隕。周乃引琴鼓之。曲成,孟嘗君涕浪汗增欷。《淮南·覽冥訓》載此作「孟嘗君為之增欷歇唈,流涕狼戾不可止」。注:「狼戾猶交橫。」此數語,字法最妙。初聞其言而生悲出涕,但見其有淚而已,故曰「未隕」。而狀以「承睫」二字,言以睫毛含淚而承之,如諺所謂「淚汪汪」然者。及聞鼓琴而悲益甚,於是涕浪汗然。浪汗,猶闌干。所謂淚落闌干,言其雨泗涕零,非復初之承睫,故又增欷而後有言。而類書引之,輒芟去「浪汗」二字。芟之非無因也,以「汗」字原書譌作「污」,不可解。然其譌,蓋唐時已然。如歐陽修《藝文類聚》,則唐初所著錄者,其引《說苑》,上作「泫然承瞼」。瞼,《說文》以為「目上下」,瞼謂眼眩也。睫亦生瞼上,二字不妨互易。然泫然者,泣涕之貌,芟去「泣涕」,為語未成,又芟去「而未隕」字,為辭不足。其下則改作「涕泣增哀」,是不解「浪污」字,而不知其為「浪汗」之譌,故芟之也。夫涕浪汗者,猶《海賦》之「洪濤瀾汗」,所謂泣數行下也。是故狀水者,曰「漣猗」,《爾雅》作「瀾」。「淪猗」,又曰「滄浪」,皆言其水紋成行。「漣」、「淪」、「浪」,聲皆與「瀾」相轉。狀哭泣者,在《詩》曰「泣涕漣漣」,在《易》曰「泣血漣如」,亦言其淚落成行。「漣」、「浪」、「瀾」聲自相轉,而撰類書者不知也。宋祝穆著《事文類聚》,其所引與《藝文類聚》同,蓋襲歐書,亦不復深考也。朱長文《琴史》引之,亦與歐氏同。又有著《琴雅》及《琴談》者,引之並同《琴史》。或又引之而改為「雪涕闌干」。「闌干」、「浪汗」,字異義同,必有他本曾用「闌干」字,故因之。然「闌干」是言淚落難止,可云「涕闌干」而不可加「雪」字於其上。由其不解「浪汗」,亦並不解「闌干」,故嵌「雪涕」於其上,而不知其不可通也。近有著《尚史》者,依《說苑》本,書作「涕浪污增欷」而不敢芟改矣,然終不知其為「汗」字之譌,又將上文「涕承睫而未隕」句,改易其字,是又不知此文

數語，一氣呼吸，非可以增損一字者。而今之著書者，大都憒憒，
是尚可據之以爲典要哉？（《釋蟲小記·鷺鵜吐雛辨》）

案：程瑤田據上下文考「浪汗」之義，指出劉向《說苑》「污」當作「汗」。
後人引《說苑》者，不知「污」爲譌字，不明其意，於是往往芟節之或
改易他字。程校是也。

（三）據正文刊正注疏或據注疏校定正文

注和疏用以疏通解釋正文，因此正文與注疏語存在一定的對應關係，可
以利用這種對應關係訂正譌誤。比如程瑤田校定《儀禮·喪服》經文之誤，
有時就根據鄭玄的注釋來判定，例如：

《儀禮·喪服》「緦衰」章：「緦衰裳，牡麻絰，既葬除之者。傳曰：緦
衰者何？以小功之縷也。」鄭注：「治其縷如小功，而成布四升半。細其縷者，
以恩輕也。升數少者，以服至尊也。」程瑤田校曰：

今本「之縷」並譌作「之緦」……據注以正「縷」字之譌，可
謂明辨晰也……嘗試論之：緦衰者，猶大功衰、小功衰也。緦也，
大功也，小功也，皆衰名非縷名也。其縷名，則大功衰之縷即名大
功之縷，小功衰之縷即名小功之縷。獨緦衰不治緦之縷，即治小功
之縷，以織爲緦衰之布。其布之成也不同小功之十升、十一升，而
但爲四升半。故其布雖細，而疏於小功，名之曰緦衰之布，即較之
大功衰布，亦猶粗也。

疑之者曰：小功之緦即小功之縷，緦即言其縷之細，故謂之小
功之緦。余曰：緦乃衰名，縷則織衰之經緯也。緦衰不治其經緯，
但治小功之經緯爲之。即欲假借通稱，可云小功之縷爲緦之縷，不
可云緦之縷爲小功之緦。若以「緦」字代「縷」字，則大功之縷亦
可稱大功之緦，緦之縷亦可稱緦之緦耶？緦衰是定名，於五衰外又
立一衰之名，不能作活字用。如緦衰乃縷之極細者，豈可因其細也
而以之代「縷」字？若以縷細，可通稱曰某某之緦，亦可通稱曰某
某之緦耶？總之，緦錫「緦」字，用爲衰名，便成喪服中不可移易
之字。如《檀弓》中所謂「緦衰環絰」，言子柳妻爲舅服，當齊衰而
服緦衰，慨末俗之薄也，緦之非縷明矣。（《儀禮喪服文足徵記·小
功之縷譌字記》）

案：此例程瑤田認爲經文「小功之總」中「總」字當作「縷」，主要依據就是
　　鄭注以「治其縷如小功」釋之。

　　有時程氏亦根據《儀禮・喪服》正文校訂注疏存在的譌誤，如：

　　《儀禮・喪服》「總麻三月」章「夫之諸祖父母，報」條，鄭玄注：「諸
祖父者，夫之所爲小功，從祖祖父母，外祖父母。」賈公彥疏：「云『諸祖父
者，夫之所爲小功』者，妻降一等，故總麻者。以其本疏，兩相爲服，則生
報名。云『從祖祖父母，外祖父母』者，此依《小功》章，夫爲之小功者。」
程瑤田校曰：

> 注及疏「外祖」字皆當爲「從祖」之譌。前《小功》章連言「從
> 祖祖父母、從祖父母」，故此疏云：「云從祖祖父母、從祖父母者，
> 此依《小功》章夫爲之小功者也。」據疏之文氣，是「從祖」，非「外
> 祖」。且凡服必由近及遠，不當捨從祖父母而服從祖祖父母。況據傳
> 外親之服皆總，爲外祖父母小功者，以尊加也。其夫本加服，妻亦
> 不當從服總。若從服總，則夫之從母以名加服小功者，妻亦當從服
> 總耶？此可以決注、疏「外」字爲後人轉寫之譌也。又案：經曰「諸
> 祖父母」，是內辭，非外辭。且經曰「諸祖父母」，是以從祖父母關
> 從祖祖父母，況又有《小功》章其夫爲「從祖祖父母、從祖父母」
> 連文可比例耶？至其夫於外祖父母，本以總加服小功，其妻亦不當
> 從服，又無論已。又檢《記》文「夫之所爲兄弟服，妻降一等」條
> 下，賈疏云：「妻從夫服其族親，即上經夫之諸祖父母見於《總麻》
> 章。」據此「族親」字，則注、疏兩「外」字爲「從」字之譌無疑
> 矣。（《儀禮喪服文足徵記・喪服考定原本下》）

案：經文「諸祖父母」，鄭注、賈疏皆釋爲「從祖祖父母，外祖父母」。程瑤
　　田指出注及疏「外祖」字皆當爲「從祖」之譌。證據有三：一是據《小
　　功》章經文，其文曰「從祖祖父母，從祖父母」。二是據服例判斷。據
　　服例，爲外親皆服總。因尊加，夫爲外祖父母服小功，妻從夫服，亦當
　　服小功，不當從服總。三是據他例推斷，賈疏云「妻從夫服其族親」，
　　並以「夫之諸祖父母」條爲例，說明「諸祖父母」爲夫之族親，族親不
　　得侵入母黨，則不包括外祖父母無疑也。程說是也。

二、用他書對校

（一）據他書異文訂正

在古籍校勘中根據異文正譌是一種非常重要的方法。程瑤田校勘文本應用此法最多。其例如下：

1、《初學記》：「《三禮圖》曰：『股廣三寸，長尺三寸半。』」程氏校曰：

> 唐徐堅著《初學記》，今言類書者，奉為江源所濫觴。其《樂部》「磬」條中所引《三禮圖》云：「股廣三寸，長尺三寸半。」近人著《古經解鉤沈》，即載其說以為《禮經》古注之逸文。余著《磬氏為磬考》，見是說，欲採而存之。已乃反覆求其解，不可通。及披閱鄭氏《考工記》注，二句乃其注中語。然則，《三禮圖》即《隋書》所載鄭氏撰者。鄭氏自載其語，必與其注同。其注云：「假令股廣四寸半者，股長九寸；鼓廣三寸，長尺三寸半。」今《初學記》引之，則逸其上二句之說股者，而下二句乃說鼓，復又譌「鼓」作「股」，烏足以成文理？若不校錄原書，則承譌襲謬，將如之何？（《釋蟲小記·蠪蛪吐雛辨》）

案：程瑤田據鄭玄《考工記注》校徐堅《初學記》引文，指出徐氏引文上逸兩句，且譌「鼓」為「股」。程校是也。

2、《夏小正》：「五月……初昏，大火中，種黍菽糜。」戴氏傳云：「初昏，大火中。大火者，心也。心中種黍菽糜，時也。煮梅為豆實也。蓄蘭為沐浴也。菽糜以在緟經中矣，又言之時何也？是食短閔而記之。」程瑤田認為經文「糜」字為衍文。程氏云：

> 又《夏小正》：「五月初昏，大火中，種黍菽糜。」以伏生、《淮南子》、劉向書證之，「糜」字為衍文，因下有「菽糜」之文而衍也。「菽糜」者，豆䉵也。《小正》傳云：「已在經中，又言之，是何也？時食豆䉵而記之。」刻本譌作「食矩闊」，或又譌作「食短閔」。言「菽」字，又言之者，特著其時食豆䉵耳，與上「種黍菽」文不相復，而轉寫者不明傳意，謂傳「已在經中」之云，連「糜」字言之，遂於上經妄增一字也。近日刻本不知「糜」為衍字，謂是「糜」字之譌，改「糜」為「穈」，失之愈遠矣。穈音「門」，乃赤苗嘉穀春時下種者。改者之意，本欲改為穈稷之「穈」，而又譌為穈芑之「穈」，

是又不知穈、穄之爲二物，其音又不復不同也。（《九穀考·黍》）

案：程氏此校，主要據伏生、《淮南子》和劉向書的異文。程說是也。段玉裁
　　注《說文》，亦引程校。

3、《說文》：「騅，馬蒼黑雜毛。」程氏校曰：

　　《說文》：「緅，帛騅色也。」引《詩》曰：「毳衣如緅。」《說
文》以毳衣如帛色之緅，毛傳以毳衣如草色之菼，比物雖不同，其
言如騅馬之色則一也。《說文》：「騅，馬蒼黑雜毛。」以菼色青白證
之，則《爾雅》「蒼白」是，《說文》「蒼黑」非也。案：《玉篇》上
接《字林》，《廣韻》本之《唐韻》，二書胚胎《說文》，并作「蒼白」，
足證唐以前無作「蒼黑」者。至宋人著《集韻》、《類篇》、《禮部韻
略》，引《說文》始作「蒼黑」，豈《說文》至唐宋間轉寫或譌與？
今考覈既定，似當據《爾雅》正之。近有言《易》學者語余：「『蒼
筤竹』解同竹箭之有筠，蓋初生竹色嫩，青猶帶白者。震，東方也。
於時爲春，故以象之。」余深然其言。今考萑葦，因思《說卦》「爲
蒼筤竹，爲萑葦」，相連取象，益信「蒼白」二字爲不可易矣。（《九
穀考·釋萑葦》）

案：上例程瑤田根據《玉篇》、《廣韻》的異文指出《說文》「騅」
　　篆說解中「蒼黑」當作「蒼白」，是也。段玉裁注亦云：「黑當作白。」〔註22〕湯
　　可敬《說文解字今釋》仍據蒼黑釋之〔註23〕，當改。

4、《詩·大車》：「大車檻檻，毳衣如菼。」毛傳：「菼，騅也。」鄭箋：
「其青者如騅。」孔疏：「菼，騅。」程氏校曰：

　　《釋言》：「菼，騅也。菼，薍也。」毛傳於他詩，皆引「菼，
薍」之文，於《大車》「毳衣如菼」，獨引「菼，騅」之文，故郭璞
注《釋言》云：「《詩》曰『毳衣如菼』，菼，草色如騅，在青白之間。」
然則菼有騅名，著其色也。《爾雅·釋畜》：「蒼白雜毛，騅。」故陸
德明《音義》於《釋言》則曰：「如騅馬色。」而邢昺之疏亦曰：「郭
云『青白之間』，以《釋畜》云『蒼白雜毛，騅』故也。」騅從馬，
《爾雅》注疏、《釋文》皆不譌，惟《詩》傳、《詩》箋、《詩》疏，

〔註22〕段玉裁《說文解字注》，上海古籍出版社，1988年，第461頁。
〔註23〕湯可敬《說文解字今釋》，嶽麓書社，1997年，第1314頁。

今皆從鳥,蓋後世轉寫之譌,宜據《爾雅》改正之也。(《釋草小記·
釋萑葦》)

案:程瑤田據《爾雅》注疏及《經典釋文》的異文推知《詩》傳、箋、疏中
「雒」當作「鵻」,是也。段玉裁《說文解字注》亦云:「鵻各本作雒,
今依《爾雅》。」〔註24〕

5、《廣韻》:「荸,《爾雅》曰:『荸,麻母。』郭璞云:『苴麻成子者。』」
程瑤田云:

> 《說文》別出「荸,麻母」,《爾雅》作「荸,麻母」,注云:「苴
> 麻盛子者。」《釋文》:「盛音成。」《廣韻》引之作「成子者」,聲之
> 譌也。(《九穀考·麻》)

案:程校是也。

(二)據他書相關材料校正

程瑤田校定字書中的文字譌誤,多用此法。即比照其他字書中對同一個
字或相關字的解釋以確定正誤。例如:

1、《說文》:「茾蘭,莞也。」《爾雅》:「莞,苻蘺。」程瑤田校曰:

> 夫蘺當依《說文》爲薍。《爾雅》曰莞,蓋聲形之譌與?莞乃蒲
> 類,而《說文》又曰「茾蘭,莞也。」莞蓋蓲,聲之譌,《爾雅》曰
> 「蓲,茾蘭」是也。故郭注云「蓲茾句,蓋誤讀。蔓生,斷之有白
> 汁」。《衛風》鄭箋云:「茾蘭柔弱,恒蔓延於地,有所依緣則起。」
> 陸璣《疏》云「一名蘿藦,幽州人謂之雀瓢」。今觀《本經》不載,
> 而《唐本草》別收「蘿藦」一條,爲蔓生之茾蘭,與蒲類之苞生者
> 大異,則《說文》之譌,證以《爾雅》,無復疑義矣。茾蘭爲蓲,以
> 非蒲類,不得名莞。而苻蘺則《名醫增補》於《本經》所載之「白
> 芷,一名白茝,一名芳香」條下者,與《本經》所載之菖蒲、香蒲,
> 及《別錄》之白菖大別。《爾雅》乃以爲「莞,苻蘺」,今《說文》
> 別異莞字而出之曰「薍,夫蘺」,則《爾雅》之譌,不益可互相證明
> 哉!(《釋草小記·蘺、苻蘺、江蘺、莞、薍、蓲命名同異記》)

案:程氏據《爾雅》「蓲,茾蘭」證《說文》「茾蘭,莞」之誤,又據《說
文》「薍,夫蘺」證《爾雅》「莞,苻蘺」之誤,運用相關資料互相證

〔註24〕段玉裁《說文解字注》,上海古籍出版社,1988年,第33頁。

明，甚是。段玉裁注《說文》「芄蘭，莞也」條亦云：「此莞當爲藋。」
〔註25〕又郝懿行疏《爾雅》「莞，苻離」條云：「莞，《說文》作藅……
今按莞與蘭相似，莖圓而中空可爲席，蒲葉闊而不圓，其細小者亦可爲
席，所謂蒲苹者也。是蒲莞非一物。《爾雅》之莞，乃蒲屬，非蘭屬，
故《說文》莞訓艸與蘭相屬，又別出藅與蒲爲類。《爾雅》借莞爲藅。
舊注及郭俱云莞蒲，可知此乃蒲之別種，細小於蒲，爲形纖弱，故名蒲
蒻。作席甚平，故曰蒲苹。鄭箋以莞爲小蒲之席是矣。《釋文》猶以莞
草莖圓非蒲爲疑，不知此乃似蒲之莞，非似蘭之莞也。此莞似蒲，故亦
抽莖作臺，謂之爲蓴。」〔註26〕郝氏並未把《爾雅》之「莞」看作譌字，
而是以之爲「藅」借字，似不若程氏勝。

2、《一切經音義》別譯《阿含經》「牂羖」注云：「羖，羒羯也。」
檢字書無「羒」字，疑爲「羝」之譌。「羝」同「羝」，謂「羖」乃
羝之羯者也。（《釋蟲小記·改正爾雅羭羖牝牡轉寫互譌記》）

案：程氏疑「羒」爲「羝」之譌字，蓋是。

3、《說文》：「櫐，數祭也。讀若春麥爲櫐之櫐。」程瑤田云：

往余閱《說文韻譜》本「櫐，讀若春麥爲櫐之櫐」，徐鉉云：「春
麥爲櫐，今無此語，且非異文。」所未詳也。竊謂下二「櫐」字，
或「旋」字之譌，欲據以證高誘、《玉篇》之說。及閱《說文》原本，
知「春麥」爲「舂麥」之譌，因遂兼考「櫐」字。《博雅》：「戫、櫐，
舂也。」櫐從「木」，《說文》失收，故徐氏莫由是正。然《說文》
收「戫」字，云：「小舂也。」徐鍇《繫傳》云：「舂小麥皮也。」
然則，戫、櫐爲一字二文，《博雅》並收之耳。《玉篇》但收「戫」字。
《廣雅》並收，釋「櫐」曰「重擣」，釋「戫」曰「小舂」，重文作「鞻」。
《集韻》之引《博雅》也作「簚」，以「戫」爲重文；其引《說文》
作「戫」，以「鞻」爲重文，又別出「櫐」字，云：「穀再舂」，是與
《廣韻》「重擣」義同矣。因論旋麥，爲《說文》訂一字之譌如此。
（《九穀考·與吳殿暘舍人書》）

案：此條程氏校勘之處有二：一是《說文韻譜》「春」當作「舂」，據《說文》

〔註25〕段玉裁《說文解字注》，上海古籍出版社，1988年，第25頁。
〔註26〕郝懿行《爾雅義疏》，上海古籍出版社，1983年，第31頁。

原本校。二是《說文》「藁」當作「藁」，據其他字書校。程校是也。

4、大徐本《說文》：「藿，鼙艸也。一曰拜、商藿。」〔註27〕段玉裁注本改「鼙草」作「堇艸」。曰：「依《集韻》、《類篇》、李仁甫本作堇。」〔註28〕程瑤田校曰：

> 《廣雅》：「堇，藿也。葷，藜也」……惟以藿爲堇，余竊有疑焉。案：今《分韻說文》：「藿，堇草也。」而始一終亥本則曰：「藿，鼙草也。」一作堇，一作鼙。余疑鼙、堇二字皆堇字之譌。《說文》：「堇，草也。讀若鼙。」載《孫愐韻》爲里之切。及檢《廣韻》，堇有許竹、丑六二切，並云「羊蹄菜」，而里之切中不收堇字。又堇有恥力切，云「蒴藋別名」。蒴藋，藥也。《玉篇》云：「蒴藋五葉。」《玉篇》堇亦有二音，丑力、丑六兩切也，云「一名薏，似冬藍，食之，醋也」，不以爲羊蹄。於「薏」字則云「堇也」。《廣韻》薏與茋同，以爲烏頭別名，不與堇爲一物矣。《玉篇》既以薏爲堇，遂別出茋字爲堇草，爲烏頭別名焉。《廣韻》「堇，菜也」，亦不言別名烏頭。又考《集韻》「許六切」中以堇與苗爲一字，云「草名，羊蹄也」。而「勅六切」中亦堇、苗并見，同音而異釋，於堇字引《字林》「草名，似冬藍」，於苗字則云「苗，蓨也」。案：《爾雅》：「苗，蓨。」又云：「蓨，苗。」《說文》亦云：「苗，蓨也。」「蓨，苗也。」又《三國·吳志·諸葛恪傳》：「藜蓨稂莠，化爲善草。」余疑蓨即蓨字省去艸，此之所謂藜蓨，即前諸書之藜藿，藿之與蓨字蓋相通矣。余故曰《說文》釋藿字一作堇一作鼙者，皆堇字之譌也。何也？據《集韻》，堇與苗同，今藿與蓨又相通。然則余定《說文》藿爲堇也云者，猶言「蓨，苗也」云爾。且苗音與笛同。笛，《周禮·笙師》職作篴，讀爲滌。《漢書·敘傳》：「六世耽耽，其欲浟浟。」注云：「《頤》六四爻辭，今《易》作逐逐。」子夏傳作攸攸。然則逐字古有滌音，篴從逐，固亦宜有逐音也。所以堇、苗字皆有「許六」、「勅六」諸翻切。音既相通，義亦因之，相貫以之命名，自可互爲一物。余定《說文》藿字之釋爲堇，蓋亦求之聲音字形有四通六辟之妙，而

〔註27〕許慎《說文解字》，中華書局，1963年，第17頁。
〔註28〕段玉裁《說文解字注》，上海古籍出版社，1988年，第26頁。

非欲逞其臆見也。是故《說文》之譌菫也，菫與堇字形相似；其
譌釐也，釐與菫聲實相同。《廣雅》、《玉篇》、《廣韻》、《集韻》或
以蘿爲菫，或以菫爲芨，或以芨爲蕁，或以蕁爲菫，展轉承襲，蓋
未能詳。至謂菫爲蒴藋，藋之與藕字，形尤易錯互。今稍條理之，
以俟達者。（《釋草小記・釋蒘》）

案：兩個版本的《說文》釋「蒘」，一作釐草，一作堇草。程瑤田認爲「釐」
和「菫」並爲「堇」字之譌。一爲音同而譌，一爲形似而譌。程氏據《集
韻》知堇與苗同，據《三國志》知蒘與葆相通，而葆又與苗同，因此
蒘即爲堇。程氏之論可備一說，待考。段玉裁對此條亦表示過懷疑，
段云：「《說文》言一曰者有二例，一是兼採別說，一是同物二名。此一
曰未詳何屬。疑堇艸爲蒴藋，拜、商蒘爲今之灰藋也。」〔註29〕段氏懷
疑堇艸爲蒴藋，即藥草陸英的別名。而王念孫疏證《廣雅》「菫，蒘也」
則曰：「今之灰藋也……一名拜，一名蔏蒘。」〔註30〕王氏以菫爲灰藋。

〔註29〕段玉裁《說文解字注》，上海古籍出版社，1988 年，第 26 頁。
〔註30〕王念孫《廣雅疏證》，江蘇古籍出版社，2000 年，第 318 頁。

第五章　程瑤田《通藝錄》考據特色

　　程瑤田治考據有其鮮明的特色，主要表現為以下六個方面：一是專注疑難，深入研究；二是文獻目驗，互為參照；三是廣徵博引，旁搜曲證；四是推崇許鄭，反對株守；五是繪圖製表，直觀明了；六是實事求是，多聞闕疑。下面分述之。

第一節　專注疑難，深入研究

　　程瑤田治經興趣點在疑難問題，其《通藝錄》研究的內容很多都是歷來有爭議的言人人殊的論題。程瑤田往往就專注問題深入探討，正如梁啟超所言「專作窄而深的研究」。《通藝錄》一書考證文章有十四篇，這十四篇實際上就是十四部專題研究的論文集。

　　程瑤田治三禮，於《儀禮》專門研究《喪服》，於《周禮》專門研究《考工記》，於《禮記》專門研究《大傳》宗法，這些選題都切中禮學研究的重點和難點。《喪服》一篇，阮元嘗云：「《儀禮》此篇自子夏為傳，鄭康成氏間以為失誤，後之儒者或疑鄭注之非，率皆憑執空論，無有顯證，終不足以明卜氏之傳意。」於是程瑤田作《儀禮喪服文足徵記》發《喪服》經傳之義。程氏首先考定《喪服》原本，定其是非，置於篇首。然後作專題研究，計 71 個相關論題，如《喪服無逸文述》、《夫之昆弟無服說》、《葬服考》、《姑姊妹女子子服述》等，內容涉及《喪服》經文的方方面面。

　　《考工記》一篇，雖然自東漢以來歷代都有學者為其訓解疏證，但仍有不少疑義難題待人破解。於是程瑤田作《考工創物小記》專事《考工》，全篇由 63 個獨立的論題組成。其中《匠人》溝洫制度，程氏又單獨作《溝洫

疆理小記》論說之，並就前人及時人言溝洫之誤一一駁斥，如《與丁升衢論時人言溝洫書》、《與吳澂埜論某人言溝洫書》、《圖某甲某乙匠人溝洫繆說形體記》、《論陳及之言匠人溝洫之繆》、《論鄭漁仲言遂人匠人溝洫之繆》等。

至於《禮記》一經，程瑤田選周代宗法爲題，因宗法不行於天下久矣，歷來論宗法者莫衷一是。程氏作《宗法小記》旨在明周代宗法之本原，其中《宗法表》疏解《大傳》經文，其他文章則是專題研究，如《庶姓述》、《庶子不祭明宗說》、《庶子不爲長子三年述》等。

程瑤田治地理，專研《禹貢》三江。程氏云：「三江爲解經者之一大惑也久矣，欲辨其惑，言人人殊……若夫經文，更以爲奧渺難曉，莫肯字梳句箆，而求索其微妙之旨，故說者俞多，而鄉壁虛造之言，闌塞心目，益滋惑矣。」於是作《禹貢三江考》辨三江之惑，就《禹貢》經文作深入研究，計21個相關論題。如《論三江惟主一江乃不破禹貢命名中江北江之義》、《鄭注三江分於彭蠡於字解》、《禹貢漢水入海說》、《論導江篇東迆北北字即指謂漢水之義》等。

程氏考九穀，亦因論說者眾多，難有定論。程氏云：「鄭康成氏注《周官・大宰》職之『九穀』：黍、稷、稻、粱、麻、大豆、小豆、麥、苽。蓋據《食醫》之職與《月令》而知之，南方無黍，而稷、粱二者，言人人殊。披覽舊章，彌增其惑。」其《九穀考》一篇就九穀爲文分別考之，每一穀皆立專題深入考證，有《粱》、《黍》、《稷》、《稻》、《麥》、《大豆小豆》、《麻》、《苽》等，還有與時人論九穀之文——《答秦序唐觀察言南方無黍書》、《與吳殿暘舍人書》。

程氏《釋蟲小記》研究螟蛉蜾蠃，因歷來說者紛然。此問題源於《詩・小雅・小苑》文：「螟蛉有子，蜾蠃負之」。毛傳、鄭箋據《爾雅》作注，揚雄、許慎、犍爲文學、郭璞等皆有說。唐宋以降，陶弘景破漢晉之說，掌禹錫、寇宗奭俱宗之。之後許白雲《詩集傳名物鈔》、嚴坦叔《詩輯》、沈仲容《詩經類考》並載螟蛉蜾蠃事，尤以范處義《解頤新語》言之最詳。面對歧說，程氏提出「陳言相因，不如目驗」，採用目驗的方法解決問題。

其他如《釋草小記》、《水地小記》等，亦皆是就某一疑難問題，作專門化的研究。

第二節　文獻目驗，互爲參照

　　程瑤田治學的一個顯著特色就是重視文獻與目驗互參。清儒所謂「目驗」實際上包括的範圍很廣，相當於我們今天說的調查實踐。無論是辨析名物，還是考求地理，甚至是考證制度，程瑤田都堅持與實際結合，用實物來驗證文獻記載，使結論更加可信。因此羅繼祖《程易疇先生年譜》附論程瑤田學術云：「若考溝洫疆理、宗法、考工創物，亦皆能據經文推闡，後取證實物，悉精確不可易。」〔註 1〕

　　程瑤田考論宗法，據今之族譜爲參照，因族譜中必有古宗法之遺留。程氏云：「今之著族必有譜。族譜者，古宗法之存於今者也。爲譜必爲表，縱之橫之，旁行邪上。縱列者，上治祖禰，下治子孫也；橫列者，旁治昆弟也。緣督爲經，本支百世，有條而不紊，觀於譜，而宗法瞭如指掌矣。」〔註 2〕以實存之族譜參驗經文關於宗法的記載，可謂信而有徵。程氏治《考工》，涵泳經文，多據《考工》文義求之；然後再驗以古物，皆與經文相合，知其所考不誤，可以此訂正鄭氏之違異。程氏考戈戟目驗二十餘件古物，考劍得古劍十數事。此外考車制、考鐘、考矛、考爵等皆有古實物參證。程氏治地理，如考庚水、考灅水，親自到實地進行調查，然後將調查所得與文獻記載結合，方纔定論。程氏考定九穀，前後用了十餘年時間，南北上下凡五反，數經目驗，又多次詢問老農，並留意百姓口中之語，得九穀之名實。程氏云：「求之諸經傳中之說，以反覆疏證之。既又博稽農民相沿之語，驗之播穀之時，參諸五方土宜之同異，而論說之以著於篇。」程瑤田撰《釋草小記》，其中十餘篇皆得自目驗，有時還親自種植，日日觀察，驗文獻記載之是非。例如：

　　　　壬子、癸丑間，余館於靈山，始見芸而識之。及歷一年之久，察其花葉盛衰之節候，自其始苗芽之日，及其可採食之時，與夫初生花之月，皆審知之，無不與《月令》、《太傅禮》之所言者相吻合。然而芸之始生也，則在百草枯黃之際。又其所萌生，不能遍有。茫茫大地，於何見之？吾因蒔之盆盎。至十一月，伺而驗之，見其根上芽茁而生葉，《月令》謂之「始生」，誠哉始生於此月也！（《釋草

〔註 1〕羅繼祖《程易疇先生年譜》，《程瑤田全集》第四冊，黃山書社，2008 年，第199 頁。

〔註 2〕程瑤田《江西吉贛南鄒氏五修族譜敘》，《程瑤田全集》第一冊，黃山書社，2008 年，第 176 頁。

小記・芸荔二草應氣述》)

　　曩余撰《釋荔》，初主高誘「馬荔，挺生出」之解，後以鄭注
「荔挺」連讀，亦似說不可廢，欲兩存之以俟考。今涵泳《月令》
之文，參之目驗，而有悟於陰陽氣候於昭不掩之妙，當以高說為正
釋也。(《釋草小記・芸荔二草應氣述》)

　　又如程氏為證蔞、莠非一物，而品嘗莠之味，驗是否與文獻記載相合。
程氏云：「《說文》云：『《詩》：「四月秀葽。」劉向說此味苦，苦葽也。』今
莠，余試嘗之甘。」程氏考麻亦是如此，程云：「甄權《藥性論》云：『麻花
味苦。』余嚼而辨之，味微苦而辛。」又如考蓬，《漢書・司馬遷傳》注，
師古曰：「黎草似蓬。」程瑤田目驗蓬草確實似藜，知《漢書》記載可信。

　　此外，程瑤田《釋蟲小記》考蟓蛉蝶蠃，正《爾雅》譌字，考馬齒等皆
根據自己的實際調查，參驗文獻，而得出結論。

第三節　廣徵博引，旁搜曲證

　　程瑤田為文，往往廣徵博引，尤善於旁搜曲證，多方推考，以證成其說。
例如解「阤」，程氏云：

　　《說文》：「阤，古文𨻭」；「𨻭，廣臣也。」然則「階阤」之字
假借「廣臣」之字也。其所以假借之者，言階之有兩阤以輔階齒，
猶人之有兩臣以輔牙車，義最親切。《漢書・張良傳》：「良嘗遊下邳
圯上。」服虔曰：「圯音頤。楚人謂橋為圯。」余謂橋兩頭必有步級，
兩邊亦必有所捄，如階阤然，故謂橋為圯而音同阤乎？《爾雅》：「樞
達北方謂之落時，落時謂之阤。」郭注云：「持門樞者，或達北檼以
為固。」余謂樞達北檼，北檼在室東北隅，室東北隅食所居曰宧。
阤，古文從戶，戶檼相近，而樞達北檼，故戶樞亦謂之阤。相因命
名，古人恒有之，然何以階阤之阤又與戶樞同其名？豈升堂之由階
猶入室之猶戶？會意假借，義自可通，然而不敢知矣。《廣雅》：「秩、
阤、橛，砌也。」《爾雅》：「秩謂之闑。」郭注云：「闑，門限也。」
鄭注《曲禮》：「梱，門限也。」《士冠禮》：「布席」「闑外」。鄭注：
「闑，闡也。」不踐閾，不履閾，不踰閾，是在門戶空處安橫材，
為人所跨，闔扉止於此，故曰門限也。橜謂之梟，所以止扉謂之闑。

余謂闑扉有閾止之，令扉不得過閾；扉既闑，則有閾止之，令不得
復開。故《說文》亦解闑爲門梱，是闑亦得呼門限矣，若柲爲持門
之樞，令扉開闑皆制於此。《廣雅》以「砌」釋「柲」，顏師古《漢
書》注亦以「門限」釋「砌」。《漢書》作「切」。援彼證此，據此釋
彼，古義具在，説有可通，殊難駁辨。是柲持門樞，固與闑、砌皆
有止扉之義也。然《西京賦》曰「金柲玉階，彤庭煇煇」，「階」、「柲」
對舉，且與「彤庭」連文，終與落時之柲不屬。《西都賦》亦曰：「玄
墀釦砌，玉階彤庭。」李善引《廣雅》曰：「砌，柲也。」而「墀」
「砌」、「階」「庭」，兩兩相對，豈得以落時之柲當之乎？落時之柲，
不得相涵，而階柲、階砌，必連墀庭言之，不可爲「夾兩階柲」之
佐證乎？又《說文新附》字曰：「砌，階甃也。」隱隱與《廣雅》「柲」
「砌」之釋相應和，此必從古相承之義。夫有所受者，不亦足爲柲
捭階齒之旁證乎？（《釋宮小記・夾兩階柲圖說》）

案：程氏據《說文》知「柲」假借爲「臣」字，其所以假借者，以兩柲輔階
齒猶謂兩臣輔牙車；據《漢書》服虔注云「橋爲坃」，因坃與柲音同，
從而以階柲與橋頭類比；據《爾雅》謂柲爲戶樞，認爲戶樞與階柲命名
相類；據《廣雅》、《爾雅》郭注、《曲禮》《士冠禮》鄭注知柲有門限之
義；據《西京賦》和《西都賦》屬文之法證柲爲夾兩階之斜石。最後又
據《說文》對「砌」的解釋作爲旁證。解一「柲」義，旁徵博引，頗見
程氏學問之博。

又如程氏考磬鼓直懸，列以八證：

《曲禮》「立則磬折垂佩」，謂立而曲身，如磬之折也。是磬鼓
直懸之證一。《左氏内外傳》「室如懸磬」，古人五架屋，從第四架下，
爲戶牖以隔之，外爲堂，内爲室。室上之宇北出斜下，以交於北墉。
墉直如磬鼓，宇斜如磬股也。是磬鼓直懸之證二。《文王世子》「公
族有死罪，則磬於甸人」，鄭氏注：「懸縊殺之曰磬。」謂如磬之懸
也。是磬鼓直懸之證三。《說文》云：「漦，泉之側出者。」側出之
泉，其水初出則斜而橫之，如磬之股，既乃折而直下，如磬之鼓，
蓋謂其形象磬而因以諧其聲也。是磬鼓直懸之證四。《說文》又云：
「謦，欬也。」人欬必伸首，稍昂焉，其喉頸間折處，上如磬之股，
下如其鼓，亦因象磬形而乃以諧其聲也。是磬鼓直懸之證五。《爾雅》

「大磬謂之馨」，郭氏注：「馨，形如犁錧」……馨之爲言橋也。《曲禮》「奉席如橋衡」，橋謂井上桔槔，衡謂上低昂者，如橋衡謂橫奉之，左昂右低也……今磬之折，鼓如桔槔之植者，股如其衡之昂然者，故謂之馨。是磬鼓直懸之證六。（《考工創物小記‧磬鼓直懸六證記》）

爾後檢書，觸處得證，而立容之見於賈子《容經》者加詳焉。其言曰：「固頤正視，平肩正背，臂如抱鼓，足間二寸，端面攝纓，端鼓整足，體不搖肘，曰經立。因以微磬曰共立，因以磬折曰肅立，因以垂佩而卑立。」據此三立之法，則不及磬折曰微磬，過乎磬折曰垂佩，皆足以證磬鼓之直懸，而磬折之非匍匐形，益無疑矣。（《考工創物小記‧磬鼓直懸證七記》）

余論磬鼓直懸，連舉七證著於篇。嘉定陳生令華寄余書，言近又爲余舉一證，跋之篇後。曰：「磬之古文作『硜』。字從巠者，皆有直義……可知磬之制字，其初正以其鼓直懸而名之也，故籀文省石作殸。」（《考工創物小記‧磬鼓直懸證八記》）

案：此例程瑤田旁搜曲證，從不同角度證明磬鼓直懸，誠如所言：「探之遺經雅記，因而比事屬辭，拒彼遊談，言之不足，且長言之。人稱好辯，豈其然哉？」更有甚者，程氏《考工創物小記‧戈戟橫內秘鐏旁證記》爲證戟之形制，一氣列出九證：

《小雅‧斯干》之詩「如矢斯棘」。毛傳：「棘，稜廉也。」鄭箋：「棘，戟也，如人挾弓矢戟其肘。」謂人左挾弓，右挾矢，必曲其兩肘作以手叉腰狀，如戟之有援有刺，兩鋒支出向外，故曰「戟其肘」也。證一。《左傳‧哀公二十五年》，杜氏注「衛君戟手」曰：「抵徒手屈肘如戟形。」謂空手抵掌，兩肘支出如戟，故曰「戟其手」也。證二。《六書故》曰：「戟有支，所用以叉刺也。」故叉手謂之戟手。證三。《史記‧楚世家》：周定王使王孫滿勞楚王，楚王問鼎。對曰：「在德不在鼎。」莊王曰：「楚國折鉤之喙，足以爲九鼎。」《正義》曰：「凡戟有鉤。喙，鉤口之尖也。尖有折者足以爲鼎，言鼎易得也。」據此，不曰戟，直呼爲鉤，是句兵橫鐏，著其用也。證四。《廣韻》有「戵」字，釋曰「髭

戲」。《說文》：「髭，口上鬚也。」《集韻》：「戲，髭貌。」然則口
上之鬚，分出如戟之左援右刺，故有戲名也。證五。《孔叢子》及
《南史・褚彥回傳》，並言「鬚髯如戟」。李白詩亦云「紫髯若戟」。
髯宜順垂，今乃堅挺橫出，如戟之梧撐外射也。證六。《說文》：「挶，
戟持也。」挶音同臼，《說文》：「臼，叉手也。」《玉篇》：「兩手
捧物曰臼。」然則戟持者，謂兩手持物，必曲兩肘如戟形也。證
七。《說文》：「据，戟挶也。」《繫傳》引《詩》「拮据」。毛氏解
作「戟拘」，謂手執臂，曲局如戟，不可轉也。證八。《玉篇》又
有「攃」字，引《漢書》注云：「謂拘持之也。」余謂拘持即毛氏
之「戟拘」。戟拘，即戟挶，拘、挶一聲也。證九……秦人銷兵之
後，漢制自有戈戟，故鄭云「今句孑戟」，「今三鋒戟」。疏以爲據
漢法而言。後人不見古戈戟，不悟鑿秘銜內及爲孔纏縛之法。今
古器出土者多與《記》不殊，而與注反違異，因圖以明之。

第四節　推崇許鄭，反對株守

　　程瑤田治經推崇許慎的《說文解字》，譽之爲「治經津筏」、「眞寶書也」。
其爲程際盛的《說文引經異同》作敘，論及許慎與鄭玄，云：「《說文》之
於字，雖不能全不繆於古義，而學有師傅；許氏與鄭氏同時，亦不能無齟
齬，然皆不類後人爲鑿空影響之談。然則說經者捨康成、叔重二氏，欲望
見古人門仞，蓋亦難矣。」可知程氏十分推崇許慎、鄭玄，他認爲治經當
從《說文》及鄭注入手，以此爲基礎纔可深入研究，因此程氏對許鄭之書
誦習極熟。如考九穀，程氏將《說文》與鄭注作爲全文立論的根據。九穀
的說法採取鄭玄注《周禮》之說——黍、稷、稻、粱、麻、大豆、小豆、
麥、苽，然後分篇一一考求，每一篇都先類聚《說文》對九穀的解釋。以
考麻爲例，程氏開篇列出《說文》中所有與麻有關的詞：

　　　　《說文》：「麻，與秝同。人所治，在屋下。」「秝，秔本皆譌
　　作秔，今正之。之總名也。秝之爲言微也，微纖爲功。象形。」「枲，
　　麻也。檾，籀文枲。」「芓，麻母也。一曰芓即枲也。」「萉，芓也。」
　　「萉，枲實也。」顡，萉重文。「蕉，生枲也。」「檾，枲屬。《詩》
　　曰『衣錦檾衣』。」「褧，檾也。《詩》曰『衣錦褧衣』。示反古。」

「龘，龤屬也。」「紵，龤屬。細者爲絟，粗者爲紵。」綌，紵重
文。「絟，細布也。」「朮，分枲莖皮也。一曰蓚也。」「廱，麻龤也。」
（《九穀考・麻》）

程瑤田雖推崇許鄭，但是不盲目信從。張舜徽論程瑤田學術云：「蓋其
致力之始，篤守傳注，無敢踰越，及其深造有得，則又能擺脫依傍，不曲從
於傳注。」〔註3〕程瑤田主張涵泳經文，求得眞義。程氏云：「注以釋經者
也。如經義本達，往往爲注義所掩者，當條理其經文以正注之誤，不煩援據
他說，以經文即其佐證也。」因此程氏考證名物制度等對《說文》、鄭注多
有訂正。如在考證過程中程氏對《說文》時有校勘，《通藝錄》一書中共校
《說文》譌誤六處。又如考溝洫制度，程氏云：「瑤田前作《溝洫異同考》
並爲圖以明之，今又作文數篇反覆考訂，於二經田制形體及命名一字不可假
借處，推勘無疑義。鄭賈二氏注說之精，並爲發明之，其有小誤處，則據經
文正之。」《磬折古義》一篇指出鄭玄以角度爲長度之誤；《考工創物小記》
於鄭注亦多所糾正，如鄭玄注戈戟之制多與存世古器不符，程氏詳辨其誤，
並爲圖以明之；《釋宮小記》，程氏援周秦古籍以明許鄭二家之舛誤。又如
《儀禮喪服文足徵記》一篇，程瑤田指出鄭誤共11處，今試舉一例如下：

《儀禮・喪服》「不杖麻屨」章「爲君之父母、妻、長子、祖父母。傳
曰：何以期也？從服也。父母長子，君服斬；妻則小君也；父卒然後爲祖後
者服斬。」鄭注：「此爲君矣，而有父若祖之喪者，謂始封之君也。若是繼
體，則其父若祖有廢疾不立。父卒者，父爲君之孫宜嗣位而早卒，今君受國
於曾祖。」程氏云：

> 祖爲宗子，以孫爲後，則孫爲祖服斬，是其父已先卒而孫承重
> 也……若以國君言之，唯始封之君有之。君有父先卒，固已爲之服
> 斬矣。父卒祖存，已而祖又卒，則君承重，亦爲之服斬……君服斬，
> 其臣爲君之祖父母從服期，固其所也。至於繼體之君，此例萬不可
> 通。今以先君爲祖，而傳位於孫言之。孫承祧，爲先君服斬，其臣
> 不得從服期，皆當爲先君服斬矣……然則經言「爲君之父母」、「祖
> 父母」者，鄭注所謂爲君「則有父若祖之喪者，謂始封之君」，說已
> 精當，而又忽生異說，以解「父卒」句，毋乃三思之失乎……

〔註3〕張舜徽《清人文集別錄・通藝錄》，《程瑤田全集》第四冊，黃山書社，2008
年，第237頁。

此傳專爲從服期而釋之……爲祖父母本期服，今臣亦服期者，謂始封之君父已卒，己雖非受國於其祖，然固已承重於其祖而爲之服斬，則其臣烏得不從服期乎？而鄭氏之注「父卒」句也，乃於「始封之君」外又轉出「繼體之君」，將傳文之義説成兩橛。不知傳特於「從服也」下必申言之者，欲明君服斬者，臣乃從服期，爲祖後者服斬，而臣亦當從服期也，通言「始封之君」耳。忽又別出一義，豈忘卻《斬衰》章中臣爲君服斬，且忘卻今君果受國於曾祖，則曾祖乃先君，諸臣所當服斬者也，而顧爲之從服期乎？（《儀禮喪服文足徵記·臣爲君之祖父母從服期述》）

案：此例鄭玄之注正誤並存，程氏肯定其是者，駁斥其非者，甚是。

第五節　繪圖製表，直觀明了

圖和表的特點在於直觀形象、簡單明了，因此古人很早就知道利用圖和表解經説義，在書中附之以圖或列之以表。經學家對於經傳中紛雜的事物，往往採用圖表的方式以簡馭繁。清儒治考據之學，很好地繼承了這一方法，用圖表説經。其中尤以程瑤田擅長繪圖製表。程氏特別重視圖表，《通藝錄》一書，凡是考據文章，均繪有圖表，圖文對照，十分直觀。

《儀禮喪服文足徵記》有圖一幅，即《翦屏柱楣圖説》，因《喪服》「斬衰」章「既虞，翦屏柱楣」一句不易理解，故程氏特繪圖以説明之。其圖見下：

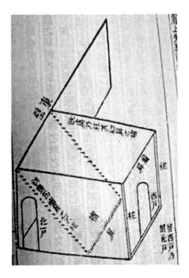

關於《喪服》服例，程氏全部製成表格以說明，曰《喪服通別表》，敘云：

> 《喪服》一篇，精義之學也。服例深細，輕心掉之，鬥仍難得。加以群言錯出，從而障之，端緒益棼。今稍條理之，為表廿有九事。其丈夫、婦人之通服，經之緯之，等殺畢具。至服有升降，而必別之於其人者，至纖至悉，分而錄之，不嫌煩碎。然後知此經之鍼縷密緻，此傳之氣脈貫通，作聖述明，豪髮無憾矣。

《喪服》所載服例，程氏依身份之不同，製成二十九表以明之，如《為人後者為所後服表》、《為人後者為其親服表》、《為出母嫁母繼父服表》、《庶子服表》、《大夫服表》、《大夫之子服表》、《大夫庶子服表》、《士服表》、《臣為君服表》等。如《丈夫通別表》：

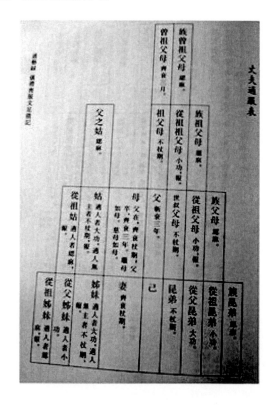

此外，一些闡發經義或考證喪服制度的文章亦附相關表格，計有九表：《庶子不祭表》、《妻為夫親從服表》、《族親諸服旁殺一貫表》、《兄弟服例表》、《後世序親議嗣若子降等兩服錯互表》、《喪服窮於緦麻上殺下殺旁殺

表》、《上殺下殺旁殺數世本末源流表》、《上下治旁治推至服窮親殺屬竭姓別戚單表》、《喪服經文服限大例疏證表》。

《宗法小記》一編，既有《宗法表》明大小宗本支相承世次，又有《宗法表支庶旁行邪上及祖遷宗易提要圖》撮舉宗法大要。《釋宮小記》有圖一幅——《夾兩階阰圖》。《考工創物小記》附圖 136 幅，幾乎每一篇文章都附上相應的圖片。所附之圖一般分三類：一是程氏自己所繪器物各部分名稱圖，幫助讀者理解。如古鐘圖，上面標明了各部分的名稱。二是考據所參驗的古實物，程氏往往如實繪上，附於文章後。如考戈戟目驗古戈戟二十件，考劍目驗古銅劍十二把，皆繪之以圖。三是他人言器物之誤，程氏據誤說繪出相應圖片，使讀者明了其錯誤。如擬鄭注戈圖、擬鄭注戟圖等。下面三圖，一為古鐘各部份命名圖，二為程氏所見古爵圖，三為鄭注戟圖：

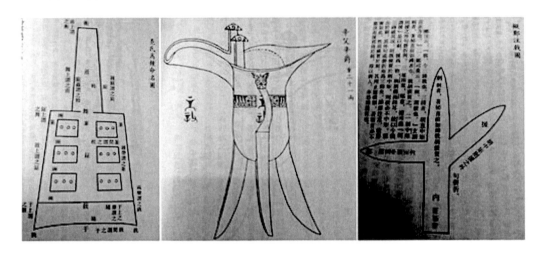

《溝洫疆理小記》附圖 16 幅，《匠人》、《遂人》溝洫圖對比列出，二者區別，一目了然。此外還繪有時人誤說溝洫之圖。《水地小記》有圖 6 幅，其中 4 幅為《周官》畿內經地圖，2 幅分別是庚水圖和灅水圖。《九穀考》有圖 5 幅，據其所採實物而繪，分別是黍、稷、稻、粱、菽。《釋草小記》則繪出了六種植物：藜、蓬、芸、芄蘭、苜蓿、草木樨。《釋蟲小記》考蝸牛，乃繪蝸牛和蜒蚰之圖，以明二者之不同。

第六節　實事求是，多聞闕疑

《論語·為政》：「多聞闕疑，慎言其餘，則寡尤。」程瑤田治學始終奉

守孔夫子的教誨，於不知處，不強爲之解，而是抱著實事求是的態度，存而不論，留待後人進一步研究。程瑤田自身的考據經歷使他對「多聞闕疑」這一精神有了更爲深刻的體認。以考定豐潤牛鼎銘文爲例，程氏云：

> 壬子歲，司馬達甫寄雕戈拓本，令余鑑別。有「八 昏」二文，余以爲下乃「寶」字古文也，據薛氏《款識》載祖辛卣「寶」作「𠤖」以證之。癸丑七月，偶檢豐潤牛鼎銘讀之，其曰「肇作𠤖器)者，乃「寶器」也。自《隨隱漫錄》載紹興時得此鼎，錄其銘詞，亦作「宋」字。迄今六百五十餘年，一字之譌，致考訂者於劉宋、趙宋紛紛詰辨。余作《牛鼎說》，亦因汪太史論太室之謬而反覆論之。今考定「𠤖」之爲「寶」，覺昔日辭弗可笑，然於辨太室字，則余說固可存也。凡木字下作𣏟，乃木根也，銘文作人，余固疑之。然不以爲「宋」字。即無他字可名，是否因人，無從更正。然亦因以知考古者疑則闕之，毋強作解事也。廿二日瑤田記，並橅鼎銘於後。（《解字小記·考定豐潤牛鼎非宋器記》）

案：程瑤田考豐潤牛鼎事，自乾隆四十年始至作此文，經十八年乃有定說，前後意見也發生了變化。程氏之前斷定此牛鼎爲劉宋時器，並駁斥他人趙宋之說。至此乃考定「肇作𠤖器」，「作」後一字爲「寶」字而非「宋」字。既非宋器，則以前之爭論終屬辭費，更加明白「多聞闕疑」的道理，於是提出「考古者疑則闕之，毋強作解事也」。

程氏考證他物亦是如此，遇到證據不足或異說並存自己無法判斷時就採取多聞闕疑、存而不論的態度。如程氏考芄蘭云：「今的問之，其花開於三四月。李氏云六七月開花，今乃云三四月，宜存以俟考。」又如《考工創物小記》中考定轍廣之數，程氏云：「據加軫與轛四尺之文，轂斷難納之輿下，據諸職反覆推求，轍廣似難限以八尺，雖爲疏通而證明之，然終不能無疑焉。」由於證據不充足，程氏遲遲不肯定說。後來又算得轍廣八尺之數，仍然謹愼處之，曰：「然無文可憑，亦臆說耳。疑者闕之，圣人且然，而況其凡乎？」之後，又有《再考轍廣八尺六尺闕疑說》：「夫餘說蓋據《記》文而審定之，亦差足自信矣。然而同軌之義，耿耿於懷，多聞闕疑，能無奉教於我夫子乎？」又如《儀禮·喪服》「緦麻」章「姑之子」鄭玄注曰：「外兄弟也」，而《禮記·服問》「公子之妻爲公子之外兄弟」鄭玄注曰：「謂爲公子之外祖父母、從母緦麻。」「外兄弟」三字，鄭玄注《喪服》與注《服問》解釋不同，因

此程瑤田云：「此條始終疑不能明，當存其說以俟考。抑余又嘗論之，禮樂曠世不相沿襲，即一朝制度亦容有因時酌改，隨俗便宜，難以畫一者。試讀《檀弓》一篇，類皆聖門弟子之所紀述，然而游夏文學同科，魯衛兄弟之政，習禮不免殊情，從俗亦多異制。吾因之有所感矣，從周之孔子，學兼夏殷，論世之聖人。知所損益，聞貴於多，疑所必闕，是吾夫子之教也。」

第六章　程瑤田考據學總評價

第一節　程瑤田考據學的成就與不足

一、程瑤田考據學的成就

　　程瑤田治考據堅持實事求是、無徵不信的原則，秉承不苟同亦不苟異的態度，一以玩索經文為本，不為傳注所拘牽，廣徵博引，旁穿交通，以目驗實踐參合典籍，俾使考訂徵實不妄。於無所依據而未決者，則闕之以俟考。因此，程氏之考據成就良多。時人後學論程氏學術多以「精博」稱之。王念孫為程瑤田《果臝轉語記》作跋云：「先生立物之醇，為學之勤，持論之精，所見之卓，一時罕有其匹。其所著《喪服文足徵記》、《考工創物小記》、《溝洫疆理小記》及《磬折古義》、《九穀考》、《樂器三事能言》，皆足正漢以來相承之誤。其他說經諸條，載在《通藝錄》者，皆熟讀古書而得之。一字一句，不肯漏略，故每立一說，輒與原文若合符節中，不爽毫釐。說之精，皆出於心之細也。」〔註1〕羅振玉論王國維的學術成就與治學方法，認為王氏之學多承自程瑤田。羅氏云：「余謂徵君之學於國朝二百餘年中，最近歙縣程易疇先生及吳縣吳愙齋中丞。程君之書以精識勝，而以目驗輔之。其時古文字古器物尚未大出，故局塗雖啟而運用未宏。吳君之書全據近出之文字器物以立言，其源出於程君而精博則遜之。徵君具程君之學識，步吳君之軌躅，又當古文

─────────

〔註1〕王念孫《果臝轉語記跋》，載於程瑤田《果臝轉語記》，《程瑤田全集》第三冊，黃山書社，2008年，第505頁。

字古器物大出之世，故其規模大於程君，而精博過於吳君，海內新舊學者咸推重君書無異辭。」〔註2〕

程瑤田《通藝錄》一書考據凡99條，其中考證制度12條，考證地理4條，考證名物38條，考釋詞語13條，分析句讀4條，校勘文本28條。此99條中，結論可信者86條，不可信從者9條，正誤參半者3條，有待進一步考察者1條。程瑤田治經，有印證推闡前人經說者，亦有獨創新解訂正舊說者，多精確不刊，故張舜徽認為程氏「有功於遺經甚大」〔註3〕。下面分述之：

（一）創立新解，昭明古義

程瑤田治考據，涵泳經文，唯是之求，因此往往有獨到之見，發前人所未發。一事或前人已說之，程氏持論不同，故言己見；或無人說之，而古義未明，程氏則揭其義。無論考求禮制、論說水地，還是辨析名物、解釋詞義，均有創見。試舉其精者略述之：

1、校定《儀禮・喪服》「緦麻」章傳文之誤

《儀禮・喪服》「緦麻」章有「為夫之從父昆弟之妻」一條，經文曰：「為夫之從父昆弟之妻。」傳文曰：「何以緦也？以為相與同室，則生緦之親焉。長殤、中殤降一等，下殤降二等，齊衰之殤中從上，大功之殤中從下。」鄭玄作注云：「齊衰、大功，皆服其成人也。大功之殤中從下，則小功之殤亦中從下也。此主謂妻為夫之親服也。凡不見者，以此求之。」歷來治《儀禮》者無人質疑，而程氏則疑傳文有誤。他指出傳文最後四句當是經文，應別為一條。

例見第四章P129，此從略。

案：程氏此論言前人所未言，見解獨到。傳文最後四句，一經程氏剔出，立為經文，則傳可釋經，無須依鄭玄牽強說之，而上下文諸說皆通，殤服服例昭然若揭矣。

2、校定《儀禮・喪服》「繐衰」章傳文誤字

《儀禮・喪服》「繐衰」章：「繐衰裳，牡麻絰，既葬除之者。傳曰：繐衰者何？以小功之繐也。」鄭注：「治其縷如小功，而成布四升半。細其縷者，

〔註2〕羅振玉《觀堂集林序》，《觀堂集林》卷首。
〔註3〕張舜徽《清人文集別錄・通藝錄》，《程瑤田全集》第四冊，黃山書社，2008年，第237頁。

以恩輕也。升數少者，以服至尊也。」傳文有譌字，程瑤田為作校勘。

例見第四章 P137，此從略。

案：程氏指出「小功之總」中「總」字當作「縷」。而前人皆依「總」讀之，誤。程氏之證據主要來自兩個方面，一是鄭注，二是「總」、「縷」詞義。其說甚是。今人譯注《儀禮》者，多未能遵從程說而其誤顯然。現將市面常見三種版本對於「總衰者何？以小功之總也」一句的翻譯錄下：楊天宇《儀禮譯注》：「總衰是一種什麼樣的衰？是用小功布那樣細的總布做成的衰裳。」〔註 4〕許嘉璐《文白對照十三經》：「總布做的衰是什麼？就是用小功那樣細的紗織布製作的喪服。」〔註 5〕彭林《儀禮》：「總衰是什麼意思？就是用小功喪服的布製作的喪服。」〔註 6〕以上三種譯文，前兩種認為總布是像小功布那樣細的一種布，最後一種則將小功布與總布等同。今謂《喪服》中有大功衰、小功衰、總衰三種不同的喪服。大功衰由大功布製成，小功衰由小功布製成，總衰由總布製成。大功布由大功之縷織成，小功布由小功之縷織成，總布亦由小功之縷織成。小功之縷較大功之縷細。織成之布，大功布九升，小功布十一升，而總布祇有四升半。總布與小功布所用縷一也，但織成重量不同，因總布織法更粗疏。所以說總是一種細而疏的布。總之，總布與小功布是兩種不同的布，不可等同。彭林說總衰是用小功布製成的喪服，自誤；前兩種譯文，皆譯「以小功之總也」為「用……樣的布」，亦非。那麼，程瑤田對傳文本身有譌誤的懷疑應當是合理的。此處若易「總」為「縷」，則文從字順。

此外，《漢語大詞典》對「總衰」一詞的解釋有誤，其文如下：

> 【總衰】古代小功五月之喪服。用細而疏的麻布製成。《儀禮‧喪服》：「總衰者何？以小功之總也。」鄭玄注：「凡布細而疏者謂之總。」《禮記‧檀弓下》：「叔仲皮死，其妻魯人也。衣衰而繆絰，叔仲衍以告，請總衰而環絰。」

《大詞典》的解釋與喪服制度不合。首先總衰不是小功服，其次總衰的喪期亦非五月。在《喪服》中，總衰章位於大功章之後、小功章之前。賈公彥疏云：「此總衰是諸侯之臣為天子，在大功下，小功上者。以其天子七月葬，

〔註 4〕楊天宇《儀禮譯注》，上海古籍出版社，2004 年，第 327 頁。
〔註 5〕許嘉璐《文白對照十三經》（上），廣東教育出版社，2005 年，第 127/0765 頁。
〔註 6〕彭林譯注《儀禮》，中華書局，2012 年，第 316 頁。

既葬除，故在大功九月下，小功五月上。」由賈疏可知，緦衰是諸侯之臣爲天子服喪而設的專服，不能歸於小功之服；其喪期是七月，而非五月。

　　3、考石門

　　關於「石門」的記載，《水經注》卷十四鮑丘水曰：「（灅水）水出右北平俊靡縣……又東南逕石門峽，山高嶄絕，壁立洞開，俗謂之石門口。漢中平四年，漁陽張純反，殺右北平太守劉政、遼東太守陽紘。中平五年，詔中郎將孟益，率公孫瓚討純，戰於石門，大破之。」《水經注》言灅水經石門峽，並引用《後漢書》公孫瓚戰於石門之事。

　　顧炎武《日知錄》考石門，指出灅水所經石門與《後漢書》所言石門並非一處。他認爲灅水所經石門是今薊州東北六十里石門驛，而《後漢書》之石門是今營州柳城縣西南。顧祖禹《讀史方輿紀要》亦記載石門鎮，他採用酈道元的觀點，以石門峽釋石門鎮，將《後漢書》之石門與灅水之石門混爲一談。

　　程瑤田也考「石門」，文云：

　　　　《水經注》所謂「灅水又東南逕石門峽，俗謂之石門口」者，余過其處目驗之，乃今之水門口也，在溫泉之東。若今之石門鎮，則自溫泉渡灅水而南，與今水門口相距三十里而遙，蓋冒石門之名，而《水經注》之石門口，轉易其名曰水門口也。《水經注》云：「張純反，孟溢率公孫純討戰於石門。」余案：其事載《後漢書‧靈帝紀》及《劉虞公孫瓚傳》。孟溢爲孟益之譌，公孫純爲公孫瓚之譌。《傳》言張純多所殺略，瓚進擊，戰於屬國石門。則今道旁所祠，以其有捍賊功者，乃公孫瓚，即酈注譌爲公孫純者。而《緱山集》以所祠者爲張純，且今立祠處，乃在石門鎮，並不在灅水之石門峽，何其繆也！夫屬國之石門，本非灅水所逕之石門。《北平古今記》據《後漢書》駁正酈注之誤，是矣。今則並酈注之石門，又譌繆如此。地理之書，博辨如《方輿紀要》，乃亦掇拾酈注石門峽之文，以疏今之石門鎮，甚矣，稽古之難也！石門鎮蓋明洪武間所置之石門驛，乾隆二年裁驛丞，以遵化州同駐此掌之。灅水所不經之處，治古文者未履其地，安所得而論定之哉。

案：關於這一問題，程瑤田的看法與前人不同，他指出要區分石門峽與石門
　　鎮，而且石門峽亦非顧炎武所說的石門驛。程氏認爲灅水所經石門峽，

又叫石門口，即今之水門口，在溫泉之東。而石門鎮，即石門驛，自溫泉渡灅水而南，在石門口西三十里處，灅水未經之。程說是也。而清末熊會貞注疏《水經》仍主《方輿紀要》之說，未能辨前說之是非。1931年藏勵龢等編的《中國古今地名大辭典》釋「石門山」一名，與程氏觀點同。其文曰：「《後漢書・公孫瓚傳》烏桓入寇。瓚追擊。戰於石門。大敗之。《注》：『石門山。在營州柳城縣西南。』水經注。灅水又東南經石門峽。亦引瓚事。明統一志謂薊州東北六十里石門驛。即水經注之石門。按灅水所經石門。在直隸遵化縣西。與薊州石門驛地並非一地。明統一志誤。酈注引瓚事於灅水篇。亦非。」而 2005 年史為樂主編《中國歷史地名大辭典》於「石門口」一條曰：「即今河北遵化市西四十五里石門鎮。《水經・鮑丘水注》：灅水『東南徑石門峽，山高嶄絕，壁立洞開，俗謂之石門口。漢中平四年，漁陽張純反，殺右北平太守劉政、遼東太守陽紘。中平五年，詔中郎將孟益，率公孫瓚討純，戰於石門，大破之。』即此。」該辭典以石門鎮釋石門口，且引《水經注》為證，其誤甚顯，乃未參考程氏考證之結果。

4、考璧羨

《周禮》載「璧羨」之名，其《春官・典瑞》云：「璧羨以起度。」《冬官・玉人》云：「璧羨度尺，好三寸，以為度。」先後鄭及賈公彥對「璧羨」一名均有解釋。先鄭曰：「羨，徑也。好，璧孔也。《爾雅》曰：『肉倍好謂之璧，好倍肉謂之瑗，肉好若一謂之環。』」後鄭從先鄭說並補充之，云：「玄謂羨猶延，其袤一尺，而廣狹焉。」賈公彥申述二鄭曰：「此璧好三寸，好即孔也，兩畔肉各三寸，兩畔共六寸，是肉倍好也……造此璧之時，應圓徑九寸，今減廣一寸，以益上下之袤一寸，則上下一尺，廣八寸。」

程氏考璧羨例見第三章 P49，此從略。

案：關於「璧羨」的形制，學者均從鄭、賈之說。惟程氏提出異議，他指出璧羨與璧，形制有異，二者肉好度法不同，不可一之。此外程氏還指出賈氏釋《爾雅》「肉倍好」之義有誤。賈氏云，璧好三寸，則兩畔肉各三寸，共六寸，是肉倍好。依程說，好三寸，則兩邊肉各六寸，是肉倍好，共尺又二寸。

關於肉好比例的問題歷來有不同解釋。戴震、吳大澂從賈說。那志良的看法與程說同。夏鼐云：「《爾雅》中說：『肉倍好謂之璧，好倍肉謂之瑗，

肉、好若一謂之環』。這是漢初經學家故弄玄虛，強加區分。『好』是指當中的孔，『肉』是指周圍的邊。這樣便可有兩種不同的量法……無論用那一種來解釋《爾雅》都和實物情況不符。發掘所得的實物，肉好的比例，很不規則。它們既不限於這三種比例，並且絕大部分不符合這三種比例。我建議把三者總稱為璧環類，或簡稱為璧。」〔註7〕夏說可從。又，關於「璧羨」一名，程氏曰：「以其有肉有好，形似璧而羨焉，故假璧以名之曰璧羨。」而夏鼐則認為應當放棄「璧羨」這個名稱，夏氏云：「有人把略作橢圓形的璧叫做羨璧，這是由於誤解了《周禮》的原文。《周禮》中說『璧羨以起度』，又說『璧羨度尺，好三寸，以為度』。鄭眾注『羨，長也』。原文是說璧徑長度一尺，作為長度制度的基數……鄭玄纔曲解為『羨，不圓之貌』。我們應該放棄『羨璧』這個命名。《周禮》和其他先秦古籍中都沒有『羨璧』這個璧名。」〔註8〕後之治禮者多從夏說。如楊天宇《周禮譯注》，聞人軍《考工記譯注》等都把「璧羨」釋為「璧的直徑」。錢玄《三禮通論》亦從之。余以為程氏說璧羨之得名甚是，此名不當棄之。理由有三：據《周禮》所載，璧羨之度法確實不同於璧，為橢圓形，非正圓，可別有一名，一也。《周禮》一書中沒有以「羨」當長度講的用法，且用此義來解釋「璧羨度尺」一句不合文法，二也。從上下文看，上言「土圭以致四時日月」、「珍圭以徵守」、「牙璋以起軍旅」，下言「谷圭以和難」、「琬圭以治德」、「琰圭以易行」，土圭、珍圭、牙璋、谷圭、琬圭、琰圭皆玉器名，璧羨亦當是玉名，若釋為「璧的徑長」則與上下文不協，三也。

5、考任正衡任

任正、衡任之名見於《考工記・輈人》，其文曰：「輈人為輈。輈有三度，軸有三理……凡任木，任正者，十分其輈之長，以其一為之圍；衡任者，五分其長，以其一為之圍。小於度，謂之無任。五分其軫間，以其一為之軸圍。十分其輈之長，以其一為之當兔之圍。參分其兔圍，去一以為頸圍。五分其頸圍，去一以為踵圍。」關於任正和衡任之名，鄭玄以軹為任正，以輈頸處兩軜間之衡為衡任。鄭氏云：「任正者，謂輿下三面材，持車正者也。衡任者，謂兩軜之間也。」賈疏申說鄭意曰：「名任正者，此木任力，車輿所取正。以其兩輢之所樹於此木，較、式依於兩輢〔註9〕，故曰任正也……云兩

〔註7〕夏鼐《商代玉器的分類、定名和用途》，《考古》，1983年第5期，第456頁。
〔註8〕同上，第458頁。
〔註9〕疑當為「軹」字。

軛之間，則當輈頸之處，費力之所者也。」程瑤田考任正、衡任之名云：

> 「輈人爲輈，輈有三度，軸有三理。」是輈人之事，在輈、軸二者而已。三度既明，三理既得，而《記》人特爲任木發凡何也？誠以輈、軸二者，任輿之木也。然必在輿下者，始克當任木之名。是故輈當輿之正中，則任正宜於輈求之，而全輈不得謂之任正也；軸當輿之衡材，則衡任宜於軸求之，而全軸不得謂之衡任也。車廣六尺六寸，軸在六尺六寸下者，其衡任乎？隧深四尺四寸，輈在四尺四寸下者，其任正乎？任正之圍，不取節於任正，而取節於輈，故曰「十分其輈之長，以其一爲之圍」。衡任之圍，不取節於軸，而取節於衡任，故曰「五分其長，以其一爲之圍」。衡任之圍，即軸圍也，不申言之不可也，故曰「五分其軫間，以其一爲之軸圍」。軫間者，左右兩軫之間六尺六寸者也。任正之圍，即當兔之圍也，不申言之不可也，故曰「十分其輈之長，以其一爲之當兔之圍」。當兔居輈之中，而輈之頸，輈之踵，其圍漸殺於當兔，不可不有以知之也，故又繼之曰「參分其兔圍，去一以爲頸圍。承上當兔之圍而言參分兔圍，是兔圍即當兔之圍省文也。若伏兔中有函軸之半規，不得以圍命之。五分其頸圍，去一以爲踵圍」也。輈圍之度，三法既定，然而揉輈之道弗善，則不得其和也，故詳言揉輈以終焉。鄭氏以車後橫木爲軫，故以輿前三面材爲任正，而不知三面并後一面謂之軫，所謂「軫方象地」者也，不得判其三面以爲任正也。以兩軛間爲衡任，而不知其專衡之名者，不得又呼之爲衡任也。今夫車之行也，有引之者而後行；車之得行也，有運之者而後得行。運車者其輪乎！而所以任輿以持輪者軸也，則謂軸材衡在輿下者爲衡任，名之不可易者也。引車者其衡乎！而所以任輿以持衡者輈也，則謂輈材正安輿下者爲任正，名之不可易者也。（《考工創物小記・輈人任木義述》）

案：程瑤田不贊同鄭玄和賈公彥對任正、衡任二名的解釋，他提出不同的看法，認爲任正爲「輈材正安輿下者」，衡任爲「軸材衡在輿下者」。如此解釋，既符合《輈人》一篇屬文之法，即此篇重點在言輈、軸二事，那麼任正、衡任二名當與輈、軸有關；亦應「任木」之義，「必在輿下者，始克當任木之名」。程氏見解新穎精當。然而後之學者如鄭珍、黃以周、孫詒讓等

皆從鄭玄之說。《漢語大詞典》於此二名亦如之。程氏的說法並未引起人們的注意，誠爲可惜。程氏所繪任正衡任圖如下：

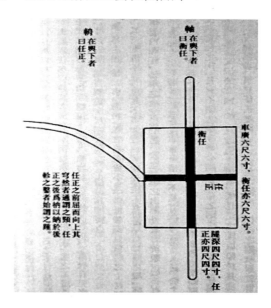

6、考磬折古義

「磬折」一詞見於《考工記》者凡四。《車人》云：「車人之事，半矩謂之宣。一宣有半謂之欘，一欘有半謂之柯，一柯有半謂之磬折……倨句磬折，謂之中地。」《韗人》云：「韗人爲皋陶，長六尺有六寸，左右端廣六寸，中尺，厚一寸，穹者三之一，上三正。鼓長八尺，鼓四尺，中圍加三之一，謂之鼖鼓。爲皋鼓，長尋有四尺，鼓四尺，倨句磬折。」《匠人》云：「凡行奠水，磬折以參伍。欲爲淵，則句於矩。」《磬氏》云：「磬氏爲磬，倨句一矩有半。」關於「磬折」之義，鄭玄注《車人》曰：「矩法也。所法者，人也。人長八尺而大節三：頭也，腹也，脛也。以三通率之，則矩二尺六寸三分寸之二。頭髮皓落曰宣，半矩尺三寸三分寸之一，人頭之長也。欘，斲斤，柄長二尺。伐木之柯，柄長三尺。人帶以下四尺五寸。磬折立，則上俛。」鄭注確定了矩、宣、欘、柯、磬折的具體數值，可見鄭氏視之爲長度單位。鄭氏又於《磬氏》「倨句一矩有半」注曰：「必先度一矩爲句，一矩爲股，而求其弦。既而以一矩有半觸其弦，則磬之倨句也。磬之制有大小，此假矩以定倨句，非用其度耳。」仍是以倨句爲直矩長短之度。後之學者皆據鄭注以爲說，未有疑之者。程瑤田則指出：「磬氏倨句，雖鄭注言之，戴東原補注又

詳言之，然余竊以爲未得其實也。」〔註10〕於是考證磬折古義，云：

　　磬折之義不明於天下也久矣。磬折之不明，由倨句之義之不明也；欲明倨句，先辨矩字。矩有直者，有曲者，倨句之云折其直矩而爲曲矩，故直矩無角。《周髀》所謂「矩出於九九八十一」，今衣工所用之布帛尺是其遺制也。折之爲曲矩，則一縱一橫而爲正方之角。《周髀》所謂「折矩以爲句廣三，股修四」，又所謂「合矩以爲方」，又所謂「兩矩共長二十有五，是謂積矩」，今木工、石工所用之曲尺是其遺制也。故凡正方之形，謂之一矩。是矩也，當其未折時，一直物而無角，其數九，其體略占曲矩之倍；及其折之爲曲矩，則橫五縱四，其體略存直矩之半。兩矩合之，縱橫皆五。《荀卿書》所謂「五寸之矩盡天下之方」者，指曲矩而言之也，故當其未折而爲直矩也，伸之無可伸，何倨之有？屈之不必屈，何句之有？及其折爲曲矩而謂之一矩，由一矩之折而漸伸之出乎一矩之外，名之曰倨。其倨之角悉數之不能終其物也。由一矩之折而復屈之，入乎一矩之內，名之曰句；其句之角亦悉數之不能終其物也。而此或倨或句不能悉數者呼之爲角，不辭也。今以其可倨可句也，於是合倨、句二字以名之，凡見無定形之角則呼之爲倨句。此《考工記》呼凡角爲倨句之所昉也，故「車人之事」爲倨句發凡起例，而折直矩爲正方之一矩，以爲一切倨句之權衡。

　　乃邪判一矩之角而二之，曰半矩，半矩之倨句謂之宣。宣之爲物，未聞其審也。案：宣之言發也。當是起土勾組之最勾者，蓋句庇利發之義由是言之……又判其宣爲半宣，以加於半矩之宣。其倨句謂之欘，欘之爲物，鉏屬也。又判其宣爲半宣，以加於半矩之宣。其倨句謂之欘，欘之爲物，鉏屬也。鄭注曰：「欘，斲斤。」引《爾雅》：「句欘謂之定。」《爾雅》字作「斪斸」，李巡曰：「定，鉏別名。」《說文》：「欘，斫也。齊謂之鎡錤。」案……余則斷以爲從木者爲治田之句、欘，從斤者爲攻木之斪、斸。蓋曰欘、曰斸，皆言其器之爲曲體；曰句、曰斪，皆寫其曲體之形。其用之也，則無論治田攻木，并向懷而斫擊之。其倨句之度則皆一宣有半，其義

<hr>

〔註10〕程瑤田《考工創物小記·磬氏爲磬圖說》，《程瑤田全集》第二冊，黃山書社，2008年，第199頁。

殆將毋同耶……又判其欘爲半欘。欘者，四分一矩之三；半欘者，
四分一矩之一分有半。以半欘加於一欘，則出乎一矩又餘八分一矩
之一矣。謂之柯者，《記》人命此倨句之名也。案……余以爲柯之
爲言阿曲也。合其長與其首爲倨句形，故阿曲然，而名之曰柯也。
余嘗畜古銅斧，安柄校之，恰合一欘有半鈍角之倨句，曾圖而記
之……夫半矩生於一矩，由半矩加半矩之半而遞加之以至於柯，則
出乎一矩矣。一矩可判爲半矩，即一矩可加以半矩。其法用兩曲矩
相背合併之，一居右，一居左，乃判去其左矩之半，而留其半以加
於右一矩，而爲一矩有半之倨句，謂之倨句磬折也。夫一矩有半之
倨句，何以謂之倨句磬折也？蓋磬氏爲磬者，爲磬折也，爲磬折而
有倨句，其倨句一矩有半，故謂凡一矩有半之倨句通謂之倨句磬折
也……名曰磬折，謂發磬折之倨句，仍然句而宣之而已矣。然則宣
也，欘也，柯也，磬折也，不外於折也，不外於阿也，不外於句也。
其所以必折必阿必句也，欲其利於宣發，故於田器歷數之，以爲倨
句之形舉其例。（《磬折古義·磬折說》）

案：程瑤田考求磬折古義，最大的貢獻在於把《考工記》所載的几何角度定
義重新發掘了出來，有開創之功。程氏之前的學者釋磬折皆據鄭說，即
視之爲長度單位。程氏則認爲磬折是言角度。他指出首先要明矩爲曲
矩，表示角度，而非長度之直矩，鄭玄以直矩求磬折則誤矣。其次要明
磬折源於磬之倨句，《磬氏》明言「倨句一矩有半」，此磬折之角度也。
據程說，矩爲曲矩90°，磬折爲一矩有半135°，宣爲半矩45°，欘爲一宣
有半67°30′，柯爲一欘有半101°15′。程氏所繪角度圖如下：

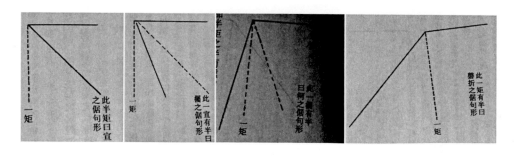

7、考　稷

稷到底是什麼？自漢至清，眾說紛紜。關於諸家觀點，程瑤田在《九穀

考》序言中作了一個綜述，其歸納甚爲明了。程氏云：「鄭氏注《三禮》及爲《詩箋》，獨不詳稷之形狀。《呂氏》、《淮南子》其所著書，往往言諸穀之得時，及夫太歲所值之年，穀之或昌或疾，東西朔南之地之各有所宜種矣，而獨不及於稷。氾勝之《種殖書》，鄭氏頗引其說，乃亦不言稷。而鄭眾、班固、服虔、孫炎、韋昭、郭璞之流，其言稷者，類皆冒粟之名。陸德明、孔穎達、賈公彥、顏師古，並承襲前人之說，無能正之者。陶通明注《本草》言：『書多云稷與黍相似。』又云：『如此穀尚不能明，何況芝英？』是不自以爲知，而又深疑於其所承襲之說矣。然觀其所著書，其所謂與黍相似者，猶是指粟言，不謂稷在黍中也。至唐之蘇恭，誤解陶氏與黍相似之云，遂欲於黍中求稷。乃曰：『《本草》載稷不載穄，因以穄爲稷，而謂與黍爲秫秬。』破冒粟爲稷之非，轉致強分黍爲二穀。不知黍中之有穄，猶稷中之有秫，稻中之有秫也。一穀自兼二種，安可以黍之不黏者而冒爲稷乎？自時厥後，陳藏器因之謂稷『如黍，黑色』。豈以秬鬯用黑黍，準黍言稷，亦當有穄者之黑者？審是，則陳氏冒穄爲稷但冒其黑色者；而王沈《魏書》所謂『烏丸宜青穄』者，將安歸乎？歸於黍必不可得也，則將孤懸一『青穄』之名乎？且穄類多黃者，陳氏又將何以處之？至於宋之蘇頌，則直謂黏者爲秫，不黏者爲黍。而孟詵、寇宗奭之徒，亦踵蘇恭之繆而與蘇頌相反。然其意皆依稀原本於陶氏，以申其說。顧所見不同，均之爲誤也。明李時珍著《本草綱目》，說與孟寇二君同，而欲折衷之，以爲定論，難矣！由唐以前，則以粟爲稷；由唐以後，則或以黍之黏者爲稷，或以黍之不黏者爲稷。二千年來，展轉相受，余何敢知焉？」由是知之，前代學者或以粟爲稷，或以黍爲稷。而程瑤田提出稷不是粟，也不是黍，而是高粱。程氏考證如下：

　　《說文》：「稷，穧也。五穀之長。」「穧，稷也。秶。」穧重文。
　　「秫，稷之黏者。术。」秫重文。案：稷、穧，大名也。黏者爲秫，
　　北方謂之「高粱」，或謂之「紅粱」，通謂之「秫」。秫又謂之「蜀黍」……
　　《月令》：「孟春，行冬令，首種不入。」鄭氏注：「舊說首種謂稷。」
　　今以北方諸穀播種先後考之。高粱最先，粟次之，黍、穄又次之。
　　然則首種者，高粱也。《管子書》：「日至七十日，陰凍釋而藝稷。百
　　日，不藝稷。」余聞之鳳陽人云，彼地種高粱最早。諺云：「九裏種，
　　伏裏收。」及余至豐潤，其俚諺亦有「九裏種高粱」之說。《管子》
　　之書適符諺語。高粱爲稷而首種，無疑矣……諸穀惟高粱爲最高大，

而又先種，謂之五穀之長，不亦宜乎……《周官·食醫》職「宜稌」、「宜黍」、「宜稷」、「宜粱」、「宜麥」「宜苽」，見「稷」而不見「秫」。《內則》「菽、麥、蕡、稻、黍、粱、秫，惟所欲」，見「秫」，則不見「稷」。故鄭司農說九穀，稷、秫并見。鄭司農注《大宰》職「九穀」曰：「黍、稷、秫、稻、麻、大豆小豆、大小麥。」後鄭不從，入粱去秫，以其闕粱，而秫重稷也，故自漢唐以來言稷之穀者屢異，而秫爲黏稷，則不能異。綴文之士，其講說秫之義者雖異，而天下之人呼高粱爲秫秫，呼其稭爲秫稭者，卒未有異也。舊名之在人口，世世相受，雖經兵燹喪亂，不能一日不舉其名，欲其異也，得乎……《良耜》之詩，箋云：「豐年之時，雖賤者猶食黍。」疏云：「賤者食稷耳。」金輔之榜云：「《大戴禮》：『無祿者稷饋，稷饋者無尸。』注云：『庶人無常牲，故以稷爲主，無牲宜饋黍，黍者，食之主也。』不饋黍而饋稷，正賤者食稷之一證。」今北方，富室食以粟爲主，賤者食以高粱爲主。是賤者食稷，而不可以冒粟爲稷也。若糜之爲穄，今賤者亦不常食。且爲穀中最後種而疾熟者，不得云「首種」。土地之所生，民俗之所安，以今證古，穄萬不能冒稷。而唐宋以後人之著錄，其言稷者，恒主於穄。此又不足深辨者也……又嘗考之，凡經言「蔬食」者，稷食也。稷形大，故得「疏」稱。《論語》「蔬食菜羹」，《玉藻》「稷食菜羹」，二經皆與菜羹並舉，則疏、稷一物可知。疏，言其形；稷，舉其名也……忌日食稷者，貶之，飯蔬食也。是故，居喪者蔬食，蓋不食稻、粱、黍……不食稻、粱、黍，則所食者稷而已。故曰：蔬食者稷食也……《左傳》曰：「粱則無矣，粗則有之。」粗，猶大也。鄭氏《月令》注云。即所謂蔬食也，《喪服》傳：「食蔬食。」注云：「疏，猶粗也。」稷之謂也……且《國語》云：「季文子無衣帛之妾，無食粟之馬，曰：『吾觀國人，其父兄之食粗而衣惡者猶多矣，吾是以不敢。』」此以「粟」與「粗」對文。然則，謂之粟者，亦可以爲粺之謂乎？粟、粱不可爲粺，故粗定主於稷。夫一家之中，父兄尊老，子弟卑賤，賤者食稷，宜飯粗食耳，老者則當食粱肉。今國人之父兄食粗者多，則是食粱者少矣，尚敢以粟飼馬乎？粟爲粱之穀，明矣。則食粗非食稷而何哉……余

考定高粱爲稷，又以蔬食即爲稷食，左氏内外傳之「粗」，即「蔬食」之「疏」。一日，有冀州人在武邑坐，言其鄉俗，食以粟爲主，輔之以麥。其賤者，則輔之以高粱。去是而又北，則家家炊高粱爲飯，又以高粱爲主矣。余曰：「高粱賤乎？」曰：「此吾北方之粗糧也。諸穀去皮，皆得云『細』。至高粱，雖春之揚之，止謂之『粗糧』耳。」余聞其言，以爲「粗糧」二字，又其舊名之相沿未失者，足以證余考定之不繆。因并記之。（《九穀考・稷》）

案：程瑤田此說可謂新穎，以稷爲高粱，前人不曾言之。程氏自己嘗言及考證的方法曰：「今讀《說文》，較然不可相冒。及搜尋鄭氏說，稷、粱兼收，黍、稷不溷，實與《說文》之義相表裏，足正諸家之繆。乃復求之諸經傳中之說，以反覆疏證之。既又博稽農民相沿之語，驗之播種之時，參諸五方土宜之同異，而論說之以著於篇。遲之又久，輒有潤削，辭不能徑省，語不厭凌雜者，以舊說紛紜舛互，非言重辭復不足以盡其致也。」〔註11〕首先，程氏以《說文》爲立論的根據。其次，據鄭注「首種謂稷」，考諸穀播種之先後，高粱最先，則稷爲高粱。再次，從「秫」入手，《說文》「秫」爲黏稷，又據口耳相傳之名——呼高粱爲秫秫，可知稷爲高粱。再次，以今證古，今富者食粟，賤者食稷，則不得以粟爲稷；穄，賤者不常食，且不是首種，則不得以穄爲稷。最後，證「蔬食」即稷食，「粗」即「疏」，今方言亦有「粗糧」之稱，皆指高粱。程氏此論一出，同時代學者極爲推崇。段玉裁云：「程氏《九穀考》至爲精析，學者必讀此而後能正名。其言漢人皆冒粱爲稷，而稷爲秫秫，鄙人能通其語者，士大夫不能舉其字，真可謂撥雲霧而睹青天矣。」王引之云：「此說析謬解紛，迥爲精卓。窮物之情，復經之舊，援古證今，其辨明矣。」此後清代學者均引述之。然而近現代的學者幾乎沒有人認同程氏的觀點，因爲那時一般認爲高粱原產非洲，魏晉時期纔引入我國，那麼稷不可能是指高粱，應當是黍粟之一。但是後來考古工作者陸續發掘出炭化高粱，這樣就把我國高粱的歷史上推到四五千年前，程氏的高粱說再次被提起。目前，大型語文辭書對「稷」的處理基本上是三種說法並存——黍、粟、高粱，說明程氏的高粱說不容忽視。

〔註11〕程瑤田《九穀考・自敘》，《程瑤田全集》第三册，黃山書社，2008 年，第 4 頁。

8、釋耦耕

耦耕是中國歷史上的一種耕作方式，古代文獻中有許多關於耦耕的記載。但是耦耕到底是一種什麼樣的耕作方式，長期以來諸家解釋頗不一致。先看鄭玄和賈公彥的注解：

> 《周禮・考工記・匠人》：「匠人爲溝洫，耜廣五寸，二耜爲耦。一耦之伐，廣尺深尺，謂之甽。」鄭注：「古者耜一金，兩人并發之。其耕中曰甽，甽上曰伐，伐之言發也。甽，畎也。今之耜，岐頭兩金，象古之耜也。」賈疏：「云『二耜爲耦』者，二人各執一耜，若長沮、桀溺耦而耕，此兩人耕爲耦。共一尺廣，一尺深者，謂之畎。畎上高土謂之伐。伐，發也，以發土於上故名伐也。此二人雖共發一尺之地，未必竝發。知者，孔子使子路問津於長沮，長沮不對，又問桀溺，若竝頭共發，不應別問桀溺，明前後不竝可知。雖有前後，其畎自得一尺，不假要並也。」鄭玄解釋耦耕爲兩人並發。賈公彥認爲是兩人各執一耜，雖共發一尺之地，未必並發。

孔穎達疏《詩》亦釋耦耕：

> 《詩經・大雅・大田》：「大田多稼，既種既戒，既備乃事。」箋云：「季冬命民出五種，計耦耕事，脩耒耜，具田器，此之謂戒，是既備矣。」孔疏：「計耦事者，以耕必二耜相對，共發一尺之地，故計而耦之也。」又《周頌・噫嘻》：「駿發爾私，終三十里。亦服爾耕，十千維耦。」孔疏：「此一川之間有萬夫，故爲萬人對耦而耕。」

孔穎達認爲耦耕是兩人各執一耜對耕。

程瑤田考證耦耕云：

> 耜之長，自本至末，尺有一寸，其本廣五寸。本有鋈，以受耒者也。用以耕，一人之力能任一耜，而不能以一人勝一耜之耕，何也？無佐助之者，力不得出也。故必二人並二耜而耦耕之，合力同奮，刺土得勢，土乃逆發，以終長畝不難也。故后稷之爲畎田，亦必用二耜爲耦，廣尺深尺之法也。《地官》里宰之職，以歲時合耦於鋤，言農事最重必於先年季冬之月，合耦於里宰治處。合耦者，察其體材，齊其年力，比而選之，使能彼此佐助以耦耕也……言耕者必言耦，以非耦不能善其耕也。耦之爲言並也。共事並行，不可相無之謂耦……又耕必用耦，故言耕必曰耦耕，而主伯亞旅之人，

皆可以耦呼之。是故耘非必耦爲之，而《詩》曰「千耦其耘」，桀
溺之耰，摩田覆種也，不必耦，亦與長沮並呼之曰「耦而耕」。以
是知呼農夫相助治田，並可曰「耦」，並可曰「耦耕」也。（《溝洫
疆理小記・耦耕義述》）

案：程瑤田對耦耕的認識與鄭、賈、孔皆不同，他指出耦耕是兩人各執一耜
並耕，「耦之爲言並也。共事並行，不可相無」。因此稱「耦耕」，亦可
稱「耦」。此外，程氏還指出了「耦耕」一詞的引申用法，即農夫相助
治田都可稱「耦」或「耦耕」。實際上程氏注意到了「耦耕」的詞義演
變，它不再局限於賈氏或孔氏所說的某一種具體的形式，而是祇要兩人
合作治田都可叫耦耕。程說甚是。現當代的農史學界對耦耕的形制問題
也多有探討，他們的研究成果驗證了程瑤田的說法。其中周昕的論說基
本上能代表目前史學界對這一問題的認識。周昕從文獻記載出發，結合
考古材料、民族學資料以及近當代的農事活動綜合研究，最後得出結
論：「『耦耕』是古代勞動人民在實踐中創造的、按農事需要而適當結合
的耕作方法。由於它的結合前提必須是兩人或兩件農具，因而產生了『耦
耕』這個名稱，凡具有同時使用兩個或兩種農具完成同一種農藝；或兩
人、或兩具協作完成同一種農藝的耕作方式都可稱爲『耦耕』，或簡稱
爲『耦』。這種耕作方法，它不是一成不變的，它可以隨著農業技術的
發展而出現不同的形式。」〔註12〕

程氏創立新解之例還有：提出《儀禮・喪服》不見其人不爲制服之原則；
《儀禮・喪服》「齊衰」章「出妻之子爲母」條傳文的句讀問題；《儀禮・喪
服》「大功」章「女子子適人者」條的句讀問題；考證《儀禮・喪服》中蔬食
即稷食，素食即黍稷；證庚水即潔河；證蛞蝓、蝸牛爲一物，蜒蚰爲另一物；
等等。前文已有，此不贅述。

（二）佐證舊說，多有推闡

程瑤田治學實事求是，不徒追求自立新說。前人之說若正誤並存，程氏
則援經據典證其是者，駁其非者，並且在舊說的基礎上往往有所推闡，使經
義益明。其佐證舊說，主要涉及兩類書：一是三禮，辨析言禮制者之是非；
二是《說文》、《爾雅》，雖多以二書爲本，時亦補二書釋義之不足。如下數例：

〔註12〕周昕《說「耦」》，《中國農史》，2004年第3期，第14頁。

1、考《禹貢》三江

三江之說見於《尚書·禹貢》，其經文、僞孔傳、陸德明音義、孔穎達疏如下：

經文：「淮海惟揚州。彭蠡旣豬，陽鳥攸居。三江旣入，震澤底定。」陸德明音義：「三江，韋昭云：『謂吳松江、錢塘江、浦陽江也。』《吳地記》云：『松江東北行七十里，得三江口，東比入海爲婁江，東南入海爲東江，並松江爲三江。』」孔穎達疏：「下傳云：『自彭蠡江分爲三，入震澤，遂爲北江而入海。』是孔意江從彭蠡而分爲三，又共入震澤，從震澤復分爲三，乃入海。鄭云：『三江分於彭蠡爲三孔，東入海。』其意言『三江旣入』，入海耳，不入震澤也。」

經文：「岷山導江，東別爲沱，又東至於澧；過九江，至於東陵，東迤北會於匯；東爲中江，入於海。」傳曰：「迤，溢也。東溢分流，都共北會爲彭蠡。有北，有中，南可知。」孔穎達疏：「迤，言靡迤，邪出之言，故爲溢也。東溢分流，又都共聚合，北會彭蠡，言散流而復合也。鄭云『東迤者爲南江』，孔意或然。《地理志》云，南江從會稽吳縣南東入海，中江從丹陽蕪湖縣西東至會稽陽羨縣東入海，北江從會稽毗陵縣北東入海。」

漢晉以來言三江者眾，莫衷一是。孔傳過於簡略，未詳三江原委。鄭玄《尚書》注僅存於孔穎達疏中。陸德明音義引三國韋昭和東晉顧夷《吳地記》之說。孔疏採用班固《漢書·地理志》之說。酈道元注《水經》亦言及三江，以大江爲北江，分江水爲南江。郭璞三江說存於麗注中，以岷江、松江、浙江爲三江。蘇軾則主三江止一江說，但以味別解之，多遭後人非議。〔註 13〕顧炎武三江說從郭璞，北中南分別爲揚子江、吳松江、錢塘江。〔註 14〕胡渭從蘇氏之說，以《初學記》所引鄭玄和孔安國注證之〔註 15〕。但阮元指出徐堅所引鄭注爲僞，不足爲憑〔註 16〕，認爲班固所言三江方爲《禹貢》之三江。〔註 17〕

程瑤田專爲三江作詳細考證，其《禹貢三江依經說義篇》云：

〔註 13〕蘇軾《書傳》卷五，文淵閣四庫全書電子版。

〔註 14〕顧炎武《日知錄》卷二，文淵閣四庫全書電子版。

〔註 15〕胡渭《禹貢錐指》卷六，上海古籍出版社，2006 年，第 157～158 頁。

〔註 16〕見阮元《浙江圖考》，《揅經室集》一集卷十二，中國基本古籍庫，第 151 頁。

〔註 17〕阮元《浙江圖考》，《揅經室集》一集卷十二，中國基本古籍庫，第 148 頁，四部叢刊景清道光本。

今欲考定三江，要當取經文讀之。揚州經文曰：「淮、海惟揚州。彭蠡既豬，陽鳥攸居。三江既入，震澤底定。」蓋言揚州之水大治，於是彭蠡水不沸騰而既豬定矣。則嚮之陽鳥散處澤旁之高丘無定居者，今彭蠡豬而隙地出，遍生蘆葦，以爲陽鳥之棲而得其所居。於是匯澤之漢水，至是行江中而爲北江；會匯之江水，至是亦安瀾而爲中江；而彭蠡所納上流之水北入於江者，自然東行江中而爲南江，而三江之名成矣。三江無所壅塞，既入於海，則震澤向因江水汎濫而狂沸不能定者，於是施功甚易，而有不底定也哉。

經文又曰：「嶓冢導漾，東流爲漢，又東爲滄浪之水，過三澨，至於大別，南入於江，東匯澤爲彭蠡，東爲北江，入於海。岷山導江，東別爲沱，又東至於澧，過九江，至於東陵，東迤北會於匯，東爲中江，入於海」……今漢水入江，亦爲小入大，則入江後，亦盡爲江水……然而漢水在江水中，固已泯然無蹟，不得仍漢之名，別之曰北江，見一江水中，明明以其三分之一予之矣……荊州之「江漢朝宗」，亦言與江並爲一流。乃今人不善讀《地理志》，而取其所志者，與《禹貢》之三江糾纏相溷。導漢明云北江，今言北江爲岷江之正流。導江明云中江，今言中江分出於岷江之外。審如是，則《禹貢》經文，全非實錄。而去禹二千餘年之後，後人目驗揣度之水，生吞活剝，以名《禹貢》之中江、北江。而不知《禹貢》實於導漢條下大書「東爲北江」，實於導江條下大書「東爲中江」。後人必欲捨經文而從焚阮之後，世遠言湮，摸索而得之三江，此何說也！鄭君生班氏後，獨求三江於彭蠡，與經文通一無二，識何卓也。

其《荊州江漢揚州三江異名同實說》云：

漢既匯彭蠡，而化爲江水，其水豈能他逃哉？不得不分江之北一分以與之，而名曰北江。北江居北，則大江居南。禹於斯時，又見豫章之水，穿彭蠡而入江者，又來占江水之南一分，其水亦豈能他逃哉？江於是控北引南，而自居於中，而成其爲中江也。故鄭君之注「三江既入」也，曰「三江」，猶言三江者；曰「分於彭蠡爲三孔，東入海」，猶言此三江之名，實以一江而分於彭蠡所納之三水，人皆信其爲三孔，以東入海也。其補南江也，曰「東迤者」，言是「東迤」字，據經明明是指大江，故其下接曰「東爲中江」，然吾謂是「東

迤」者不獨爲中江也；曰「爲南江」，言豫章之水入江，既不能他逃，則亦與江之「東迤」者，並行而東，以爲南江也。此《禹貢》所以雖無南江之名，而藏南江於中江中。鄭君之爲經師，宜其函蓋漢儒，如日月之出而爝火浸息其光也。

其《論以大江爲北江分江水爲南江其誤始於酈氏注》云：

> 班《志》之有三江名也，吳縣下曰「南江在南，東入海，揚州川」；毗陵縣下曰「江在北，東入海，揚州川」；蕪湖縣下曰「中江出西南，東至陽羨入海，揚州川」。三見「揚州川」者，據《周禮・職方氏》之「其川三江」也。《職方氏》曰：「揚州，其山鎮曰會稽，其澤藪曰具區，其川三藪」。觀其言揚州山、揚州藪者，皆與《職方氏》合，則知其所謂「揚州川」者，乃《職方氏》之「其川三江」也。故《職方氏》之九州，與《禹貢》異，以《禹貢》徐梁二州，合之於青雍，又分冀州地，別置幽州、并州。故《禹貢》無幽州，而班《志》兩見「幽州寖」；無并州，而班《志》兩見「并州川」，又見「并州山」、「并州藪」、「并州寖」，是又班氏全據《職方氏》以志揚州「其川三江」之旁證也。蓋班《志》以《職方氏》之三江，與《禹貢》之三江，分作兩事，故其立說兩不相蒙也。

案：程瑤田贊同蘇氏三江止一江說，但不同意蘇氏以味別作解釋，而是據《禹貢》經文證之，通過涵泳其中導漢、導江及荊揚諸經，破三江必爲三條水之說，並指出班《志》之三江與《周禮・職方》之三江同，與《禹貢》之三江異，當區別之。程氏據經說文，持之有故，言之成理。

2、考《儀禮・喪服》「庶子不爲長子三年，不繼祖也」句中「庶子」所指

「庶子不爲長子三年，不繼祖也」出自《儀禮・喪服》「斬衰」章，其文曰：「父爲長子。傳曰：何以三年也？正體於上，又乃將所傳重也。庶子不得爲長子三年，不繼祖也。」鄭注：「此言爲父後者，然後爲長子三年，重其當先祖之正體，又以其將代己爲宗廟主也。庶子者，爲父後者之弟也。言庶者，遠別之也。」即認爲若己爲父後，即己爲繼禰之嫡子，則長子繼祖，己要爲其長子服三年；若己是爲父後者之弟，是庶子，己不繼禰，則長子不繼祖，己不用爲其長子服三年。賈公彥則認爲己要繼祖與禰纔能爲長子三年，其疏云：「其實繼父祖身三世，長子四世乃得三年也。」注和疏持論不同，程瑤田

贊同鄭說，乃立二表以駁賈說之非。其一爲：

據疏不繼祖者不爲長子三年表

祖適父適己適長子　此四世適適相承者，據疏己始爲長子三年也。

祖庶父適己適長子　此己雖繼禰而不繼祖者[註18]，據疏不得爲長子三年也。瑤田案：父既祖之適子，安得非繼禰之宗？父既爲宗而己又繼之，己安得謂之不繼祖也？

祖適父庶己適長子　此己雖適，以父庶不得繼祖者，據疏不得爲長子三年也。瑤田案：己是父之長子，是爲繼禰之宗矣，安得以父爲庶子不繼禰并己之小宗亦不論乎？

祖適父適己庶長子　此己不繼祖與禰者，據疏不得爲長子三年也。瑤田案：此所謂「庶子不爲長子三年」也，原不論祖、父之適、庶也。

其二爲：

立別子適庶相承之表以證疏說之非

別子爲祖	二世　適子繼別爲大宗。	三世　長子世適相承。是爲繼祖之大宗。以其繼祖，故二世爲之三年。	四世　適適相承，以上承別子，其三世自爲之三年。
	二世　庶子不繼別不爲宗。	三世　長子亦以適上承，是爲繼禰之小宗，以其不繼祖，故二世不爲之三年。	四世　雖不承別子而上承繼禰之小宗以繼其祖，三世安得不爲之三年？

（《儀禮喪服文足徵記·爲庶子不爲長子三年不繼祖立表說》）

案：程瑤田駁斥賈說的同時佐證了鄭玄之說。程氏認爲「庶子不爲長子三年」一句中「庶子」指父親是庶子，即身爲庶子的父親不爲其長子服三年之喪。程說是也。這一問題，有鄭玄的注釋，有程瑤田的佐證，已甚明了。然而當代有的學者，於此句解釋仍失妥當。徐揚杰《中國家族制度史》論及西周春秋的宗法制度，云：「按照五等服制規定，兄死弟要爲其服斬衰3個月，這一方面是表示血緣關係的親近，另一方面也是一種權力，然而庶子卻不能爲自己的同母長兄服斬衰，這叫做『庶子不爲長子斬』」。[註19] 這一句話有兩處錯誤：一是「兄死弟要爲其服斬衰3個月」，

〔註18〕瑤田表述有誤，此己繼禰亦繼祖，據疏爲長子三年。但不影響程瑤田最後的觀點。

〔註19〕徐揚杰《中國家族制度史》，武漢大學出版社，2012年，第101頁。

首先斬衰服三年，無三個月之說；其次昆弟服是齊衰不杖期，而不是斬衰三個月。二是關於「庶子不爲長子斬」一句的解釋。此句出自《禮記・喪服小記》，與「庶子不爲長子三年」義同，謂斬衰三年。這兩句的意思都是身爲庶子的父親，不得爲其嫡長子服三年之喪。而徐揚杰理解爲「庶子卻不能爲自己的同母長兄服斬衰」，與經義相差遠矣。至於彭林譯「庶子不爲長子三年」句爲「庶子不得爲嫡長子服三年之喪」，〔註20〕則稍嫌籠統模糊，容易使人誤解。此處當明言父親爲庶子。

3、釋鄉衡

《周禮・考工記・梓人》云：「凡試梓飲器，鄉衡而實不盡，梓師罪之。」其中有「鄉衡」一語，是何含義，有兩種說法：第一種，鄭司農以「衡」爲「眉」，云：「衡謂麋衡也。《曲禮》『執君器齊衡』。」第二種，鄭玄以「衡」爲「平」，云：「衡，平也。平爵鄉口酒不盡，則梓人之長罪於梓人焉。」程瑤田亦論及「鄉衡」，云：

> 《考工記・梓人》：「凡試梓飲器，鄉衡而實不盡，梓師罪之。」余得是爵試之，而後知先鄭之注允矣。其注云：「衡謂麋衡也。」疏云：「麋即眉也。」案：《王莽傳》「盰衡厲色」，注：「孟康曰：眉上曰衡。盰衡，舉眉揚目也。」《蔡邕傳》「揚衡含笑」，注云：「衡，眉目之間也。」《路史》舜「龍顏日衡」。日衡者，眉骨圓起也。三說衡皆指眉言。鄉衡者，飲酒之禮，必頭容直也。經立之容，固頤正視，見賈子《容經》。則不能昂其首矣。今余試舉是爵飲之，爵之兩柱，適至於眉，首不昂而實自盡。衡指眉言，兩柱鄉之，故得謂之鄉衡也。而後鄭之注則曰：「衡，平也。平爵鄉口，酒不盡，則梓人之長罪於梓人。」衡指爵之平，是衡而鄉之，非鄉衡也。（《考工創物小記・述爵兼訂梓人鄉衡注》）

案：程瑤田贊同先鄭之說，認爲「衡」當作「眉」解，甚是。程氏以文獻用例和親身實踐來佐證先鄭的說法，並指出後鄭之說不合文義。孫詒讓以爲：「程說深得經恉。」今人楊天宇、聞人軍注《周禮・考工記》並採程說。然戴吾三《考工記圖說》仍據後鄭說釋之，曰：「衡，平。平爵向口而尚有餘酒。」〔註21〕劉道廣《圖證〈考工記〉》亦云：「衡，放水平。

〔註20〕彭林譯注《儀禮》，中華書局，2012年，第292頁。
〔註21〕戴吾三《考工記圖說》，山東畫報出版社，2003年，第74頁。

把飲器橫向放水平，容器內還殘留液體。」〔註22〕二說均不符經義。

4、釋阡陌

「阡陌」一詞常見於典籍，注疏家往往釋之，但有不同的說法。應劭《風俗通》指出：「南北曰阡，東西曰陌。河東以東西爲阡，南北爲陌。」司馬貞注《史記・秦本紀》「爲田開阡陌」一句引應劭說。而顏師古注《漢書・成帝紀》「出入阡陌」云：「田間道也。南北曰阡，東西曰陌。蓋秦時商鞅所開也。」《食貨志》有「開仟伯」，顏注同。朱熹主應劭說，專門作《開阡陌辨》一文，云：「阡陌者，舊說以爲田間之道。蓋因田之疆畔制其廣狹，辨其縱橫，以通人物之往來，即《周禮》所謂遂上之徑、溝上之畛、洫上之塗、澮上之道也。然《風俗通》云：『南北曰阡，東西曰陌。』又云：『河南〔註23〕以東西爲阡，南北爲陌。』二說不同，今以《遂人》田畝夫家之數考之，則當以後說爲正。蓋陌之爲言百也，遂洫從而徑途亦從，則遂間百畝，洫間百夫，而徑途爲陌矣。阡之爲言千也，溝澮橫而畛道亦橫，則溝間千畝，澮間千夫，而畛道爲阡矣。阡陌之名由此而得。至於萬夫有川，而川上之路周於其外，與夫《匠人》井田之制，遂溝洫澮亦皆四周則阡陌之名，疑亦因其橫從而命之也。」〔註24〕程瑤田云：

> 應氏之說得古人物土宜之義矣。天下之川皆東流，故川橫則澮縱，洫又橫，溝又縱，遂又橫，遂橫者則其畎必縱，而畝陳於東，是故東畝者，天下之大勢也。遂上有徑，當百畝之間，故謂之陌，其徑東西行，故曰「東西曰陌」也；遂上之徑東西行，則溝上之畛必南北行，畛當千畝之間，故謂之阡，而曰「南北曰阡」也。然則南北曰阡，東西曰陌，此阡陌之通義，以其義出於東畝。蓋東畝者，天下之大勢也。然有東畝者，亦有南畝者，天下之川，大勢雖皆東流，而河東之川獨南流。河爲川之最大者，而或南流，則其畝必南陳而爲南畝矣。南畝畎橫則遂縱，徑亦縱而爲南北行，豈有「南北爲陌」乎？溝橫畛亦橫而爲東西行，豈有「東西爲阡」乎？由是洫

〔註22〕劉道廣、許暘《圖證考工記》，東南大學出版社，2012年，第88頁。

〔註23〕「河南」當爲「河東」。程瑤田云：「朱子之文載王伯厚《困學紀聞》，誤以『河東』爲『河南』。一證之《索隱》諸本，再證之戴侗《六書故》引朱子語，並作『河東。』」

〔註24〕朱熹《開阡陌辨》，《晦庵集》卷二十七，文淵閣四庫全書電子版。

又縱，洫在百夫之間，故洫上之塗亦爲陌。澮又橫，澮在千夫之間，故澮上之道亦爲阡。而川則縱而南流矣。河東之川，天下之大川也，而獨南流，故特舉之，以爲「東西爲阡，南北爲陌」之例。物土之宜，以爲阡陌必具二義，而不知者乃是此非彼，蓋亦勿思矣。河至大伾又北流，則畫畝之法與河東川之南流者同爲南畝。而晉人乃欲使齊之境內盡東其畝，此賓媚人所以爲「無顧土宜」之斥也。阡陌之名，從《遂人》百畝、千畝、百夫、千夫生義，而《匠人》之阡陌，則因乎《遂人》而名之，義不繫乎畝與夫之千百，命名之事，惟變所適，亦自然之勢也。(《溝洫疆理小記·阡陌考》)

案：程瑤田說阡陌之義甚精。他採用應劭的說法，並進一步論述之。首先關於阡陌之制，程氏認爲當物土之宜，據川之勢來定。一般來說，南北曰阡，東西曰陌；但就河東地區來說則是東西曰阡，南北曰陌。其次關於阡陌之命名，認爲是從《遂人》百畝、千畝、百夫、千夫生義。陳昌遠《商鞅「開阡陌」辨》一文用出土的考古資料證明程說之確。1979 至1980 年在四川北部青川縣郝家坪發掘的戰國墓葬中，有一出土木牘，上載律文，曰：「二年十一月己酉朔朔日，王命丞相戊（茂），內史匽（僻）、民臂（僻），更修《爲田律》；田廣一步，袤八則爲畛。畝二畛，一百（陌）道。百畝爲頃，一千道，道廣三步。」陳昌遠云：「律文中所提到的『陌道』、『阡道』，陌就是指百畝的界限，阡就是千畝的界限。從這條律文，有力地說明程瑤田之說阡陌的基本含義是符合戰國實際的。」

5、考　粱

《說文·米部》：「粱，米名也。」《說文》釋「粱」爲米名。那麼「粱」到底對應今天的哪種農作物？程瑤田考證「粱」之名實，云：

> 禾，粟之有稾者也。其實，粟也；其米，粱也。《聘禮》及《周官·掌客》之職，禾皆言若干車，「車三秅」，「薪芻倍禾」，以薪芻例禾，是禾爲有稾者矣。又《聘禮》記云：「四百秉爲一秅。」鄭氏注：「此秉爲刈禾盈手。」然則，秉、秅者，束稾之名。禾爲粟之有稾者，故以秉、秅數之也。《聘禮》米、禾皆兼黍、稷、稻、粱言之，以他穀連稾者不別立名，即穀中之實，亦無異號，惟粟有之，遂假借通稱。抑以事難件繫，有足相包者，屬文之法耳，非謂

禾爲諸穀苗幹大名也……禾，南方人呼其實曰「粟」，穀米曰「粟米」。北方人但呼「穀」、呼「米」。北人食以粟爲主，猶南人食以秔爲主。南人呼秔，亦呼「穀」、「米」，不加「秔」字也。禾有赤苗、白苗之異，謂之「虋」、「芑」。《詩》曰「維穈維芑」是也……然則此一穀也，始生曰苗，成秀曰禾，禾實曰粟，粟實曰米，米名曰粱，其大名則曰嘉穀，言其色則曰黃茂。而禾、粟、粱之次第，載《說文》中，又如物之在貫焉，以雜廁部居，讀者不能察耳。今特建類相受，俾散見之字，歸於一條，然後粟之一穀爲他穀久假者，乃得反於其所矣……俗呼黍曰「黃粱」，呼稷曰「高粱」，皆不可爲典要。至晉楊泉《物理論》，謂黍之總名曰粱，合稻、菽稱爲三穀。不然也。難之者曰：「粟爲粱而非稷，稷誠不可冒粟之名矣。稻曰嘉疏，亦不足任嘉穀之名乎？禾、粟往往爲諸穀所假借，而楊倞注《荀子・禮論》篇則直曰『稻，禾也』，庸詎知禾、粟之非稻名乎？」余曰：不然也。《公羊傳》曰：「上平曰原，下平曰隰。」何休注云：「原宜粟，隰宜麥。」《周官・稻人》：「掌稼下地」，「種之芒種」，注云：「芒種，稻、麥也。」稻與麥同宜於隰，今曰「原宜粟」，固非稻之所能冒者。又《說苑》淳于髡曰：「蟹螺者宜禾。」楊倞引以注《荀子》云：「蟹螺，蓋高地也。高地宜禾。」明其不宜稻矣，而顧又以禾釋稻耶？況《呂氏春秋》云「得時之禾」，「得時之稻」，《淮南子》云「雒水宜禾，江水宜稻」，又云「南方宜稻」，「中央宜禾」，賈讓《治河策》云：「故種禾麥，更爲秔稻。」稻、禾二穀，秦漢以前無相冒者。是故，禾、粟、苗之名，果專屬於粱也。（《九穀考・粱》）

案：程瑤田考粱，據《說文》立論，詳爲考證，並有所推闡。程氏指出粱即是粟。禾爲粟之有稾者，米爲粟實，皆專屬於粱，後來纔引申指他穀。最後，程氏還辨明禾、粟不可能是稻名，以解他人之疑。程說是也。朱駿聲《說文通訓定聲》亦於「粱」篆下注：「按即粟也。」

6、考　芸

《說文》：「芸，艸也。似目宿。」《爾雅》：「權，黃華。」郭璞注：「今謂牛芸草爲黃華。華黃，葉似苜蓿。」顏師古《急就篇注》云：「芸即今芸

蒿也，生熟皆可啗。」沈括《夢溪筆談》云：「古人藏書闢蠹用芸。芸，香草也，今人謂之七里香者是也。葉類豌豆，作小叢生，其葉極芬香，秋間葉間微白如粉污。闢蠹殊驗，南人採置席下，能去蚤虱。」〔註25〕羅愿《爾雅翼》云：「《老子》曰：『夫物芸芸，各歸其根。』芸當一陽初起《復卦》之時，於是而生。又《淮南》說：『芸可以死而復生。』此則歸根覆命，取之於芸。」〔註26〕王象晉《群芳譜》云：「芸香，一名山礬，一名椗花。一名柘花，一名瑒花，一名春桂。一名七里香……三月開小白花……江南極多……大率香草，花過則已，縱有葉香者，須採而嗅之方香。此草香聞數十步外，自春至秋，清香不歇絕。簪之可以鬆髮，置席下去蚤、蝨，置書帙中去蠹。古人有以名閣者。」〔註27〕黃山谷作詩，其序云：「江南野中有一種小白花，高數尺，春開極香，野人號為椗花。王荊公欲求栽作詩而陋其名。余請名曰山礬，蓋野人採椗花葉以染黃，不借礬而成色，故名山礬。」〔註28〕以上諸家所說皆芸也，程瑤田進一步考證之，補諸說之不足。程氏云：

> 《說文》及《爾雅》注並言「似苜蓿。」余考苜蓿，說者謂葉似豌豆，今說芸者，亦言葉似豌豆，足相互證矣。《月令》仲冬之月「芸始生」，則鄂州所謂「一陽初起」者是也。《夏小正·正月》「採芸」，傳曰「為廟採也」，二月「榮芸」，是花作於二月矣。諸家惟《群芳譜》言三月開花。山谷祇言春開，不著何月。及閱昔人詩，亦但有「殿春」、「春盡」之云。而余所見作花時，又在六七八九月，疑不能明。余乃蒔一本於盆盎中，霜降後枝葉枯爛。越兩月，日短至矣，宿根果拙其芽，叢生三五枝。以為產於山者盡生矣，乃冬春之間，求之不可得。然則《月令》所謂「始生」者，不遍生之云也。明年二月十九日春分。廿一日求之山徑間，處處有之，大者五六寸，小者一二寸，綠葉密佈。心皆有細葉包裹。某甲拆者，有蓊頭攢蔟十餘點，花初胎矣，然皆黃色者也。未拆者，剝開視之，亦並有作花意。蓋此花始作於二月也。至是而《月令》與《小正》

〔註25〕 沈括《夢溪筆談》，文淵閣四庫全書電子版。

〔註26〕 羅愿《爾雅翼》，文淵閣四庫全書電子版。

〔註27〕 王象晉《群芳譜·卉譜二·芸香》，《四庫全書存目叢書補編》第八十冊，齊魯書社，2001年，第816～817頁。

〔註28〕 黃庭堅《題高節亭邊山礬花二首》，載《山谷集》卷十一，文淵閣四庫全書電子版。

之言皆驗。諸家但言白花，而余所見深秋及初胎時皆黃花者，惟郭
璞以「芸」解《爾雅》之「權，黃華」者合。然又不言白花，蓋此
花從仲春至季秋，舒英不歇者閱八月。百花氣候，無長於此者。而
又黃白間作，因時變易。著錄者各以其所見時言之，見於夏日者多，
故率言白花；而不言黃花者，見於深秋及初作花時者少也。又《太
傅禮》，唐宋後晦而不顯，鮮據以爲說，是以言之不能詳。余因作
《釋芸》，以足其義云。（《釋草小記・釋芸》）

　　曩年於六月見香草白花呼九里香者，考之爲《月令》仲冬始
生之芸。經四季而察之，乃得明白：始生於十一月，正月可採食，
二月生花，皆與《月令》、《太傅禮》合。惟其花安開者皆黃色，至
六月開者，乃皆白色，而八月以後開者，或雜黃花於白花中。宋明
以來著錄者多，但曰白花，此非目驗不能知也。（《釋草小記・蒔苜
蓿紀譌兼圖草木樨》）

案：程瑤田考芸，在舊說的基礎上作了進一步的考證，主要論及三個方面：
　　一是證實了「似苜宿」之說；二是親自種植確定作花時間，同時驗證經
　　書記載之是；三是更正諸家言花色之說，明確芸是黃白間作，因時變易。
　　程氏目驗實證，其說可信。

7、釋 濬

《周禮・考工記・輈人》云：「良輈環濬，自伏兔不至軓七寸。」其中
「濬」字之義，鄭司農云：「濬讀爲濬酒之濬，環濬謂漆沂鄂如環。」賈公
彥疏：「先鄭讀濬爲濬酒之濬者，讀從《士冠禮》『若不醴，濬用酒』之濬也。
云『環濬謂漆沂鄂如環』者，指謂漆之文理也。」鄭、賈皆以「濬」爲漆之
文理，程瑤田亦認爲濬爲紋理，並詳考之。程氏云：

　　濬謂紋理。環濬者，如今琴上之蛇蚹斷紋也。有筋膠之被乃
有濬，故《弓人》云：「牛筋蕡濬，麋筋斥蠖濬。」角亦有之，故
《弓人》云：「角環濬。」濬蓋用久而後見者與！「良輈環濬，自
伏兔不至軓七寸」，是必輈當兔之前，其筋膠之被止於軓後七寸處，
濬生於筋膠之被故也；否則其濬不應起自伏兔，而又以不至軓七寸
限之矣。然云「軓中有濬，謂之國輈」，則是雖有筋膠之被，不皆
有濬也。惟良輈有之，其用力均，故致然與？注云：「用力均者則

漻遠。」蓋軹中七寸筋膠被處盡有漻矣。兩物相合，縫紋亦謂之漻。
《弓人》「合漻若背手文」，言弓表裏合處也。合手掌空，縫有疏密，
惟背手之縫，間不容髮，弓合處似之，言紋密也。（《考工創物小記・
良輈環漻說》）

案：程氏贊同鄭賈之說，亦認爲漻謂紋理，並提出了更多的證據作爲佐證，
其中包括《考工記》他例及今琴之制。程說是也。孫詒讓疏《周禮》引
用程說，並指出漻與沂鄂、篆、幾同，皆爲紋理。楊天宇注《周禮》亦
採程說，釋「漻」爲紋理。《漢語大字典》、《漢語大詞典》以及錢玄的
《三禮辭典》都引用鄭、賈及孫之說，但是釋義卻與此三人之說不符。
鄭、賈、孫皆主「漻」爲「紋理」，而這三本工具書都把「漻」字解釋
爲動詞──塗漆：

《漢語大詞典》「漻2」：

　　①塗漆。《周禮・考工記・輈人》：「良輈環漻，自伏兔不至軹
七寸，軹中有漻，謂之國輈。」鄭玄注引邠後鄭司農曰：「漻，讀爲
漻酒之漻。環漻，謂漆沂鄂如環。」

《漢語大字典》「漻」：

　　用漆黏塗。《集韻・笑韻》：「漻，車轅漆也。」《周禮・考工記・
弓人》：「大和無漻。」賈公彥疏：「大和，謂九和之弓，以其六材俱
善，尤良，故無漆漻也。」

錢玄《三禮辭典》「漻」：

　　塗漆。在器上先塗膠，纏絲、筋等，然後再塗漆，突出成環狀，
名曰沂鄂，或作圻鄂，亦名幾，名篆，又名棨。《周禮・考工記・輈
人》：「良輈環漻。」鄭玄注引鄭司農云：「環漻，謂漆沂鄂如環。」
《考工記・弓人》：「角環漻。」孫詒讓《周禮正義》卷七十七：「先
被筋膠，後漆之，漆乾則有沂鄂也。沂鄂與《典瑞》注圻鄂同。即
《輪人》所謂篆也。車轂及輈皆有筋膠之被，故皆有之……此經之
『漻』，又即《少儀》所謂『幾』，幾、沂、圻亦聲近字通。蓋筋膠
相附纏，加之以漆，則其起埤處，容突紆屈，自成沂鄂。此經之環
漻及《弓人》之弓漻，皆是物也。」孫說是。

以上三本工具書釋「漻」爲「塗漆」，誤也。當釋爲「紋理」。這些例句
中的「漻」都是名詞，若作動詞解，揆之上下文則不通。

　　程氏佐證舊說之例還有：《儀禮・喪服》「大功」章「公之庶昆弟」條「昆弟」二字屬上屬下的問題、「大夫之妾」條的句讀問題，此二例程氏皆從舊讀，而不從鄭玄改讀，並有詳細論證。上文已述，此不贅。此外，程氏考證農作物、植物多據《說文》、《爾雅》爲說，如考黍、考苽、考麻、考菉、考蓬、考荔等，恕不一一列之。

　　程瑤田考據以精博著稱，乾嘉及以後學者從事考據多引述程說，由此亦可窺程氏考據學之成就。段玉裁與程瑤田同爲乾嘉學者，二人常有書信往來，交流學術。段氏《說文解字注》援據該洽、勝義紛綸，對同時代學者的見解擇善而從，其中明言徵引程瑤田之說者有 30 條。如「稷」字條引程氏《九穀考》之說，並論曰：「程氏《九穀考》至爲精析，學者必讀此而後能正名其言。漢人皆冒粱爲稷，而稷爲秫秫，鄙人能通其語者，士大夫不能舉其字，眞可謂撥雲霧而覩青天矣。」〔註 29〕又如「仞」字條，程氏認爲七尺曰仞，段氏引之，並謂：「程說甚精，仞說可定矣。」〔註 30〕「洫」字條下段氏云：「匠人溝洫之制，惟歙程氏瑤田《通藝錄》能發明之。」〔註 31〕「軹」字條曰：「軹即軹。說本歙程氏瑤田《通藝錄》，其說冣確，於古音冣合，而古無有言之者。孰謂今人不勝古人也。」〔註 32〕王念孫亦對程瑤田學術極爲推重，二人「相與商榷古義者四十餘年」〔註 33〕。王氏《廣雅疏證》引程氏之說有 12 條。如《廣雅疏證》卷七「甍謂之甑」條引用程氏論「甍」之說，並加案語曰：「易疇謂以瓦覆屋曰甍，與內外傳皆合，確不可易。」〔註 34〕卷八「渠挐謂之杷」條引《通藝錄・果蓏轉語記》云：「握物謂之把，指爪微屈焉謂之爬，此杷之所由名也。」〔註 35〕卷十「稷穄謂之穤」條引《九穀考》論「稷」之文，然後評論云：「此說析繆解紛，迥爲精卓。窮物之情，復經之舊，援古證今，其辨明矣。原說甚詳，今錄其略焉。」〔註 36〕同卷「游冬，苦荣」條、「秫，穄也」條、「大豆，尗也」條等亦皆引程說爲證。此外，焦循、凌廷堪等於程氏

〔註 29〕段玉裁《說文解字注》，上海古籍出版社，1988 年，第 321～322 頁。

〔註 30〕段玉裁《說文解字注》，上海古籍出版社，1988 年，第 365 頁。

〔註 31〕段玉裁《說文解字注》，上海古籍出版社，1988 年，第 554 頁。

〔註 32〕段玉裁《說文解字注》，上海古籍出版社，1988 年，第 725 頁。

〔註 33〕王念孫《果蓏轉語記跋》，《程瑤田全集》第三冊，黃山書社，2008 年，第 505 頁。

〔註 34〕王念孫《廣雅疏證》卷七上，江蘇古籍出版社，2000 年，第 208 頁。

〔註 35〕王念孫《廣雅疏證》卷七上，江蘇古籍出版社，2000 年，第 260 頁。

〔註 36〕王念孫《廣雅疏證》卷七上，江蘇古籍出版社，2000 年，第 329 頁。

治學方法亦多有繼承。可知程氏之學深得時人贊同。後之學者亦然,如錢繹《方言箋疏》對程瑤田的名物考證引用甚多。

二、程瑤田考據學的不足

程瑤田考據學亦存在一些不足之處,主要表現爲三個方面:一是爲文反覆;二是偶有臆說;三是過於信經。

(一)為文反覆

程瑤田說經長於議論,如他自己所說「言之不足,且長言之」〔註37〕。有時爲了證明一個觀點會反覆言說,或在同一篇文章中,或在不同的文章中,語句不同,意思則一。比如考《禹貢》三江,程氏據經文說三江之義曰:

> 彭蠡之下北江、中江,即彭蠡之上漢水、江水,觀導漢、導江兩篇經文,最爲明辨晰也。是故荊揚二州分界處在彭蠡。而漢水即於「匯澤爲彭蠡」處,與江溷爲一流,故於彭蠡下失漢之名,而別之爲北江。江水亦於「迆北會於匯」外,爲漢水所亂,故於彭蠡下變江之名,而別之曰中江。是故揚州之得名三江者,生於北江、中江之名,而中江之名,實生於南江。故謂揚州爲三江,以彭蠡爲之界;而謂荊州爲江漢,亦以彭蠡爲之界也。(《禹貢三江考·荊州江漢揚州三江異名同實說》)

> 三江者,一曰北江。導漢曰:「東匯澤爲彭蠡,東爲北江。」言漢水至此,全力以匯彭蠡,則漢水盡入彭蠡中,既入而又東出之,於是變其在荊之漢名,而爲揚州之北江矣,是揚州北江一孔,乃分於彭蠡而爲之者也。一曰中江。導江曰:「東迆北會於匯,東爲中江。」言江水至此,倚於北之漢水所匯彭蠡處,則江水亦盡入彭蠡中,既入而又東出之,於是在荊之江名,不得不增一字,而爲揚州之中江矣。是揚州中江一孔,乃分於彭蠡而爲之者也。一曰南江。南江者,未經禹所導,然有豫章水出彭蠡以入江,而又東出之,以與分於彭蠡之中江、北江並列而三焉……此鄭君於揚州「三江既入」之文,所以標三江之名,而特書以注之曰「分於彭蠡爲三孔」,又特書以補注南江曰「東迆者爲南江」,言江東迆時,非獨爲中江,

---

〔註37〕程瑤田《磬折古義·磬折說》,《程瑤田全集》第二冊,黃山書社,2008年,第316頁。

而又爲南江也。經文如彼，鄭注如此，合而觀之，然後知江漢二水，朝宗於荊州，其功力之顯於彭蠡者，何其盛也。而揚州之三江，則萌芽於彭蠡而經始於彭蠡者，不亦明辨晰也哉？（《禹貢三江考・鄭注三江分於彭蠡於字》）

　　導漢、導江二篇，對偶之文。試合觀而並讀之，覺江漢交錯互資於彭蠡之中，情狀畢露，不須辭費，自見了義。導漢曰：「東匯澤爲彭蠡，東爲北江。」言漢水之勁，力足敵江，而匯澤爲彭蠡，故分於彭蠡而東之，即爲北江也。導江曰：「東迆北會於匯，東爲中江。」言江水至是，會漢所匯之彭蠡，故分於彭蠡而東之，即爲中江也。漢跨江而匯澤，江倚漢而會匯。經言二水相爲伯仲，先分後合，既合復分，一爲北江，一爲中江以入於海。將經文字咀句嚼而讀之，義自見矣。（《禹貢三江考・論導江篇東迆北北字即指謂漢水之》）

案：上程瑤田三論《禹貢》三江，主要都是依據《尚書・禹貢》導漢、導江兩篇經文展開論述，方法既同，內容也無多少實質性差異。此爲反覆論說之病。

　　又如《儀禮喪服文足徵記》一篇，論喪服之制，亦有反覆不已之弊。《儀禮・喪服》「不杖期」章：「大夫之子，爲世父母、叔父母、子、昆弟、昆弟之子、姑、姊妹、女子子無主者，爲大夫、命婦者，唯子不報。傳曰：何以言『唯子不報』也？女子子適人者爲其父母期，故言不報也，言其餘皆報也。」鄭注云：「唯子不報，男女同爾。傳以爲主謂女子子，似失之矣。」程瑤田不同意鄭說，云：

傳非有失也。大夫之子爲姑、姊妹、女子子適士者，在《小功》章，其女子子爲父期也。爲此三人嫁於大夫者，在《大功》章，其女子子爲父亦期也。今在《不杖期》章，乃爲嫁於大夫之無主者，其女子子爲父固期也。若姑、姊妹則以期報期，故曰唯女子子之期，疑於報而不爲報也。若夫男子爲父服斬，自不報爾，不待言也。於兩相服期中，獨指女子子不報，故曰其餘皆以期報期也。況上經見爲此三人適人無主者之期，曰「姑、姊妹，報」；此經亦見此三人之期，曰「唯子不報」，互見互省，體例然也。（《喪服經傳無失誤述》）

傳解「唯子不報」句，主謂女子子言，其於經意可謂體會入微。蓋以女

子子適人者，無論尊卑常變，本爲父母期，非因今日父母爲女子子不降服期，而後女子子服期以報之也。故「唯子不報」，實專主女子子言，不兼男子也。而鄭注乃云……此大繆之說也……姑、姊妹適人者，於其姪、昆弟本服大功，今而服期，是以期報期也；女子子適人者於其父本服期，今而服其本服，非以期報期也。止將上經言「報」、此經言「不報」合而觀之，則互義自見。若男子爲父三年，與期無涉，何有於「報」而云「不報」，不亦贅乎？（《辯論鄭氏斥子夏喪服傳誤之譌》）

> 此經言「大夫之子爲世父母、叔父母、子、昆弟。昆弟之子、
> 姑、姊妹、女子子無主者，爲大夫、命婦者，唯子不報」，而此傳
> 則專發姑、姊妹、女子子爲命婦而無祭主者之「唯子不報」也……
> 男子爲父斬衰三年，不疑於報，唯女子子適人爲父母期，疑於以期
> 報期，故經言「不報」，以釋人疑耳。又《期》章内「姑、姊妹、
> 女子子適人無主者，姑、姊妹報」，見子不報。此言「唯子不報」，
> 見姑、姊妹報，正經文之互相足者也。（《不杖麻屨章大夫之子條經
> 傳義述》）

案：上引程氏三篇文章，所論都是「唯子不報」互文互見例。程氏於此條義例反覆論說。

（二）偶有臆說

程瑤田治考據堅持無徵不信的原則，但有時爲求立論，亦不免於臆說。比如程氏考磬折古義，認爲磬折的含義來源於磬之倨句，《考工記·磬氏》言磬之倨句爲「一矩有半」，則磬折之義爲一矩有半。而《考工記·車人》記載磬折爲「一柯有半」，與《磬氏》矛盾。如何解決這一矛盾？程氏認爲《車人》「一柯有半」有譌誤，當作「一矩有半」，於是改經以立論。程氏這一做法實際證據不足，有臆斷之嫌。詳見前文。又如下例：

《周禮·考工記·鳧氏》：「旋蟲謂之幹。」程瑤田認爲「幹」當作「䡄」，云：

> 「旋蟲謂之幹」。余謂「幹」當爲「䡄」，蓋所以制旋者。旋
> 貫於懸之者之鑿中，其端必有物以制之。案：《說文》：「䡄，揚雄、
> 杜林說皆以爲軶車輪䡄。」「䡄」或作「䡞」。《說文》：「䡞，車軸
> 端鍵也。」或作「轄」。《急就篇》注：「轄，豎貫軸頭，制轂之鐵
> 也。」《天問》「䡄維焉繫」，戴東原注云：「䡄，所以制旋轉者。」

鐘之旋蟲，蓋亦是物與？「幹旋」二字後人連文，本諸此矣。(《考
工創物小記‧鳧氏爲鐘圖說》)

案：程校非也。此處用「幹」可通，無須改字。程氏對「幹」這一部件的用
處理解無誤，即「所以制旋者」。但可能無法將「幹」字之義與其功用聯
繫起來，於是改字以說之。王引之亦嘗論及此句，王氏云：「竊謂『鐘縣
謂之旋』者，縣鐘之環也。環形旋轉，故謂之旋。旋、環古同聲。環之
爲旋，猶還之爲旋也。『旋蟲謂之幹』者，銜旋之紐，鑄爲獸形。獸亦稱
蟲。居甬與旋之間而司管轄，故謂之幹。幹之爲言猶管也。余嘗見劉尚
書家所藏周紀侯鐘，甬之中央近下者附半環焉，爲牛首形，而以正圓之
環貫之。始悟正圓之環所以縣鐘，即所謂『鐘縣謂之旋』也。半環爲牛
首形者，乃鐘之紐，所謂『旋蟲謂之幹』也。而旋之所居正當甬之中央
近下者，則下文所謂參分其甬長，二在上，一在下，以設其旋也。幹爲
銜旋而設，言設其旋，則幹之所在可知矣。幹所以銜旋，而非所以縣。
幹爲蟲形，而旋則否，不得以旋爲幹也。」〔註38〕其說精當。圖一爲王
引之所見周紀侯鐘。圖二爲程瑤田所擬旋幹圖（257頁）：

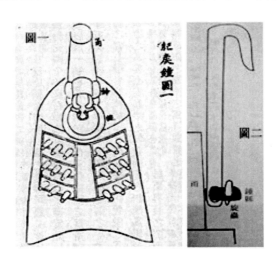

（三）過於信經

程瑤田解經首重涵泳白文，主張從經文本身尋求眞義。程氏云：「將經文
字咀句嚼而讀之，義自見矣。」然而經文歷經傳鈔，亦難免會有譌誤，須分

〔註38〕王引之《經義述聞》述九《鐘縣謂之旋旋蟲謂之幹》，第223～224頁。圖亦
引於此處。

別對待。程氏時有過於信經之病，例如解《禮記》「大功之末」義：

《禮記‧雜記》：「大功之末，可以冠子，可以嫁子。父小功之末，可以冠子，可以嫁子，可以取婦。己雖小功，既卒哭，可以冠、取妻。下殤之小功則不可。」關於「大功之末」的指向，鄭玄注曰：「此皆爲可用吉禮之時。父大功卒哭而可以冠子、嫁子；小功卒哭而可以取婦。己大功卒哭而可以冠子，小功卒哭而可以取妻。必偕祭乃行也。下殤小功，齊衰之親，除喪而後可爲昏禮。凡冠者，其時當冠，則因喪而冠之。」在鄭氏看來，首句「大功之末」兼包父及己，後兩句則分言父小功之末和己小功卒哭。即鄭氏謂父及己身俱有大功之末、小功之末。孔疏申鄭說。程瑤田不贊成鄭玄對經的解釋，云：

> 大功、小功，服有二限。父小功、己小功，情有異施。大功之末，無己可即吉之事，惟有父可施於子之事，言子則是父施之可知，故經文不見「父」字。同一小功卒哭也，而有父施於子、己施於身之不同，故父必見「父」字，己必見「己」字也。（《儀禮喪服文足徵記‧小功卒哭可以取婦取妻說》）

案：程瑤田認爲首句「大功之末」是據父而言，祇能父施於子，無己之吉事。即父大功之末，可以冠子、可以嫁子。後兩句言小功有父、己之異，故分言「父」和「己」以明之。父小功之末不僅可以冠子嫁子，還可以取婦。己小功之末可以自冠自取妻。乃據此曰：「小功卒哭可以取婦取妻。」這是程瑤田據經文得出的結論，他認爲這一段經文文從字順，不難理解。但是後來的王引之對經文本身提出了質疑。他指出：「父小功之末，『小』當爲『大』，因下文兩言小功而誤也……雖當讀唯，古字多借雖爲唯。」依王引之所言，經文當如下：「大功之末，可以冠子，可以嫁子。父（小）〔大〕功之末，可以冠子，可以嫁子，可以取婦。己雖（讀唯）小功，既卒哭，可以冠、取妻。下殤之小功則不可。」王引之釋之曰：「云父大功者，所以別於己之大功也。上大功之末爲己之大功，故此別之曰父大功。父大功之末可以冠子、可以嫁子、可以取婦者，言己於父之大功至服將盡之弟九月，乃可冠己之子、嫁己之子及爲己之子取婦也。己大功之末但可冠子嫁子。父大功之末則不但冠子嫁子而又可以爲子取婦者，父之大功輕於己之大功也……己雖小功，雖字不辭。凡抑揚其語則言雖以明之。小功親殺，故己之傷之也輕，而舉吉事也。理直

辭順，無所用其抑揚。不得言雖也。雖當讀唯，古字多借雖爲唯。己唯
小功，既卒哭，可以冠取妻者，言以己之服而論。則唯小功之喪，既卒
哭而舉吉事，不但可以冠子嫁子及爲子取婦，又可以自冠自取妻也。」
王引之認爲首句「大功之末」是據己言，下句「大功之末」據父言，所
以加「父」字以別之。而且因父大功之末輕於己大功之末，所以父大功
之末可舉更多吉事。說甚精闢，清代學者郭嵩燾作《禮記質疑》一書專
門批評鄭注、孔疏之誤，言及此條，亦認爲「王氏之說，確不可易」。

第二節　程瑤田在考據學史上的地位

　　吳孟復稱程瑤田爲博學宏儒，因程氏義理、考據、辭章兼通。《通藝錄》
一書乃其治學成果之體現，其中有論義理之文，如《論學小記》、《論學外篇》；
亦有古詩文，如《修辭餘鈔》、《讓堂亦政錄》、《蓮飲集》等；而最多者仍是
考據文章，占全書的百分之七十多。程瑤田畢生治學，最大成就即考據之學。
程氏考據專意於儒家經典，尤重三禮。《通藝錄》一書中《儀禮喪服文足徵
記》、《宗法小記》、《禹貢三江考》、《考工創物小記》、《溝洫疆理小記》、《磬
折古義》皆是論禮之作，多發禮學精義。梁啓超論清學史云：「《禮》學重要
著作，在中葉則任幼植、程易疇、金輔之、凌次仲都有精到的著作。敬齋的
《禮箋》、易疇的《通藝錄》最好。他們純粹是戴東原一派的學風，專做窄
而深的研究，所選的題目或者是很小的，但在這個題目的範圍內，務把資料
搜齊。類書式的案而不斷，他們是不肯的，但判斷總下得極審慎。所以他們
所著雖多屬小篇，但大率都極精銳。」〔註39〕

　　就考據內容而言，程瑤田涉獵的領域非常廣泛。概括言之，主要有三端
——制度、地理、名物。制度考證如喪服制度、宗法制度、溝洫制度等；地
理考證包括水名、地名；名物考證最多，有兵器、車制、禮器、樂器、農作
物、植物、動物等，故成就尤巨。名物之中，《九穀考》一篇貫串群經、徵引
浩博，乃最精者，影響亦最大。王念孫、段玉裁徵引程說以《九穀考》文爲
最多。其次是《考工創物小記》，所考之物，大多精確不移，是治《考工》者
不得不讀之書。此外其《果臝轉語記》對轉語的研究亦獨具特色，於漢語詞

〔註39〕梁啓超《中國近三百年學術史》，載於《程瑤田全集》附錄，黃山書社，2008
　　　　年，第 229 頁。

源研究有開創之功。將轉語理論應用於雙聲疊韻的語源探求，這是第一次，從而開拓了訓詁新境界。其後王念孫輯《疊韻轉語》，王國維作《連綿字譜》，皆沿襲程氏思路。因此朱星評《果臝轉語記》曰：「程氏此文實是清代轉語音變論詞源學最早一篇通過實踐的論文。王念孫《釋大》祇釋單音詞。程氏此文主要釋復音詞、連綿詞，共舉出二百多個例子，使語言史上別開生面，開創出一個新的學派。」〔註40〕關於程氏考據內容，焦循嘗作詩贊曰：「首種之稷，定爲高梁。九穀既辨，眾草亦詳。盤折中縣，鼓從股橫。千年之誤，疏通證明。琴音分度，禮服徵喪。尙象識器，畫井知方。實事求是，窮極微芒。允哉《通藝》，軼漢駕唐。」〔註41〕

就考據方法而言，程瑤田治考據採用的方法既有繼承亦有創新。由小學入手考據是有清一代傳統的治學方法，程瑤田很好地繼承了這一方法，能夠從形音義三個方面進行判斷。其中因聲求義一法，程氏運用得更爲科學。他明確提出因聲求義一定要有其他的證據，不然會有濫用音轉之弊。目驗之法雖非程氏首創，但在程氏這裡卻被運用到了極致，可以說程瑤田是清代學者中最重視文獻與實物互相印證的學人。正是由於程氏對實物的重視，所以他開啓了傳統文獻與博物考古相結合的新路，他是將考古學成果引入《考工記》研究領域的第一人。商承祚論程氏曰：「不專以訓詁疏通經義，而以古代器物，分理名物制度，說解記文，實創自程瑤田。所釋《考工》……皆據實物立論，發潛闡幽，批卻導窾，豁經師之洪紛，得異世之說解，非鄭孔得以抗衡、杜賈所能望其項背。」〔註42〕郭沫若云：「清人程瑤田，中國近世考古學之前驅也。其學即主於就存世古物以追考古制，所得發明者特多。」〔註43〕

因考證方法之精良，所以程氏考據成就良多。或創立新解，或佐證舊說，多言之鑿鑿而令人信服，因此程瑤田在考據學史上的地位不容忽視。王國維以整個清代學術史爲背景，高度評價了程瑤田的學術地位。王氏云：「天道剝復，鐘美本朝，顧閻濬其源，江戴拓其宇，小學之奧啓於金壇，名物之賾理

〔註40〕 朱星《論轉語與詞源學》，《河北大學學報》，1983 年第 4 期，第 66 頁。
〔註41〕 焦循《讀書三十二贊‧通藝錄》，《程瑤田全集》附錄，黃山書社，2008 年，第 226 頁。
〔註42〕 商承祚《程瑤田桃氏爲劍考補正》，載於耿素麗、胡月平選編《三禮研究》第 1 冊，國家圖書館出版社，2009 年，第 483～498 頁。
〔註43〕 郭沫若《說戟》，《殷周青銅器銘文研究》，中國科學院考古研究所編輯，科學出版社出版，北京，1961 年，第 187 頁。

於通藝。」又云：「自漢以後學術之盛，莫過於近三百年。此三百年中，經學、史學皆足以陵駕前代，然其尤卓絕者則曰小學。小學之中，如高郵王氏、棲霞郝氏之於訓詁，歙縣程氏之於名物，金壇段氏之於《說文》，皆足以上掩前哲。」恰如王國維所言，程氏學問不亞於段王之學，祇是治學領域與方式有所不同。從治學領域來說，段氏專意於《說文》，王氏專意於訓詁，程氏專意於考據，皆有所開拓創新。從治學方式來說，段王治學是專書式的，段氏《說文解字注》、王氏父子《廣雅疏證》、《讀書雜志》、《經義述聞》都是就專書作注疏式的研究；而程氏治學是專題式的，以某一論題爲切入點，如梁啓超所言「專做窄而深的研究」，程氏《通藝錄》可以看作是眾多論文集合而成之論文集。汪喜孫論清代經學曰：「今之經學書，無過《通藝錄》、《經義述聞》二種。《通藝錄》既精且博，千門萬戶，非讀書數十年之功不能成，亦非讀書數十年之功不能讀。《經義述聞》實事求是，不尚墨守，非讀書數萬卷者不能覽，亦非讀書數萬卷者不能著。」〔註44〕是知程氏學問之精博。因此張舜徽云：「瑤田之治名物，王氏之治訓詁，終身以之，各有孤詣。」〔註45〕總而言之，程瑤田在考據學史上的地位，猶如段玉裁氏於《說文》學、高郵王氏父子於訓詁學，皆堪稱各自領域的領軍人物。

〔註44〕張舜徽《清人文集別錄》，《程瑤田全集》第四冊，黃山書社，2008 年，第 237 頁。
〔註45〕張舜徽《清人文集別錄》，《程瑤田全集》第四冊，黃山書社，2008 年，第 237 頁。

參考文獻

一、著　作

1. 鮑國順，清代學術思想論集〔M〕，高雄：高雄復文圖書出版社，2002。
2. 蔡冠洛，清代七百名人傳〔M〕，北京：北京市中國書店，1984。
3. 陳戍國，禮記校注〔M〕，長沙：嶽麓書社，2004。
4. 陳垣，校勘學釋例〔M〕，北京：中華書局，2004。
5. 陳祖武，朱彤窗，乾嘉學派研究〔M〕，石家莊：河北人民出版社，2005。
6. 程瑤田著，陳冠明等校點，程瑤田全集〔M〕，合肥：黃山書社，2008。
7. 戴吾三，考工記圖說〔M〕，濟南：山東畫報出版社，2003。
8. 丁鼎，《儀禮・喪服》考論〔M〕，北京：社會科學文獻出版社，2003。
9. 段玉裁，說文解字注〔M〕，上海：上海古籍出版社，1988。
10. 耿素麗，胡月平選編，三禮研究〔M〕，北京：國家圖書館出版社，2009。
11. 郭康松，清代考據學研究〔M〕，武漢：崇文書局，2001。
12. 郝懿行，爾雅義疏〔M〕，上海：上海古籍出版社，1983。
13. 洪湛侯，徽派樸學〔M〕，合肥：安徽人民出版社，2005。
14. 黃愛平，樸學與清代社會〔M〕，石家莊：河北人民出版社，2003。
15. 吉常宏，王佩增編，中國古代語言學家評傳〔M〕，濟南：山東教育出版社，1992。
16. 李帆，清代理學史〔M〕，廣州：廣東教育出版社，2007。
17. 梁啟超，清代學術概論〔M〕，上海：上海古籍出版社，2005。
18. 梁啟超，中國近三百年學術史〔M〕，天津：天津古籍出版社，2003。
19. 林慶彰，明代考據學研究〔M〕，臺北：臺灣學生書局，1986。

20. 凌廷堪，禮經釋例〔M〕，北京：北京大學出版社，2012。

21. 劉墨，乾嘉學術十論〔M〕，上海：生活‧讀書‧新知三聯書店，2006。

22. 劉蕙孫，中國文化史稿〔M〕，北京：文化藝術出版社，1990。

23. 呂思勉，中國社會史〔M〕，上海：上海古籍出版社，2007。

24. 蒙培元，理學範疇系統〔M〕，北京：人民出版社，1989。

25. 彭林，儀禮〔M〕，北京：中華書局，2012。

26. 錢杭，中國宗族史研究入門〔M〕，上海：復旦大學出版社，2009。

27. 錢穆，中國近三百年學術史〔M〕，北京：商務印書館，1997。

28. 漆永祥，乾嘉考據學研究〔M〕，北京：中國社會科學出版社，1998。

29. 任繼昉，漢語語源學〔M〕，重慶：重慶出版社，2004。

30. 施建雄，王鳴盛學術研究〔M〕，北京：中國社會科學出版社，2009。

31. 施孟昄，安徽古代科學家小傳〔M〕，合肥：安徽科學技術出版社，1984。

32. 孫機，漢代物質文化資料圖說〔M〕，北京：文物出版社，1991。

33. 孫雍長，訓詁原理〔M〕，北京：高等教育出版社，2009。

34. 孫詒讓，周禮正義〔M〕，北京：中華書局，1987。

35. 湯可敬，說文解字今釋〔M〕，長沙：嶽麓書社，1997。

36. 汪學群，武才娃，清代思想史論〔M〕，北京：中國社會科學出版社，2007。

37. 汪學群編，清代學問的門徑〔M〕，北京：中華書局，2009。

38. 汪啟明，考據學論稿〔M〕，成都：巴蜀書社，2010。

39. 王國維，觀堂集林〔M〕，北京：中華書局，1984。

40. 王國維，王國維遺書〔M〕，上海：上海古籍書店，1983。

41. 王引之，經義述聞〔M〕，楊家駱主編，讀書札記叢刊〔M〕，臺北：世界書局，1975。

42. 王念孫，廣雅疏證〔M〕，南京：江蘇古籍出版社，2000。

43. 聞人軍，考工記譯注〔M〕，上海：上海古籍出版社，2008。

44. 吳其濬，植物名實圖考〔M〕，上海：商務印書館，1957。

45. 徐道彬，皖派學術與傳承〔M〕，合肥：黃山書社，2012。

46. 徐揚杰，中國家族制度史〔M〕，武漢：武漢大學出版社，2012。

47. 許嘉璐主編，文白對照十三經〔M〕，廣州：廣東教育出版社，2005。

48. 許慎，說文解字〔M〕，北京：中華書局，1963。

49. 楊天宇，儀禮譯注〔M〕，上海：上海古籍出版社，2004。

50. 楊向奎，清儒學案新編〔M〕，濟南：齊魯書社，1985。

51. 殷孟倫，子云鄉人類稿〔M〕，濟南：齊魯書社，1985。

52. 尹協理，宋明理學〔M〕，北京：新華出版社，1992。

53. 張君勱，義理學十講綱要〔M〕，北京：中國人民大學出版社，2006。

54. 張壽安，以禮代理：凌廷堪與清中葉儒學思想之轉變〔M〕，石家莊：河北教育出版社，2001。

55. 張舜徽，清人文集別錄〔M〕，北京：中華書局，1980。

56. 張煦侯，秋懷室雜文〔M〕，合肥：安徽人民出版社，1980。

57. 支偉成，清代樸學大師列傳〔M〕，長沙：嶽麓書社，1998。

58. 中國科學院圖書館整理，續修四庫全書總目提要（稿本）〔M〕，濟南：齊魯書社，1996。

59. 周中孚，鄭堂讀書記〔M〕，北京：北京圖書館出版社，2007。

二、論　文

1. 鮑國順，程瑤田讓教思想述要〔J〕，第二屆清代學術研討會論文集〔C〕，1991。

2. 鮑國順，程瑤田誠意說疏釋〔J〕，第一屆國際清代學術研討會論文集〔C〕，1993。

3. 鮑國順，程瑤田的心性論〔J〕，中山人文學報，1994（2）。

4. 陳冠明，論程瑤田的理學思想〔J〕，徽州師專學報，1996（3）。

5. 程觀林，程瑤田的科研課題和治學特點〔J〕，徽州師專學報，1994（5）。

6. 顧莉丹，《考工記》兵器疏證〔D〕，復旦大學博士學位論文，2001。

7. 房建昌，程瑤田與《果裸轉語記》〔J〕，江淮論壇，1983（5）。

8. 黃淑美，《九穀考》撰期初探〔J〕，中國農史，1993（2）。

9. 金景芳，論宗法制度〔J〕，東北人民大學人文科學學報，1956（2）。

10. 蘭敏，程瑤田義理思想研究〔D〕，中山大學碩士學位論文，2011。

11. 雷平，近十年來乾嘉考據學研究綜述〔J〕，史學月刊，2004（1）。

12. 李金鶯，程瑤田及其義理思想研究〔D〕，高雄師範大學國文系碩士論文，1997。

13. 李金鶯，程瑤田禮學研究〔D〕，高雄師範大學國文系博士論文，2002。

14. 林靜宜，程瑤田學記〔D〕，臺灣高雄師範大學碩士論文，2009。

15. 林開甲，讀《果裸轉語記》〔J〕，渭南師專學報，1990（2）。

16. 劉茜，《果贏轉語記》研究〔D〕，華中科技大學碩士學位論文，2011。

17. 龍松，程瑤田《蓮飲集》的發現〔J〕，文獻，1996（1）。

18. 繆啟愉，粱是什麼〔J〕，農業考古，1984（2）。

19. 單智偉，考據學風下程瑤田的義理學〔D〕，華東師範大學碩士學位論文，

2011。

20. 沈文倬，周代宮室考述〔J〕，浙江大學學報，2006（3）。

21. 王玉麟，程瑤田本草名物訓詁淺論〔J〕，北京中醫藥大學四十週年校慶論文集〔C〕，北京：學苑出版社，1996。

22. 王彥坤，訓詁的方法〔J〕，暨南學報，2005（6）。

23. 吳孟復，博學宏儒程瑤田〔J〕，安徽教育學院學報，1993（2）。

24. 楊向奎，讀程瑤田的《禹貢三江考》〔J〕，中國歷史地理論叢，1989（4）。

25. 姚淦銘，論王國維對程瑤田學術的承繼〔J〕，江淮論壇，1994（6）。

26. 殷孟倫，《果臝轉語記》疏證〔J〕，四川大學文學集刊，1943。

27. 翟屯建，程瑤田與金石考古〔J〕，安徽史學，1986（6）。

28. 張亮，程瑤田為什麼說稷是高梁——讀《九穀考》筆記〔J〕，農業考古，1993（3）。

29. 張秀玲，程瑤田《儀禮喪服文足徵記》研究〔D〕，國立臺灣大學中國文學研究所碩士論文，2005。

30. 周昕，說「耦」〔J〕，中國農史，2004（3）。

31. 朱昌榮，程瑤田樸學成就探析〔J〕，南都學壇，2011（2）。

32. 朱樂朋，程瑤田與書法〔J〕，首都師範大學學報，2011（1）。

33. 諸偉奇，程瑤田佚稿考述〔J〕，徽學，2008（00）。

34. 鐘金才，俞正燮考據學研究〔D〕，蘇州大學碩士學位論文，2012。

35. 朱星，論轉語與詞源學〔J〕，河北大學學報，1983（4）。

36. 莊華峰，程瑤田的漢學成就與治學精神〔J〕，清史研究，2000（2）。

三、工具書

1. 辭海編輯委員會，辭海〔Z〕，上海：上海辭書出版社，1999。

2. 漢語大詞典編纂處，漢語大詞典訂補〔Z〕，上海：上海辭書出版社，2010。

3. 華夫主編，中國古代名物大典〔Z〕，濟南：濟南出版社，1993。

4. 羅竹風主編，漢語大詞典〔Z〕，上海：漢語大詞典出版社，1986-1993。

5. 錢玄、錢興奇，三禮辭典〔Z〕，南京：江蘇古籍出版社，1998。

6. 徐中舒主編，漢語大字典〔Z〕，成都：四川辭書出版社，1986。

後　記

　　自盛夏七月動筆寫作，至暖春三月收筆定稿，每天都跟程瑤田有一個約
會。程瑤田的一言一行、一舉一動都在我的腦海中烙下了深深的印記。寫作
時，最喜讀程瑤田年譜。每讀完一次都不禁掩卷長歎。年壽九十，經歷坎坷。
九應鄉試方中舉人，七應會試始登賢書，是時年已六十五。花甲之年赴任嘉
定教諭，任職三年，兢兢業業，以身率教。耄耋之年遭喪子喪孫之痛。雖屢
困場屋，而恬淡自如、安素樂天。治學乃其人生一大樂趣，窮畢生精力圖之，
可謂樂在其中。這就是程瑤田，一位勤奮、嚴謹、博學、淡然的學者。秉承
程氏的嚴謹學風，我懷著十分的敬意研究他的治學成果，期冀做到客觀準確。
我想這可能是我一生中寫論文最投入的幾個月，無閒事干擾，亦無任何憂慮，
一心一意與程氏對話。我很珍惜這段時光。雖然自己的功底確實有限，不可
能完全讀懂程氏，但是當看到打印好的論文時，仍然有滿滿的成就感，這是
自己努力的成果，也是自己學生時代的最後一份答卷。

　　在外求學，本碩博十年，恍然如夢。但是這十年又眞眞切切地走過，無
半分虛幻。十年，三個階段，每個階段都是一個飛躍，而最後一個階段則是
飛得最高最遠的，以至於自己都有些不相信。這種飛躍既是學業上的亦是觀
念上的。學業上的進步首先要感謝的是我的導師——王彥坤老師。對王老師
的感謝，再多的言辭也無以表達。論文修改的每一稿，我都會認眞保存，因
爲那上面每一個紅色的字都凝聚著老師的心血；修改稿上的每一句話，我都
會細細品讀，因爲那一字一句中都昭示著治學的方法；三年來老師的諄諄教
誨，我都會牢牢記住，因爲我知道老師永遠是爲我們著想。還要感謝曾昭聰
老師，謝謝您在學業上對我的幫助。您做學問的勤奮，治學方法的靈活以及

科研視野的廣闊都深深地影響了我。

觀念上的改變，亦是讀博三年最大的收穫。這要感謝我的三位姐姐——趙姐、年豐和恕鳳，她們是我的同學，更是我的姐姐。我相信緣份，我相信這是上天對我的恩賜，把她們安排在我的身邊。她們有時可能覺得我太固執，聽不進去她們的話。其實，我心裏很清楚，這三年我的觀念已經發生了很大的變化，就是在她們的影響下。如果有「中國好姐姐」這個獎項的話，我一定要頒發給她們。不僅如此，她們還都是好妻子、好母親、好女兒、好學生，她們都盡心盡力地平衡好學業與家庭。在我眼中，她們是最棒的，她們是我的榜樣。

人生會遇到很多意外，三年前來廣州就是一個意外，三年後我可以說這個意外帶來的是驚喜。感謝這個意外，感謝這份驚喜。

焦紅梅
2014-5-18